S
08/03/10

## DU MÊME AUTEUR

*Œuvres littéraires*

LA FRONTIÈRE, *suivi d'*UN JEUNE HOMME À LA PAGE, *nouvelles,* *Le Seuil*, 1967.

L'INDÉSIRABLE, *roman, Le Seuil*, 1975.

LES RENDEZ-VOUS MANQUÉS. Pour Pierre Goldman, *Le Seuil*, 1975.

JOURNAL D'UN PETIT BOURGEOIS ENTRE DEUX FEUX ET QUATRE MURS, *Le Seuil*, 1976.

LA NEIGE BRÛLE, *roman, Grasset*, 1977 (prix Femina).

COMÈTE MA COMÈTE, *Gallimard*, 1986.

LES MASQUES. Une éducation amoureuse, *trilogie* « Le temps d'apprendre à vivre », I, *Gallimard*, 1988 *(« Folio », n° 2348, 1992).*

CONTRE VENISE, *Gallimard*, 1995 *(« Folio », n° 3014, 1997).*

LOUÉS SOIENT NOS SEIGNEURS. Une éducation politique, *trilogie* « Le temps d'apprendre à vivre », II, *Gallimard*, 1996 *(« Folio », n° 3051, 2000).*

PAR AMOUR DE L'ART. Une éducation intellectuelle, *trilogie* « Le temps d'apprendre à vivre », III, *Gallimard*, 1998 *(« Folio », n° 3352, 2000).*

SHANGHAI, DERNIÈRES NOUVELLES. La mort d'Albert Londres, *Arléa*, 1999.

LE SIÈCLE ET LA RÈGLE. Une correspondance avec le frère Gilles-Dominique, o.p., *Fayard*, 2004 (prix François Mauriac).

LE PLAN VERMEIL, *Gallimard*, 2004.

JULIEN LE FIDÈLE OU LE BANQUET DES DÉMONS, *théâtre, Gallimard*, 2005.

AVEUGLANTES LUMIÈRES. Journal en clair-obscur, *Gallimard*, 2006.

UN CANDIDE EN TERRE SAINTE, *Gallimard*, 2008 (prix Nomad's).

*Œuvres philosophiques*

LE SCRIBE. Genèse du politique, *Grasset*, 1980.

CRITIQUE DE LA RAISON POLITIQUE OU L'INCONSCIENT RELIGIEUX, *Gallimard*, « *Bibliothèque des Idées* », 1981 *(« Tel », n° 113, 1987).*

*Suite des œuvres de Régis Debray en fin de volume*

DÉGAGEMENTS

RÉGIS DEBRAY

# DÉGAGEMENTS

GALLIMARD

*Il a été tiré de l'édition originale de cet ouvrage
quarante exemplaires sur vélin pur fil
des papeteries Malmenayde numérotés de 1 à 40.*

© *Éditions Gallimard, 2010.*

*Les échappées plus ou moins saugrenues que je livre chaque trimestre à la revue* Médium *sous le titre « Pense-bête » forment la matière de ce livre. Elles relèvent d'un mauvais esprit assez particulier qui consiste, quand un sage montre la lune, à regarder son doigt. Faire ainsi l'idiot, comme dans le conte chinois, est le vice propre au médiologue, dont il fait une vertu, et dont je fais mon miel, à tout bout de champ. Ces sauts et gambades en long et en large des travaux et des jours doivent leur air de famille à ce renversement du regard et de nos bonnes habitudes. C'est la marque distinctive d'une confrérie qui, rétive à la communication, se voue à l'étude des faits de transmission.*

*Transmettre, c'est faire traverser le temps à une information, d'hier à demain. Communiquer, c'est lui faire traverser l'espace, d'ici à là-bas. La première opération est affaire de civilisation; la seconde, de clic et d'écran. Les confidences ci-après, qui doivent autant à l'humeur qu'à la réflexion, aspirent plutôt au bonheur de faire trace qu'au plaisir de faire sensation. C'est pour nous un article de foi que le sensationnel jamais n'abolira la bouteille à* la mer. Le contenu de celle-ci a quelque affinité avec un genre littéraire mélancolico-farceur qui n'a pas beaucoup d'amis. Ce qui n'en donne que plus de mérite à l'éditeur, sans lequel elle n'aurait pu tenter de franchir le fleuve de l'oubli.

# Anniversaire

Quarante ans juste, au jour près. Souvenir, que me veux-tu ? Avant même d'être identifié, dans un hameau perdu du sud-ouest bolivien, je me fais tabasser par des sous-offs hors d'eux. Ils me cueillent totalement à froid. Tombés en embuscade les jours précédents, ils ont le trouillomètre à zéro. La peur est de l'adrénaline. Ils s'en déchargeront en tapant jusqu'au sang. Un étranger, c'est l'idéal. Ma première rencontre physique avec la haine, petite apocalypse, nouvelle naissance. Avril 1967.

Quarante. J'ai la phobie des anniversaires, mais mon ami Jean-François Colosimo m'indique que telle est, dans la Bible, la mesure de la durée parfaite, accomplie en ère cyclique ou en période d'attente homologuée. D'où les quarante jours et ans du déluge, de Moïse au désert, de Jésus *ibidem*, la quarantaine du jeûne, le carême, la quarantaine du grand deuil, la mise en quarantaine des malades contagieux et des exclus du groupe, la crise de la quarantaine dans le pedigree commun, et, en liturgie, les prières expiatoires dites de quarante heures. Le Front populaire tombait pile avec la « semaine de quarante heures ». L'Académie française aussi respecte le protocole. Et les royalistes qui se moquaient de ceci ou de cela *comme de l'an quarante*, parce que jamais à leurs yeux la République ne pourrait atteindre la quarantaine. Le délai de publication des archives diplomatiques au Quai d'Orsay est de quarante ans (et j'ai beaucoup appris sur ce que je croyais connaître, mon propre sort, avec le dernier volume de la série, composé et publié sous l'égide de l'historien Maurice Vaïsse).

Le quarantième anniversaire de la mort du Che (1967) voit fleurir en France, en Espagne et ailleurs articles et livres qui remettent brutalement en cause la béatification passée. Un hallali vindicatif, qui fait l'affaire de beaucoup. « Alors, c'est vrai que le Che était un assassin ? » me demande par téléphone une amie affolée. Je lui réponds : « Non, un révolutionnaire, ce qui n'est pas exactement la même chose. En général, un homme qui sacrifie sa vie à une cause a moins de scrupules à sacrifier celle des autres. Relisez l'histoire des croisades et des moines-soldats du Christ roi... »

Un pendule sans âge fait succéder la légende noire à la légende rose alors que l'image du fusilleur fanatique ne correspond pas plus à la réalité que celle de l'inoffensif Robin des Bois. On revient de l'adorable pour passer à l'exécrable, comme si le bâton ne pouvait se remettre droit qu'après deux torsions, deux injustices de sens contraire, s'appelant l'une l'autre mécaniquement. Le curieux, c'est que ce classique de l'histoire des mentalités continue d'observer, nonobstant l'« accélération de l'histoire », la norme des quarante ans.

Question de cours pour notre mouvance : si chaque médiasphère impose un redécoupage du temps, comment articuler éternel retour et changement technique ? Les intervalles inamovibles — régularités astronomiques et vitales (la lunaison, l'année solaire, le jour et la nuit, la gestation, etc.) — et les emballements du rythme de vie ? En vidéosphère, le bougisme est un *must*, et l'urgentiste, notre héros préféré. « Tout va plus vite » (voyages, mandats, diction, rotation des livres en librairie), mais notre agenda d'agnostiques continue de se découper en semaines, tranche de temps monothéiste sans répondant cosmique, par un effet d'inertie qui, d'un trait de culture, nous a fait une seconde nature. Cela ne bouge pas, curieusement. Le septennat élyséen s'est rétréci en quinquennat, mais l'année sabbatique reste de rigueur, Ali Baba conserve ses quarante voleurs, l'océan ses quarantièmes rugissants. Y a-t-il des rythmes inaltérables, des temps de deuil préhistoriques et incompressibles, sur lesquels les nanosecondes de l'horloge atomique n'ont pas prise ? Les quarante années de cotisation exigées pour la retraite peuvent mécontenter mais pas vraiment surprendre. Elles restent dans le pli néolithique.

## Rue du Grenier-à-Sel

Au milieu de l'après-midi, chez Julien Gracq, comme on ne peut pas parler littérature sans discontinuer, on s'offre une pause vidéo (DVD, cédéroms et télécom-

mandes ont moins de mystère pour lui que pour moi).
Après avoir regardé la *Tosca* de Puccini, filmée à Rome
en décor réel par Benoît Jacquot, avec Roberto Alagna,
Ruggero Raimondi et Angela Gheorghiu, il m'explique
pourquoi il préfère l'opéra au cinéma, et n'a pas le
même entrain pour visionner des classiques du ciné-
phile. « Les vieux films sont datés, comme les automo-
biles. Les opéras ne le sont pas. Ils échappent au coup
de vieux parce qu'ils sont *protégés du réel* par les conven-
tions propres au genre. L'irréalisme du chant et des
costumes leur permet de traverser le temps intacts. Il y
a aussi des romans qui vieillissent bien, quand l'écriture est assez musicale pour passer outre le daté de
l'intrigue. »

N'en concluons pas que « le dernier des classiques »
répugne au fait divers et à l'anecdotique. Tout le
contraire. Sa conversation a le don de vivre et faire
revivre le passé au présent, et le présent, comme s'il
était passé. Il parle des vedettes du jour comme le
médiéviste d'un roi wisigoth ou l'antiquisant d'un
Ptolémée. L'histoire à Saint-Florent : un perpétuel printemps ou un passé qui ne passe pas et fait passer le
présent. Il évoque la tentative de coup d'État de Malet à
Paris, contre Napoléon toujours en Russie, comme si la
nouvelle venait de tomber, compare longuement Napoléon Bonaparte à Octave Auguste (seul autre empereur
à nom dédoublé), histoire de retomber sur ses pieds,
disons le duel en cours Villepin-Sarkozy. « Octave a
marqué son époque et est resté sur le trône alors que
c'était un homme assez terne, sans rien d'éclatant. Pas
de mot historique, pas de fait marquant. Un de ces personnages grisâtres mais qui mènent bien leur barque et

ne font jamais d'erreur, comme Franco, comme Poutine. » Cette voltige à travers les siècles, qui ne sent pas l'école pour un sou, d'une parfaite bonhomie, décape et dessille en ce qu'elle confère un singulier relief à l'actualité, qui, sans ce jeu d'analogies à reculons, frôlerait le plat ou le fastidieux. Gracq qualifie Spengler, historien allemand politiquement incorrect, auteur d'un *Déclin de l'Occident* dont se sont nourris dans l'entre-deux-guerres Malraux et bien d'autres, de « grand excitant de l'histoire ». C'est exactement ce que je ressens en écoutant ce mémorialiste disert et bienveillant : dans la semaine qui suit nos échanges, le « 20 heures » insipide me met sur les dents (ça se gâte sur la longueur).

Il signale un sondage en Belgique qui m'avait échappé : Jacques Brel a été élu le plus grand Belge de tous les temps (on parlait de Zidane, Hallyday et Noah). Cela amuse le guetteur averti, quatre-vingt-dix-sept ans, l'œil à tout, pas de mélancolie, ni de méchanceté. Rien du *laudator temporis acti*, du « c'était mieux avant ». Une gaieté caustique et, pour la foire sur la place, un regard de lynx, mais somme toute bon public et même indulgent.

Sur l'image : « J'ai toujours vu mes personnages de dos. Pour moi, ils n'ont pas de figure, ce sont des silhouettes. Une description n'est pas une photographie. Quand je les vois transposés à l'écran, ces personnages, je me dis : Tiens, ce n'est que ça! C'est vexant, c'est rétrécissant. Le roman évoque, suggère des choses qui ne sont pas photographiables. Flaubert avait bien raison de ne pas vouloir qu'on "fixe en gravure sur le papier des gens que j'ai mis toute ma vie à empêcher qu'on voie". »

Pour continuer avec la mnémotechnique, il me fait remarquer que la strophe ou le quatrain dont on se souvient est une forme sans zones grises, livrée dans le marbre de ses rimes, telle qu'en elle-même enfin, alors que le tableau ou la photo nous reviennent à l'esprit en flou, imparfaitement. Je songe à René Char, dans *Feuillets d'Hypnos* : « Le temps vu à travers l'image est un temps perdu de vue. » Autre observation : si la langue latine a tenu deux mille ans dans les écoles, jusqu'à hier matin, c'est parce qu'elle a eu la chance de se caler dans et de pouvoir se transmettre par des chefs-d'œuvre de haute tenue, les graffitis étant restés sur les murs de Pompéi et d'ailleurs. C'est son avis que Céline a fragilisé la langue française. « Je n'aime pas les vociférations. »

La mort ? Anxiété ? Crainte ? Préoccupation ? Non. Chaque fois que je lui demande par téléphone des nouvelles de sa santé, il répond : « Rien à signaler. Ça suit son cours. » Dieu ? Croyance ? Athéisme ? « Pour se dire athée, précise-t-il, il faudrait au moins savoir en quoi consiste le "théos" que l'on nie. Ce n'est pas mon cas. Prier qui ? Il faudrait que Dieu soit une personne, un sujet, ce que je n'arrive pas à m'imaginer. Et sinon, si c'est la totalité, le monde, le cosmos auxquels on trouve quelque chose de divin, pourquoi pas, je l'admets bien volontiers, mais alors Dieu n'est au fond qu'un adjectif. »

Ce que je traduis en langue stoïcienne : inutile d'en faire un plat. Laissons travailler la nature. Elle sait ce qu'elle fait. Pas de pathos.

# Un divorce et après

À chaque médiasphère, dans l'histoire du monde civilisé, correspond un atlas du merveilleux, avec le champ de gravitation qui en découle, imaginaire, sensoriel et moral. Les paradis irradiants de la *logosphère*, ce milieu profondément religieux où l'homme récitait chaque jour le Livre unique, scintillaient à l'est de la Méditerranée (Babylone, Jérusalem, Médine, Antioche). L'éden de la *graphosphère*, celui des bouquineurs impénitents, fut ensuite européen (c'était encore celui de Borges, l'Anglais d'Argentine), avec des centres directifs et magnétiques comme Londres, Paris et Amsterdam. En *vidéosphère*, le mirobolant a franchi l'Atlantique et émet même depuis le Pacifique. Le soleil du fantastique, comme l'autre, se lève à l'Est et se couche à l'Ouest. C'est L. A. et la Grosse Pomme qui fixent le Nord pour un cinquantenaire d'aujourd'hui, qui, à vingt ans, écoutait Elvis Presley, disparu deux ans plus tôt, et regardait Jackie Kennedy sur le yacht d'Onassis. Sur la mappemonde de l'image-son, la Russie n'existe pas, non plus que le monde arabe et africain, l'Amérique latine et l'Inde (malgré « Bollywood », inconnu au bataillon). Les pays s'attirent en raison directe des masses non de mots, mais de mélodies, de photos et de films qu'ils émettent, et en raison inverse du carré de leurs distances. Il suit de là une politique étrangère, ou si l'on préfère un tropisme géopsychique chez les gouvernants européens dont l'adolescence fut rock et yé-yé (les baffles à domicile couvrant l'écho des B-52 bombardant le Viêtnam).

Les potins nous apprennent, la presse confirme, que Cécilia et Sarkozy ne fêteront pas Halloween en famille. Triste nouvelle, mais l'essentiel n'est-il pas qu'ils continuent de prendre la clé des champs aux *States*, en week-end et en vacances, fût-ce séparément? Ces vies malheureusement désaccordées resteront appariées sur le fond des choses, tout à la fois clé des songes, clé de voûte et clé de sol propres à une classe d'âge : la *vraie vie* est à New York. Un péquenot, vous et moi, peut en avoir un avant-goût, un fumet prometteur dans certains lieux choisis, enclaves métropolitaines, comme Deauville, Cannes, les Champs (l'avenue la plus américanisée de Paris). Ça fera tout de même, face au plat de résistance, un peu... *cheap*.

Autres sensations chez l'adolescent, autre *idéal du moi* chez l'adulte. Les séquelles des radios libres, de la médiathèque, d'Eddy Mitchell et de *Salut les copains*, ne sont pas celles de l'ORTF, de Léo Ferré, de Francesca Solleville et de la bibliothèque municipale (mot paraît-il désuet, à éviter). On peut sans doute en dire autant de Jacques Chirac (que je connais un peu mieux que Charles Aznavour), mais François Mitterrand, qui a grandi avec Suzy Solidor et mûri avec Dalida, provenait d'un milieu social — la petite-bourgeoisie catho — et d'une génération pour lesquels la seule allégation d'homosexualité était réputée diffamatoire, le divorce, chose honteuse, le mariage, indissoluble, et où l'épouse de l'homme politique ne sortait des ventes de charité et des parties de canasta que pour les dîners de gala. Régnait une incontestable et étouffante hypocrisie sociale — coque vide, mais cuirasse protectrice à l'abri de quoi pouvaient s'épanouir, bien à couvert, des caractères originaux, de véritables dissidences spirituelles, des orientalismes ou des curiosités inattendues. Aujourd'hui, la vérité des sentiments personnels l'emporte sur les statuts et les convenances, l'authenticité a fait reculer les faux-semblants. Tant mieux. Mais on ne peut pas être anticonformiste en tout; chaque époque fait sa part du feu. Dans celle qui s'ouvre, l'originalité des mœurs est recommandée, celle des pensées, des goûts artistiques et des choix politiques, déconseillée. L'amidon n'empèse plus la vie privée, il décolore l'espace public. Il prendra la forme d'un américanisme bon teint, tempéré par l'humanitaire et diplomatiquement docile.

## Entrée des artistes

Remise, au rond-point des Champs-Élysées, chez Artcurial, du prix du meilleur livre d'art contemporain à Annette Messager. Elle a battu de peu sa rivale, Sophie Calle, l'autre finaliste. Les deux ouvrages en concurrence, des catalogues d'exposition, sont des bijoux. Le premier, intitulé *Les Messagers* (Centre Pompidou, Éditions Xavier Barral), imite l'aspect et la consistance d'un missel, couverture rembourrée, tranche dorée. Annette y déploie avec une certaine pompe « la mise en scène du je par le jeu ». « Mes années 1970 ». « Mes années 1980 ». « Mes années 1990 ». Etc. Même stratégie d'exposition de soi, en plus ludique et méthodique, dans l'autre chef-d'œuvre multimédia de Sophie Calle, *Prenez soin de vous* (Actes Sud), couverture mauve acidulée, papier glacé de fort grammage, CD incorporés. Syndicalisant toutes les célébrités de Paris, elle a demandé à cent sept femmes *people* magnifiquement photographiées de commenter l'e-mail de rupture que lui a adressé son ancien amant. « Une façon, résume-t-elle en préface, de prendre le temps de rompre. À mon rythme. Prendre soin de moi. »

Cette auto-idolâtrie entre si bien en résonance avec l'air du temps qu'il n'a pas été facile de départager nos deux figures de proue de la « scène artistique internationale ». Ces Gitanes lisent les lignes de nos mains, et confèrent une sacralité snob à la démocratisation du narcissisme, qui fait notre ordinaire. Parachèvement d'une trajectoire lancée par l'invention photographique (comme Nadar et Baudelaire l'avaient drôlement pronostiqué)? Notre morale comme notre esthétique — disons : l'esthétisation du brut — procèdent de la photo. La mise en scène de la vie n'est pas l'installation de sa propre vie au milieu de la scène, à cru, et j'ai appelé *obscénité démocratique* la confusion des procédés. L'art contemporain penche de mieux en mieux vers le dernier cas de figure, le *ready-made* à la Duchamp s'étant déplacé de l'urinoir à l'urinant. Mon moi à moi. Ma vie, c'est mon œuvre. Je suis, donc je pense. D'où vient que la chose ici perde son effronterie et retrouve tout son pouvoir de séduction? Sans doute de ce que c'est le génie de l'art que d'alléger le nombrilisme par un dédoublement ludique de soi. Ainsi porte-t-on au crédit de nos plasticiennes ce qu'on met au débit de nos politiciens : le fait d'ériger à trop bon compte en personnage leur tel quel privatif. Reste cette constante : la norme des conduites d'une époque se faufile par l'entrée des artistes. L'inconscient collectif pointe le museau dans la création plastique, avant de s'étaler au grand jour quelques décennies plus tard. Comme si l'air du temps avait besoin de se tester en atelier avant de gagner les grands magasins. De jouer dans un premier temps en mineur, à la cantonade, pour rire, le petit air innocent — le message, c'est l'auteur du message — qui deviendra ensuite le lancinant refrain d'une époque. Il n'y a pas que la nature qui imite l'art. Avec retard et en lourdaud, sans humour et sans vergogne, les honnêtes gens embrayent le pas aux pionniers comme un malotru met les pieds dans le plat.

Personne n'a mieux illustré ce rôle de portier de l'esprit public qu'Andy Warhol. Il m'a amené après déjeuner, en 1982, dans sa *Factory*, 860 Broadway (mon passeport diplomatique m'autorisait alors à souiller le sol américain), laboratoire futuriste de l'autoréférence, en fait des bureaux bien propres, où l'odeur de térében- thine eût été on ne peut plus déplacée. Au vu de ces Campbell's, McDonald's, Marilyn, de ces autoportraits stéréotypés, je l'ai pris, sur le moment, pour une curiosité folklorique, une excentricité individuelle sans conséquence. J'écoutais, je regardais en fait notre actualité européenne et notre commune condition, et je n'en savais rien. Chaque géniale épiphanie, qu'elle soit fabrique de livre ou de saucisson, élection ou concert, branchée en direct sur les réseaux de communication, dont l'essentiel est la maîtrise, est un *remake*, trente ans après, de cet impassible et cynique explorateur. « J'ai commencé ma carrière, disait Warhol, comme artiste commercial et je veux la finir comme artiste d'affaires. Je suis un artiste homme d'affaires... Gagner de l'argent, c'est de l'art, travailler, c'est de l'art, et faire de bonnes affaires, c'est le meilleur des arts. » Warhol, l'homme d'affaires du génie d'un univers où les affaires sont devenues la grande affaire, où tout et n'importe quoi — rugby, philosophie, gastronomie, politique, art — s'avoue et s'affiche, tranquillement, innocemment, comme une affaire d'affaires.

## Le vert par le voir

« L'écologie, grande cause de la vidéosphère », titre *La Croix*, en relevant que, « d'Al Gore à Nicolas Hulot, les héros de la planète sont des professionnels de l'image ». Le premier, explique l'article, devrait son prix Nobel de la paix au documentaire de Davis Guggenheim, *Une vérité qui dérange*, qui a fait le tour du monde. *Ushuaia* a fait cent fois le tour de France, et tous nos leaders politiques obéissent à son animateur au doigt et *à l'œil*. L'homme le plus vu du pays est le plus cru, et crédible. Au regard de quoi les penseurs de l'écologie, Edgar Morin, Michel Serres et Philippe Descola, pour ne pas parler des géophysiciens et chimistes, sont inexistants : ils ne donnent qu'à lire, ce qui n'impressionne guère. Dans chaque domaine, le choix du significatif est fonction du degré de présence à l'écran. Les rapports de force sont devenus des rapports d'image. Y compris dans les idées. Sur un même sujet, disons le moindre mal dans la cité, l'un sera lu (chemise blanche), son indigence aidant, l'autre pas (col douteux), sa consistance empêchant. Le vu commande au lu, et la presse écrite ne survit qu'en faisant sienne cette suprématie. Denis Tillinac, patron des éditions de La Table Ronde, me signale que le sort d'un livre, pour autant que peuvent en décider par avance les représentants et les libraires qui déterminent avant parution le nombre des *notés*, dépend chaque année un peu plus de la couv'.

Que l'excès de pétarades et de pollutions conduise aux lagons turquoise et aux salades bio, que l'homme numérique ait un besoin de stages en caverne, cela relève de notre « effet *jogging* » : plus on se modernise, plus on s'archaïse. Mais si l'écologie est devenue la grande cause télévisuelle, c'est aussi par une facilité optique : le recul d'un glacier ou l'assèchement d'un lac peuvent se voir à l'œil nu, et mieux encore se fixer sur une séquence de clichés qui dit tout en un quart de seconde, bonheur interdit au racornissement des idéaux ou au dessèchement des imaginaires collectifs. Les heurs et malheurs de l'immatériel ne suscitent pas autant d'émois, et le bel « attention, fragile » ne protège que les solides. Même si nul ne voit l'herbe pousser, la désertification d'un sol est photosensible, alors que celle d'une culture creuse en taupe ses galeries. Les effondrements civiques et moraux nous prendront par surprise, comme en juin 1940, alors que nous pouvons faire face à de plus lentes, mais patentes érosions physiques. Nous serons frappés à l'improviste par nos abandons les moins ostensibles, qui n'ont pour avis de tempête que des signaux de faible intensité, minces alarmes privées du choc de l'image. Pas de météo spirituelle. Le climat des âmes n'a ni bulletin ni carte. Il ne fait pas débat parce qu'il ne fait pas d'étincelles.

Le Grenelle de l'environnement, une « enfumade » ? Ce ne serait déjà pas si mal. La télévision, dit un climatologue du CNRS, est « un bon média d'alerte, mais elle peine à créer les conditions d'un vrai échange scientifique. Elle n'est pas adaptée à la réflexion sur des sujets souvent complexes ». Un médiologue pourrait dire l'inverse : avec nos thèses et nos articles, nous réunissons les conditions d'un vrai débat au fond. Manque le signal d'alerte. C'est sans doute pourquoi l'officialité se réveille toujours trop tard face au trou dans la couche d'ozone des rêves et des mythes et traite le problème dit culturel quand le mal est fait. La *cover* des magazines noie l'important sous l'urgent et endort d'autant mieux qu'elle excite.

## Mais où seront les neiges de maintenant ?

*Le Brahmane du Komintern*, au cinéma Saint-Michel. C'est un film documentaire sur l'oubli, réalisé par un jeune réalisateur, Vladimir Léon, parti aux quatre coins du monde chercher des témoignages sur ce personnage atypique et mystérieux. Il raconte l'effacement quasi total dans le ciel des mémoires contemporaines d'un astre de la IIIᵉ Internationale, l'Indien Nath Roy (1887-1954), comète sans queue, météore sans trace. Il faisait partie de mon panthéon, quand j'avais entre vingt et vingt-cinq ans. Une étoile dans la nuit, un de mes grands hommes au temps où je me voyais (où « je me la jouais », comme disent les ados à bon escient) en révolutionnaire professionnel. Mes *rock stars* étaient les bolcheviks internationalistes des années 1920 et 1930, les locataires de l'hôtel *Lux* à Moscou (auquel ressemblait tant, à Cuba, l'hôtel *Habana Libre* dans les années 1960), tous promis à la balle dans la nuque et à la *damnatio memoriæ* stalinienne. Ces fantômes s'appelaient Mikhaïl Borodine, Willi Münzenberg, Karl Radek, Béla Kun, et... Manabendra Nath Roy. Je ne savais pas grand-chose de ce dernier, sinon qu'il avait fondé le parti communiste mexicain, animé la première révolution chinoise, rejoint à Berlin l'opposition communiste allemande, pour finalement, de retour en Inde, chez lui, prêcher et préparer l'indépendance de son pays. De cette biographie archipleine, on ne peut plus historique, aucune histoire n'est sortie. Pas de récit. Pas de monument. Il ne reste pratiquement rien de ce pionnier lucide des insurrections anticoloniales et de la critique antitotalitaire, y compris dans les lieux où il s'est dépensé sous des noms d'emprunt — Mexico, Tachkent, Moscou, Berlin. Il est mort à Dehra Dun, en Inde, dans un isolement complet. Rien, sinon une haute et longiligne silhouette sur quelques mauvaises photos du deuxième congrès de l'Internationale communiste, à Moscou, comme celle où les délégués étrangers posent à la sortie sur les marches d'un perron et en fixant l'objectif derrière Lénine, Gorki et Zinoviev. La Kroupskaïa, seule femme présente, porte un chapeau de paille d'Italie, un sac de dame à fermoir et une jupe longue de grand-mère 1900. Ces subversifs endimanchés arborent tous chemise blanche, cravate et gilet, avec un *look* désespérément bourgeois qui ferait sourire de pitié nos actuels représentants du « grand capital » — ils vont col ouvert et en baskets. Pourtant, à leur époque, cette quinzaine d'« apatrides » costumés en notaires de La Roche-sur-Yon — lettrés, auteurs de livres et de thèses, familiers de Hegel et des philosophes allemands — faisait trembler les aïeux à monocle et haut-de-forme de notre très libérale Union des industries métallurgiques et minières.

Roy a été expulsé de l'Internationale comme « nationaliste petit-bourgeois ». Il a pu sortir d'URSS clandestinement après avoir dit son fait à Staline, et, au bout de longues tribulations, regagner l'Inde, où les Britanniques l'ont mis en prison. À sa sortie, en 1936, il a rejoint l'aile gauche du parti du Congrès indien, dont il condamnait néanmoins le nationalisme étroit. Il a rallié pendant la guerre la cause britannique du combat antinazi, ce qui était fort impopulaire, et a lancé en 1946 un parti démocratique radical, qui n'a pas eu un seul élu. Il avait pour programme une démocratie participative autogérée, étonnamment moderne, placée sous la bannière de sa dernière publication philosophique, *L'Humanisme radical*. Sa petite maison, blanche et décatie, est encore habitée par un très vieux disciple, et une pancarte affichée à la porte mentionne, en lettres rouges à moitié effacées, *M. N. Roy, Humanist House*. Un milliard de compatriotes vivent alentour, qui ignorent superbement ce bienfaiteur inopérant. Les Indiens d'aujourd'hui passent des guirlandes de fleurs au cou de Gandhi, patriote pacifiste ennemi des Anglais, et de Subhash Chandra Bose, leader nationaliste ami des nazis et partisan de la lutte armée. Eux seuls ont leur statue dans la ville natale de Roy, champion athée d'une démocratie rationnelle et sans frontières, délestée des passions collectives et des archaïsmes cultuels qui portaient ses concurrents, par quoi ils se sont inscrits dans le paysage. Son nom à lui, qui n'émeut plus guère les spécialistes du communisme moscovite, ne figure non plus dans aucun manuel d'histoire indien. Ce qui s'appelle perdre sur tous les tableaux. Il faudra s'y faire. À la crémation sans restes. Notre avenir le plus probable.

## Qui parraine qui ?

Sous le titre « Sarko et Johnny, la défaite en chantant », *Le Point* de cette fin d'octobre nous offre en format médaillon, en bas de page, une photo trop discrète qui mériterait de faire poster, blason dynastique, voire oriflamme des temps nouveaux. Johnny, au centre, face caméra, cravaté mais détendu, embrasse des deux bras, à sa gauche, le président (chemise blanche, col ouvert, sourire au firmament) et, à sa droite, le rejeton du président (dépoitraillé et cheveux longs, ado normal). Ce n'est pas l'après-boire d'un président de la République qui, dans un moment d'euphorie ou de laisser-aller (le nôtre, *fitness* oblige, ne boit pas d'alcool), prend deux potes par l'épaule, tel un capitaine d'équipe au stade ou un vieil oncle avec ses neveux. Dans cette pyramide décontractée, le chef de l'État fait l'ailier ; le chanteur, au milieu, un rien condescendant, fait l'aîné, le patron. La référence. Qui, sinon, prendrait la liberté, n'étant pas de la famille, de passer négligemment son bras sur l'épaule du chef de l'État, aussi *cool* et sympa soit ce dernier ? Les trois générations de l'ère auditive sont là regroupées : l'idole des foules, Johnny, le copain et l'émule de tout ce qui cartonne, Nicolas, et un chanteur en herbe, son fiston Pierre. Se donne à voir là plus qu'une affinité de destin entre deux *self-made men* — ascendance hors frontière, abandon par le père, obligation de ramer, célébrité précoce. Plus que le signe d'affection préventif d'un contribuable aux difficultés chroniques envers un éventuel recours, c'est à l'inverse : le pouvoir politique sourit à l'autorité, et lui fait allégeance. Le parrain, Johnny, adoube Nicolas, le fidèle, non d'un coup sur la nuque, comme jadis le seigneur avec le futur chevalier recevant l'armure (les temps sont moins rudes), mais d'un bienveillant geste du bras, cooptation gentille et fraternelle.

Le fan en manches de chemise, à gauche de la star, à droite de la photo, se comprend si l'on se rappelle qu'au dire d'un de ses anciens copains de Neuilly le bachelier Nicolas a un moment hésité entre la variété et la politique, se repliant tout compte fait sur cette ultime rampe d'accès au *top*, faute d'avoir le physique et les cordes vocales requises pour les feux de la rampe, l'autre, la vraie. Et c'est bien la tournée d'une *rock star* à travers préfectures et Dom-Tom, rebaptisée « campagne électorale », dont Yasmina Reza, telle une groupie admise dans la troupe et ne revenant pas d'en être, nous a fait la chronique éberluée et sémillante (émaillée de citations de Borges, standing oblige). Par exemple : « Je le retrouve dans sa loge, en train de se faire maquiller. Je dis c'est pire que Mick Jagger. Il est ravi de ma comparaison. Il dira, en revenant, à François Fillon, ils n'avaient jamais vu cela depuis les Beatles ! »

De là un cercle d'intimes, qui ne surprend plus que

quelques monarchistes attardés, et certainement pas l'hebdo où le gris de l'article donne à l'emblème son anecdote : « Pour la trentaine de privilégiés réunis autour de Nicolas Sarkozy, la nuit fut inoubliable. Après l'élimination du quinze de France par l'Angleterre, samedi 13 octobre, le président et sa suite (amis, collaborateurs et confidents) ont dîné dans un restaurant italien du XVI$^e$ arrondissement de Paris et festoyé pour oublier la défaite et les chagrins du moment. Quand Johnny Hallyday a pris sa guitare, le silence s'est fait. Devant l'assistance médusée, le chanteur a enchaîné quelques-uns des titres qui ont fait sa gloire : *L'Idole des jeunes, Les Portes du pénitencier, Retiens la nuit, Toute la musique que j'aime,* et même une version de *Tennessee* transformée pour l'occasion en *Quelque chose de Sarkozy*... Mais lorsque le chef de l'État a demandé à Johnny de jouer *Cours plus vite Charlie,* il a dû lui-même suppléer le chanteur, qui avait oublié les paroles ! Didier Barbelivien et Sylvie Vartan ont à leur tour donné de la voix, avant que l'un des fils du président, Pierre, n'interprète trois chansons qu'il a lui-même composées. Admiratif, Johnny lui a demandé de lui en écrire une pour son prochain album... »

Sur le réseau de la *Méduse* que nous appelons la *graphosphère,* on traite encore en à-côtés les mondanités qui informent un réel dont la profondeur doit tout aux apparences. *L'homme typographique* avait donné au prolétariat sa dignité philosophique ; *l'homme auditif* donne sa dignité civique au *show-biz,* qui a ses philosophes mais attend ses savants. Le triomphe du blouson sur la veste ou des Nike sur les mocassins n'est sans doute pas digne des laboratoires du CNRS, pas plus que celui, vers 1910, du chapeau mou sur le haut-de-forme, du fox-trot sur la valse ou de l'Automobile Club sur le Jockey ne l'était de la Sorbonne d'Émile Durkheim, qui tenait le cinéma pour un truc de foire et le bélinogramme pour un bidule. Les grands esprits regardaient ailleurs, plus haut que ces balivernes, et c'est un petit crevé, un salonnard, qui a dû faire le travail, Marcel Proust. C'est dans la *Recherche*, non dans *Les Règles de la méthode sociologique*, que se nichent les secrets de notre siècle, qui pivote et grince sur ses gonds — autres gonds, même grincement. Le provincial et ancestral mépris « des paillettes et des strass » — ces mots-là font déjà la moue — par les hérauts du peuple et du savoir (Michelet donnant sur ce point la main à Diafoirus) nous a habitués à tenir l'exemplaire pour dérisoire, et le noyau dur pour garniture, alors que, l'industrie du loisir aidant, la paillette tient la baguette. Inertie théologique qui veut qu'une chose ne puisse devenir objet de connaissance qu'au-dessus d'une certaine altitude spirituelle ? Ou sociologie casanière du lettré, qui se sent aussi loin de la « Roue de la Fortune », du « Juste Prix » et de la « Nuit des héros » que d'Aubervilliers ou des Tarterets ? Rien de plus toxique, et suicidaire, en tout cas, que ce défaut de considération auquel le médiologue, mieux armé que d'autres, se doit de ne pas céder. Nous avions échafaudé pour le dernier numéro des *Cahiers de médiologie* un *Être connu*, et c'est à cette fin, tournant le dos au ciel des idées pour aller au charbon, au côté pratique et professionnel des choses, que nous avions demandé les secours de Michel Drucker, avec qui, *horresco referens*, j'ai fait depuis connaissance. Je ne regrette rien tant que de n'avoir pu voir ce projet mené à bien, pour des raisons au reste directement liées à notre sujet : la belle image coûte cher, de plus en plus. Seul le *business* peut rentrer dans le *show*. Là est le hic. C'est celui de l'époque, dont labourage et pâturage sont bien *show* et *business*, puisque la formule « *show + business* = » peut se mettre en facteur commun à quasiment toutes nos occupations. Charité et philosophie incluses. Jusqu'aux abords (un peu) mieux défendus de la physique des particules et du service divin — encore qu'Einstein tirant la langue au cul des bus et Jean-Paul II *superstar* sous les spots du jubilé puissent en faire douter... Sans doute faut-il mettre un signe > à la place du +. Mme Bettencourt, première fortune de France, n'a pas d'image, et l'abbé Pierre, le saint homme, n'avait pas un sou. Les manitous de la finance peuvent se permettre de n'avoir pas de visage, et les magiciens du Bon Dieu, de n'avoir pas de sicav. Mais, en règle générale, *rich and famous* vont de pair, et, avec cette redondance, cet attelage, ou plus exactement cette inclusion de la caste des *famous* dans la classe logique des *rich*, nous touchons à la fois au nerf de la guerre et à la racine de nos rêves. « Les mœurs de la presse, les seules originales de notre siècle... », notait Balzac en 1839. Le *show-biz*, qui n'est pas du caf'conc' au carré, pas plus que Madonna n'est une goualeuse des rues mondialisée, fait l'originalité inouïe de la période. La sociologie se prend trop au sérieux pour aborder avec le sérieux nécessaire les arts du néant propres au temps qui court en Nike.

Baliverne capitale. Judo hégémonique. *Dumping* non social, mais électoral. Précisons : vélo, rugby ou foot ; et non polo, golf ou tennis. Le feuilleton du samedi soir,

20 h 30 ; et non le classique de 0 h 30 sur le câble. Johnny ou Enrico Macias ; et non Brel ou Alain Souchon. Les nantis ont épousé la culture des paumés en coinçant les salariés sur les Champs-Élysées. Les grands font lien entre les gros et les petits. S'arrogeant le plouc et délaissant le dessus du panier d'Arte — Jeanne Moreau, Chéreau, Piccoli, Ariane Mnouchkine —, la droite *cheeseburger* (Walt Disney réadapté local) n'est pas populiste, mais grand public. Elle branche en direct le CAC sur le PAF et le *Fouquet's* sur le McDo. Le XVI$^e$ fait la jonction avec le 93 en sautant par-dessus le VI$^e$. Ce petit rien donne un plus. M. Giscard d'Estaing ne le sait que trop, qui crut que dix minutes d'accordéon et une heure sur un terrain de foot suffiraient au « populo ». Il manqua sa réélection pour cette inadvertance. M. Balladur aussi. Il portait perruque et roulait carrosse. Il alla dans le mur. M. Sarkozy, qui n'a pas gaspillé sa jeunesse dans les librairies, théâtres et cinémas d'art et d'essai, enfourche la bécane de Drucker, caresse la Harley-Davidson des *Black Angels*, avec un tee-shirt *New York State Police* et le dernier Marc Lévy débordant de la poche arrière. Un boulevard ! C'est ainsi que Neuilly a ramassé la mise, démocratiquement, avec un naturel, un décrochez-moi-ça désarmant, et tant pis pour les sociétaires de la Comédie-Française qui voient les banlieusards de « *Loft Story* » mettre les pieds sur le fauteuil où Molière a rendu l'âme. À la guerre comme à la guerre. Que peut le raisonnant contre le résonnant ? Le boulevard Saint-Germain contre la tour Eiffel ? La gauche, malgré tous ses efforts pour s'en alléger, traîne à ses basques trop de plumitifs, de moralistes et d'idéologues pour renaître en cinq sec *hot-line, glamour, sexy*,

réactive et interactive. Notre tigre de papier national est en retard d'un système technique, autant dire d'un train éthique. Elle se rattrapera. Pour l'heure, avec ses vigilants, ses comités d'experts et ses sages, ses profs et ses donneurs de leçons, ses foules sentimentales, son évangélisme tocard et son Talmud programmatique, l'arrière-petite-fille de l'École et de l'Imprimé continue de « faire emmerdant », comme le recommandait Beuve-Méry à ses journalistes. Plutôt prude, la vieille dame, sur les communions électroniques. On peut comprendre sa paresse, ou ses phobies ataviques : la culture dite de masse fait d'un tout un tas de consommateurs esseulés et mimétiques, limaille polarisée par des têtes d'affiche et réfractaire à tout appel au regroupement humain ailleurs que dans la zone de chalandise, les gradins de Saint-Denis ou le plateau de « Vivement dimanche ». Fric, fringues et frime, jouissances bon enfant, loto, animateurs, électroménager et parachutes dorés — on connaît, bien sûr, côté gauche, on a fait des extras, mais on n'assume pas vraiment. Des passes à la sauvette. *Back Street*. « La part la moins noble de l'homme, n'est-ce pas ? » Peut-être, à en croire Pascal, Jaurès, Gramsci et Adorno, mais il se trouve que c'est la mieux irriguée par l'argent, éclatante de vitalité, et prenant la lumière comme personne. Les sans-culottes, ironie de l'histoire, font talons rouges. Les grincheux ont beau accuser la droite à banane et blouson clouté de refaire du vieux avec du neuf — du tout génétique avec du Michel Polnareff, de la xénophobie avec des ministres filles d'immigrés, du néocolonial avec de l'humanitaire, du test ADN avec des sans-frontières, etc., ce qui reste de la gauche a beau clamer qu'elle peut faire, elle, du neuf avec du vieux, le bon peuple devant ses écrans, et il a raison, croit assez en ce qu'il voit et entend pour distinguer, d'instinct et sans trop réfléchir, entre le vivant et le moribond, l'aigrette de vent sur les tempes et le devoir de français à la maison.

## Actualités proustiennes

Tombant, dans *Sodome et Gomorrhe*, sur les dîners à la Raspelière, le château normand loué par des Verdurin en vacances à des Cambremer un peu fauchés, impossible de ne pas se dire : « Mais oui, c'est bien cela, nous y voilà. » Le baron de Charlus et les marquises qui leur rendent visite sont écœurés par le manque de manières de ces parvenus qui, s'appuyant sans se gêner sur le *boom* des journaux d'opinion, des concerts publics et des revues littéraires, veulent forcer la porte du grand monde et contraindre des hommes et des femmes qui avaient un ancêtre aux croisades de traiter d'égal à égal avec des sorbonnards barbus, des violoneux, des médecins et des écrivailleurs. Comme aujourd'hui, *mutatis mutandis*, la vieille noblesse d'État, *remake* de la noblesse de robe, doit composer avec un demi-monde assez « douteux », celui-là plus friqué que bohème. Les cloisons plus ou moins hypocrites qui séparaient jusqu'ici le haut fonctionnaire ou l'élu de l'entraîneur sportif affairiste, du président de compagnie financière siège social aux Caïmans et du producteur-animateur à 50 000 euros mensuels sont enfin tombées. C'était le moment. « De temps en temps, dira plus tard Odette Swann, entendant parler du salon Verdurin, après son propre reclassement et feignant l'indifférence, il y a comme cela des gens nouveaux qui arrivent dans la société. » Le vieux riche trouve toujours le nouveau bien vulgaire. Les La Trémoïlle et les Laumes ont régulièrement un haut-le-cœur devant les irréguliers piaffant d'impatience, qui ont le dynamisme de leurs vecteurs matériels, aujourd'hui l'iPod, le blog, la chaîne câblée, les droits de retransmission du match et les *cover people*, et qui ont le front de se glisser dans le *Who's Who*. La haute n'a pas tort de se méfier : chaque mutation dans la médiasphère finit par *miner* les hiérarchies les plus intangibles, après avoir, dans un premier temps, et en travaillant de l'intérieur l'ordre établi, *mimé* les rites et pastiché les tics du chic. Et c'est ce renversement baroque, inattendu, invraisemblable, du haut en bas du pavé, dont l'univers du petit Marcel a été le témoin sidéré ; et c'est bien, un siècle après, le même vacillement, le même écœurement du beau monde devant l'arrivée en haut lieu des transgresseurs et des usurpateurs, la même redistribution des cartes, la même permutation entre ghetto et gotha, tant il est vrai que « tout ce que nous croyons impérissable est promis à la destruction ».

Vers 1900, l'ancienne noblesse d'épée, le faubourg Saint-Germain, la rive gauche, n'a pas pu résister à la nouvelle bourgeoisie intellectuelle installée rive droite, rue de Montalivet, où habitent et reçoivent les Verdurin, en appartement, et dont le triomphe s'attestera, à la fin des fins, par leur passage rive gauche et leur installation au quai Conti, dans un hôtel particulier. Mme Verdurin n'est pas la snob sotte de la légende. C'est la voix de l'avant-garde, elle a un temps d'avance sur son temps. Quand règnent encore sur les esprits *fashionable* Berlioz, Massenet et Vincent d'Indy, Détaille et Boldini, elle ne se contente pas de faire la carrière des fidèles du clan, de distribuer les prix de l'automne et de remplir ou vider la salle Gaveau, elle aurait pu inviter à dîner ces infréquentables : Stravinski, Cocteau, Picasso et Diaghilev. Elle définit en 1918 la hiérarchie des valeurs de 1958.

Toute la *Recherche* décrit par le menu un passage de relais, au terme d'une impitoyable guerre de tranchées de trente ans (1880-1910) livrée à la Maison (des Guermantes) par le Salon (Verdurin), et auquel la Grande Guerre a servi de simple révélateur. Elle a vu les gens bien nés, mais incultes, vivant encore sur la tradition orale, tenter de refouler les nouveaux talents du journal et de l'expo, mal fagotés, mais en phase avec les nouvelles infrastructures, qui leur donnaient l'assaut. Les gens des châteaux qui se desséchaient et se déchiraient en vase clos depuis la Restauration, aux prises avec les fils de notaires et d'agents de change qui osaient fréquenter des juifs et des républicains. La position sociale face à la valeur individuelle. Les élégances sédentaires et guindées face à un milieu à forte mobilité, habitué à changer de pays, de maison, de femme et de langue, et où l'individu vaut non pas par ce dont il a hérité, mais par ce qu'il pourra léguer aux siens. Aujourd'hui, l'ENA (qui avait détrôné Normale Sup') doit à son tour abdiquer devant Sup de Co. Souhaitons que cette bascule qui dit beaucoup et n'a l'air de rien trouve un jour son Proust, lequel devra diriger son télescope non plus sur les tribunes de Longchamp, le Grand Hôtel de Cabourg, le rallye du Jockey-club et les baignoires de la Comédie-Française, mais sur les tribunes pour invités du Mondial, le *show-room* de Karl Lagerfeld, les raouts de TF1 et les dîners du Siècle. Autre économie des gains, autre cartographie parisienne. Le temps de *Lipp* s'efface. Voici l'ère du *Fouquet's*, port d'attache des seigneurs de l'image et du son. Apparition en gloire d'un nouvel idéal-type, le *young french professional* : le débrouillard à Ray-Ban, mocassins à pampille, Rolex au poignet et chaîne au cou, qui dans son 4×4 Cherokee écoute BFM (« un point de Bourse chaque quart d'heure ») avec des pointes vers Radio Classique, revient de Marrakech avant de repartir pour les *States*, habille sa femme en Prada et non plus en Dior, ignore la *Revue des Deux Mondes* et *Le Canard enchaîné*, feuillette *Paris-Match* et survole *Gala*, ne sait plus trop qui est François Mauriac, mais achète chez Virgin le dernier Nothomb et le dernier BHL. C'est la ronde des chevaleries, l'éternel train du monde...

Grande stratège devant l'Éternel, Sun Tse Verdurin avait repéré le défaut de la cuirasse du milieu Guermantes : son bas niveau de culture. Son étrangeté au monde vivant de la littérature, du savoir et du goût. Elle a donc attaqué la citadelle nobiliaire par les arts et les lettres, en captant pour son salon tous les frissons nouveaux, en mettant dans son camp les vedettes émergentes de l'Université et des professions libérales lettrées et liseuses, mais dépourvues de particule, ceux qu'on appelait d'un nom vulgaire et alors tout nouveau, les « intellectuels ». La nouvelle classe qui s'épanouit sous nos yeux, dans une classique et rituelle bousculade d'ambitions et d'appétits, a également saisi le point faible d'une aristocratie d'État étrangère, malgré qu'elle en ait, au nouveau jeu social et aux professions à vitalité forte, boostées par l'argent roi : c'est, au contraire du cas précédent, son haut niveau d'éducation (normal dans le monde ancien, mais handicapant dans le nouveau). La Verdurin, l'intellectuelle du Tout-Paris, traitait de raseurs et d'ennuyeux tous les représentants du gratin ducal. Notre président, lui, qui se dit tout le contraire d'un intellectuel, traite de « petits pois » les hauts magistrats et de « cons » les ambassadeurs. Il échange, coup pour coup, une condescendance contre une autre.

Le décrochage entre la gauche parisienne et morale, sobrement vêtue de flanelle grise et encore cravatée (style « vieux républicain »), et sa base électorale orpheline (le salarié de province) la coupe autant des Turelure du rotary club du chef-lieu que des supporters de l'OM et des fanas du Tour. D'où le flair médiologique du député-maire qui a investi très jeune le terrain peu institutionnalisé et encore moins valorisé des variétés et du feuilleton télévisé, avec le même sens de l'anticipation que Mme Verdurin jouant son va-tout, bien avant qu'ils soient habilités, sur des artistes aussi marginaux que Vinteuil et Elstir. Arrêtons ici le jeu des analogies. En vidéosphère, les survivants de la culture livresque, les descendants des dreyfusards, se retrouvent dans la position précaire et un peu saugrenue du rentier parasitaire, qui était celle des Guermantes en pleine graphosphère : leur prestige social ne correspond plus à leur rôle effectif en démocratie d'opinion. La progéniture des Verdurin est aussi décalée par rapport à

38

notre époque que l'étaient les Guermantes dans la leur. Nos lettrés ne sont plus dans le coup. Il y a des sorts pires en ce bas monde, n'en faisons pas un mélodrame, mais il y a du poignant dans le roque des positions relatives.

À la fin de la *Recherche*, Proust peut déposer son télescope. Le sang bleu a rendu les armes. Il sera désormais décoratif. Il s'est mis au service du mauvais genre. C'est le double coup de théâtre du *Temps retrouvé* : la princesse de Guermantes est morte, et c'est l'ex-Mme Verdurin, devenue veuve, elle aussi, que le prince, ruiné par la défaite allemande, a épousée ! Et Odette, la demimondaine, la cocotte, la quasi-lorette que les Guermantes ne voulaient pas recevoir chez eux, a épousé, après la mort de Swann, l'un des hommes les plus en vue de la société, le comte de Forcheville. Des créatures proscrites avant-guerre par tout ce qui compte, pour la raison qu'elles connaissaient des actrices, fréquentaient des journalistes et lisaient Émile Zola, allant même jusqu'à saluer sans rougir Clemenceau et Viviani dans un vestibule, vont maintenant donner le *la* à un monde où « des ministres tarés et d'anciennes filles publiques étaient tenus pour des parangons de vertu ». Les ducs se rendent pour sauver les meubles, garder la main et leurs entrées à l'Élysée. On collabore, on est témoin de mariage, on accepte des missions, des ambassades, on case sa fille. « Le faubourg Saint-Germain, comme une douairière gâteuse, ne répondait que par des sourires timides à des domestiques insolents qui envahissaient ses salons, buvaient son orangeade et lui présentaient leurs maîtresses. » Les nouveaux Messieurs et Mesdames Sans-Gêne, envers les notables d'antan, de gauche ou de nulle part, appliquent avec doigté la recette immémoriale : « Mettons-les sous nos pieds et tendons-leur la main. » Ouverture. On se recase. Il n'est plus de mauvais goût de demander qui est René Char, de s'appeler par son prénom, de se tutoyer au bout de dix minutes, de jogger dans la rue. Ni de taper sur le ventre de Doc Gynéco. « Ainsi change la figure des choses de ce monde ; ainsi le centre des empires, et le cadastre des fortunes, et la charte des situations, tout ce qui semblait définitif est-il perpétuellement remanié, et les yeux d'un homme qui a vécu peuvent-ils contempler le changement le plus complet là où justement il lui paraissait le plus impossible[1]. »

Gardons-nous de snober le snobisme, avec un air pincé. Snob, le bénédictin qui cherche à imiter saint Benoît en tous ses gestes et pensées, pour devenir lui aussi un saint. Snob, la *human bomb* de quinze ans qui veut faire aussi bien que Mohammed Atta. Snob, l'élève des Beaux-Arts qui se voit en nouveau Giacometti. Snob, le petit Victor qui se dit « Chateaubriand ou rien », et snob, le petit Amin des quartiers nord qui tape dans le ballon, « Zidane ou rien ». Nous sommes tous des snobs, des *Bourgeois gentilhomme*, des pecques provinciales, des Sidonie Verdurin, et nous aurions même intérêt à l'être avec un peu plus d'application et de persévérance, pour autant que la vertu des *sine nobilitate* qui entrent dans la carrière consiste « à lorgner le haut de l'échelle et tenter d'imiter et les mœurs et les goûts de l'aristocratie ». Et c'est ne rien s'exiger que de

---

1. Marcel PROUST, *À la recherche du temps perdu*, t. III, Gallimard, coll. « Bibliothèque de la Pléiade », 1954, p. 1019.

n'être d'aucune façon poseur ou snobinard. Le snobisme est le moteur de l'avancement individuel et du progrès collectif. Étant entendu que chaque corps de métier a ses échelons, chaque milieu, ses sommités, chaque médiasphère, ses aristos. Le dénivelé des conditions a les propriétés d'un invariant social, mais par bonheur les aristocraties passent, tournent, se bousculent, en sorte que l'historien a du pain sur la planche, après coup, et que le pékin, dans sa courte carrière et en temps réel, n'a pas celui de s'ennuyer.

En vidéosphère, l'élite de l'élite, la crème, le dessus du panier ont été baptisés *people*. Ce sont ceux et celles qu'on voit souvent à la télé et dans les pages des magazines. Ils ne tiennent pas leur prestige de la naissance (les ducs), ni de leurs diplômes (les bourgeois), mais de leur audience (la « société civile »). Aussi la notoriété est-elle le principal critère de recrutement pour qui compose un gouvernement d'ouverture. Le président nous accroche au revers une Légion d'honneur, le ministre, une médaille du mérite, mais le rédacteur en chef, qui n'est rien dans l'État, nous décroche la timbale : la bobine. Avoir une tête ou pas, *that is the question*. Cette *summa divisio*, par chance mouvante et révocable (tous les espoirs sont permis, à tout moment), sépare à l'instant $t$ les capitaux des décapités. Vous voulez devenir quelque chose ? Faites-vous d'abord une gueule, le nom suivra. Mieux : un sigle, des initiales. Faites parler de vous, mon petit loup. Paxez-vous avec une actrice ou un mannequin, ou, mieux, avec une animatrice de télé. Elle connaît les circuits, vous aidera à vous y faire un trou. Au temps des ducs, Rastignac épousait une particule ; au temps des bourgeois, une dot ; au temps des hit-parades, une frimousse. Bon indice du « facteur de promotion » ou du « créneau le plus porteur » que le choix du conjoint chez les aspirants aux ministères, comme aux magistères. Le couple ministre-journaliste, ou l'inverse, est devenu canonique parce que, la télécratie venant à surplomber une méritocratie désormais peu fonctionnelle, c'est le tandem le plus opératoire, chacun faisant la courte échelle à l'autre. En 1830, un « grand nom » dispensait le mirliflore de se faire une tête ; en 1930, un diplôme de grande école également. En 2000, l'investissement « tête » est de tous le plus sûr. Comme les blanches déités marines retranchées au fond de leur baignoire, les invisibles duchesses qui fascinaient le petit Marcel au théâtre, quand depuis son fauteuil d'orchestre en pleine lumière il cherchait à deviner leurs traits dans la pénombre, les enviés de la Belle Époque avaient pour privilège de *voir sans être vus* — du menu fretin. Les enviés de la nôtre, qui est aussi belle mais d'une autre façon, ont celui *d'être vus sans voir* la salle, aveuglés comme ils sont par les projos plein pot.

Facteur « tête » d'autant plus discriminant que, dans le Tout-Paris, jacobinisme oblige, on a pour singularité d'être plus généraliste, entrecroisé et composite qu'ailleurs. C'est une fricassée de museaux, un bouillon d'états et de professions, un *melting-pot* (inconnu à ce degré à New York, où le milieu intellectuel et universitaire est un monde en soi) mêlant comédiens, médecins, avocats, architectes, journalistes, financiers, écrivains, politiques, industriels, etc. — la salle d'une « première » au théâtre —, amalgame qui n'a d'autre critère de reconnaissance qu'un réciproque et souvent perplexe « j'ai déjà vu cette tête-là à la télé ». Ce qu'est le vin blanc à la gibelotte, le médium à la palette, s'appelle ici *médias*, seul liant de ce ragoût improbable sans autre homogénéité qu'une possible homologation mutuelle au premier coup d'œil. « Dans les corps fortement constitués, où l'on ne reçoit qu'en fonction du rang, on est impitoyable pour tout élément étranger[1]. » Et Oriane choquait sa caste parce qu'elle aimait les dîners mixtes, avec de brillants éléments tombés de la lune, des articles d'importation « au charme indéfinissable ». L'effritement des anciens corps constitués (corps des Mines ou forteresse ouvrière), la faible professionnalisation des métiers porteurs, ajoutée à la perte d'autonomie des institutions existantes, posent aux invités de la générale la question : « Mais qu'est-ce que j'ai de commun avec tous ces gus ? Qu'est-ce que je fous ici ? » La clé de l'énigme et le soulagement de l'angoisse, pour qui n'a pas la mémoire des noms, se résument à ce dialogue muet entre les deux voisins de la rangée d'orchestre : « La gueule de ce type me dit vaguement quelque chose », lequel inconnu nous adressera un petit sourire en nous trouvant, *in petto*, « un je-ne-sais-quoi de déjà-vu ».

Que nul n'entre en médiologie s'il n'est un brin proustien. Non pas par le talent, bien sûr, ce génie nous dépasse de mille lieues. Mais le tout-dans-un-rien, le style d'énonciation plus que le genre d'énoncé et surtout le sans-rancune objectivant et rigolo pourraient nous inspirer. Il est empathique aux deux côtés de la barricade, Guermantes et Méséglise, s'abstient de faire

1. *Ibid.*, t. II, p. 459.

la morale, et ses tendres rosseries ne le prennent de haut avec personne, duchesse ou pécore. Il rit et pleure avec les deux, altesse ou cuisinière (féministe avant la lettre, Proust donne les rôles clés aux femmes, ou aux hommes-femmes comme Charlus). L'important est de replacer tel lieu ou tel milieu dans la durée, de leur laisser le temps de se renverser en leur contraire, de mûrir leur métamorphose. « On ne s'écoute plus jouer, on n'écoute plus que le public », disait récemment un rocker du groupe *The Police* pour montrer combien il avait progressé, mais il lui aura fallu vingt-cinq ans pour savoir et saisir le ressort du succès à notre époque. La *Recherche* embrasse implicitement entre une trentaine et une quarantaine d'années. C'est le temps qu'il a fallu à la république parlementaire pour remonter de la Chambre aux salons, et remanier les bonnes manières. La démocratie de l'opinion et du *business* a eu besoin d'un délai analogue pour transmuer une technologie en art de vivre. L'œuf communication est devenu coq, et son cocorico nous assourdit, mais n'importe quel politologue peut nous démontrer qu'il a été pondu par M. Giscard d'Estaing et fort bien couvé par M. Mitterrand. Un nouveau milieu technique a besoin d'incuber pour éclore en culture et libérer ses effets d'orthodoxie. Ceux de l'écriture alphabétique ont mis plusieurs siècles pour produire des lois, des listes et des récits. Ceux de l'imprimé, un bon siècle pour accoucher de la révolution protestante et des premiers États-nations. La néotélévision des années 1980 a mis une génération pour normaliser à sa façon les procédés du pouvoir politique et de ses voies d'accès, les préséances et les convenances. Une machinerie magistrale est un principe spirituel, et le corps social qui procède de cette âme ne tombe pas du ciel un beau matin. Le professeur Cottard, dans *Le Temps retrouvé*, l'un des « fidèles » du clan Verdurin, n'est plus le carabin du début, aux gestes outrés, aux contre-pieds déplacés. Il ne se frotte plus les mains de contentement, mais manifeste sa joie de dire un bon mot par un discret mouvement d'épaule, en gardant le visage impassible. Il a appris, à la longue, finalement promu en sommité médicale, l'art de l'immobilité, et à maîtriser son corps. Il a attrapé la distinction en fin de parcours, laquelle n'est pas un trait individuel, mais suppose d'avoir atteint, dit Proust, un certain « âge social ». Ainsi des vedettes en herbe, qui courent après les *paparazzi* pour éventer leurs frasques et sortir de l'anonymat, mais qui, une fois devenues des stars, sautent brusquement, sur le chapitre vie privée, du cabotinage à la susceptibilité.

*L'argent enfin décomplexé* : un président peut annoncer à voix haute qu'à la fin de ses mandats il s'occupera de faire fortune — et cela sonne juste. Le glamour *arbitre des compétences* : une telle a de belles épaules, nommons-la à ce poste, l'autre est trop moche — et cela est judicieux. *Le chiffre comme valeur* : « Moi, je regrette, un type qui vend à des millions d'exemplaires ça m'intéresse. Si je ne lis pas Marc Lévy, si je ne regarde pas le Tour de France, je fais un autre métier. » Et cela aussi est imparable, franc et honnête. Il fallait du culot, de la probité et beaucoup de tempérament à un paladin du *Zeitgeist* pour révéler et doubler son salaire en toute transparence et pour rendre en droit au *look* la primauté qui lui revenait déjà de fait. Pour dire en face ce qui se faisait de biais, pour hisser sur le pavois, sans vergogne ni faux-semblant, des mœurs et des valeurs (le *glamour*, la gagne, l'Audimat et le *cash-flow*) longtemps implicites ou masquées, mais qui n'avaient pas le courage de leur opinion. Disons, pour parler une langue morte, que notre P-DG national met les montres du pays légal à l'heure du pays réel.

## Molière à l'Odéon

*Le Malade imaginaire*, comédie-ballet, mis en scène par Éric Louis, avec sa compagnie « La nuit surprise par le jour ». Pour une surprise, c'en est une. Éblouissante. Explosive-fixe. À la diable. Il y a du rap, du rock, des travelos, et du *show* télévisé dans ces quatre heures étourdissantes. Ça décoiffe et ça valdingue. Est-ce encore du Molière, ce carnaval ? Oui, tel qu'en lui-même l'esprit du temps le change. Moins classique on ne peut et parfaitement moderne ; plus moderne on ne peut et parfaitement classique. C'est le dernier volet, avec *Les Précieuses ridicules* et *Tartuffe*, d'un triptyque marathon que j'ai manqué. Le texte ici est mieux que respecté : épelé, souligné, scandé, redéployé. Et par cette exubérance même, cette effronterie jubilatoire, dégraissé, délesté de tout le scolaire plus ou moins factice qui l'avait châtré dans nos mémoires, le rendant par trop poli et attendu. L'allégresse d'un théâtre de rue fait reverdir ce bois mort, à cœur joie, comme au premier tréteau. Dévergondage magnifique, panachage purificateur — merci à Olivier Py, qui, lui aussi, avec ses *Illusions comiques*, a redonné d'insolentes couleurs de fête, un engagement dégingandé au temple par trop sophistiqué de l'illustre Odéon. Théâtre de texte *versus* théâtre d'image ? Comme s'il n'y avait de choix qu'entre la matinée scolaire et l'esbroufe prétentieuse ! Entre Mounet-Sully et Bob Wilson ! On peut rafraîchir un classique sans le maquiller, le réinventer à neuf sans l'escamoter, allier la rigueur au plaisir. Bonne nouvelle : il n'est donc plus obligatoire de se cultiver en bâillant ni de se mettre à quatre pattes pour éclater de rire. Les classiques marchent à la protéine (de Protée, dieu des métamorphoses).

## Le temps retrouvé

Proust encore, sur la lecture des communiqués de guerre dans la presse française, en 1914 : « On lit les journaux comme on aime, un bandeau sur les yeux. On ne cherche pas à comprendre les faits. On écoute les paroles douces des rédacteurs en chef comme on écoute les paroles de sa maîtresse. » Les spécialistes en infocom ont baptisé « théorie de la réception » cette amoureuse générosité. Rendons-en le mérite au maître d'hôtel de Balbec, qui inspire à Proust cette jolie métaphore.

## Écrivain, écrivant

Lu d'affilée, par un hasard à première vue cocasse, le *Carnet de notes* de Pierre Bergounioux (1991-2000) et le *Dictionnaire amoureux des menus plaisirs* d'Alain Schifres (2005). Maintes critiques élogieuses et allusions pleines d'une respectueuse gravité, cueillies çà et là dans la presse, m'ont incité à aller acheter le premier rue des Écoles, le jour même où Jean-Claude Simoën me faisait parvenir le second par la poste. L'un m'a rasé. L'autre, ravi.

J'ai honte. Renseignements pris, le premier ouvrage est d'un « grand écrivain », le second, d'un « bon journaliste ». Presse considérable ici, et littéraire. Négligente pour l'autre, rubrique « société ». Je ne connais aucun des deux auteurs. Cette neutralité affective jointe à mon ignorance des réputations respectives n'en donne que plus d'acuité à la question : qu'est-ce qui fait, médiatiquement, l'*écrivain*, et le place dans une autre catégorie qu'un *écrivant*, fût-il des plus doués ? La réponse qui vient de suite à l'esprit serait une supérieure qualité de langue. Me voici encore à côté de la plaque : le français du « journaleux » est plus aigu, riche et délié que celui de l'« artiste ». La deuxième réponse enchaîne sur la première : l'un fictionne, écrit des romans, et l'autre pas. Ce n'est pas non plus le cas ici (Schifres a aussi écrit un roman-roman, et Bergounioux ne passe pas pour un auteur d'imagination). Cherchons ailleurs.

Appartiennent à l'écrivain, si l'on ose généraliser, l'attention aux petites choses, la dramatisation de l'infime, le pouvoir séparateur de l'œil, bref, pardon pour le paradoxe, le refus des généralités et des pensées de survol. Par quoi la comparaison de ces deux ouvrages, l'un comme l'autre délicieusement au ras du sol, se justifie, puisqu'ils sont dévotement consacrés au *menu*, plaisir et déplaisir. Pour la fouille au microscope, le pouvoir de résolution des mots et l'acuité du rendu sensoriel, le « petit traité du bonheur sans peine » dû au chroniqueur va très loin. Il nous restitue, par exemple, la distance intersidérale qui sépare le boucher du tripier ou l'affichage digital des heures du cadran à aiguilles. Il nous met en bouche le vol-au-vent financier, la gousse d'ail et le quignon — et ne le cède en rien là-dessus aux plumes les mieux taillées. Il y a paradoxalement plus de poésie dans l'abécédaire du touche-à-tout médiatique que dans le carnet du retranché ruminant son quotidien. Tout ferronnier et botaniste qu'il soit (et le coléoptère, le ponceau métallique ou la « loge nymphale » dans le tronc du hêtre constituent sans doute le plus goûteux, dans le minutieux *verbatim* dressé par Bergounioux de sa vie quotidienne, sur plus de mille pages en papier bible ivoire), le bricoleur à perceuse n'atteint pas, ou rarement, la même pénétration enjouée. Hormis des trouvailles en passant, c'est bien le moins, comme « la douceur hasardée » d'un ciel, sa langue est grise, le vocabulaire, pauvre et répétitif, d'une constante fadeur. Métro, boulot, dodo, auto, bobo et météo : rien ne nous est épargné. Sont consignés heures du lever, itinéraires, emplettes, maux d'estomac, repas, rendez-vous professionnels, avec une infatigable platitude. Alors, derechef, pourquoi tant de négligence ici, et là de révérence ?

1. Chez un Bergounioux, l'insistant gomme l'anodin, le difficultueux absout le geignard. L'accumulation graphomaniaque et laborieuse de détails indifférents donne sur la longueur et à force de longueurs le sentiment de quelque chose de monstrueux, d'énigmatique, de forcément singulier. Seul un artiste, se dit-on, peut pousser aussi loin l'égomanie, ou le culot de l'insigni-

fiant. Voilà un possédé, une victime dévorée, rongée par sa passion, qui est de se confier. La flamme est petite, mais au moins, lui, *il s'y brûle*.

2. Dans ce terne jour-après-jour, on devine du malheur. Ça suinte douloureux et ça sent la sueur. Le lecteur assiste en complice, ou en témoin, à l'engendrement à claire-voie d'un souffre-douleur par lui-même, qui s'accouche en direct de sa petite vérité, sans rien cacher de ses essais et erreurs, de ses manques et de ses nostalgies.

Au regard de quoi le *swing*, la verve de Schifres (malgré des calembours un peu vulgaires) donnent l'impression d'une littérature légère et froide, d'un jeu social somme toute classique et déjà répertorié sur notre carte du Tendre — la satire des ridicules d'une époque. Cela ne vous livre pas l'intimité crue d'un homme. Schifres domine trop son sujet, sans se prendre au sérieux, comme l'écrivain de profession (dont l'humour n'est pas le fort). Le journaliste tient son propos à bout de gaffe, l'air de ne pas y toucher, avec des traits d'esprit inventifs, mais trop maîtrisés et rapides pour émouvoir *durablement*. On ne peut pas *situer* la personne de l'auteur. Un bel esprit masqué, hors-sol, semble virevolter à son aise dans un nulle-part passe-partout, sans imprégnations fatales, alors que le balourd Auvergnat nous parle lourdement, maladroitement de son corps. Il campe son patelin en nous faisant sentir, outre le génie d'un lieu, le rapport d'intériorité qui l'unit à cet habitat qui l'habite, lui, à cet environnement cafardeux, râpeux qui le construit, besogneux, probe et précaire. Un terroir sous les pieds, c'est une auréole sur la tête. En revanche, habiter un organe de presse, comme Schifres, vous engrisaille l'aura.

Pour l'autorité d'un nom propre et sa force de suggestion, il faut, à contre-jour, un clan, une mouvance, avec ses mots de passe et ses connivences — ici, la fort réputée, nébuleuse et chuchotante école de Brive (Claude Duneton, Pierre Michon, Richard Millet, Denis Tillinac, etc.). Construction plus ou moins artificielle et mythique, liée au retour d'un moment terroir dans les librairies des années 1970 et 1980. Reste que le rebelle, le solitaire supérieur ne perd rien à contreforter sa faroucherie par une microsociété d'admiration mutuelle dont l'aura collégiale rehausse chacun des élus cooptés. Le lecteur, le critique, se gare prudemment devant l'ombre portée et dissuasive d'une telle pléiade, convaincu qu'à la moindre réticence il aura affaire à forte partie. « Vous qui n'en êtes pas, passez votre chemin. »

En somme, pour accéder à l'émérieat dans les lettres, l'équivalent de « la dignité » chez les diplomates, il convient de ne pas cacher au lecteur ce qu'il en coûte d'avoir des sensations et des sentiments. D'abord, exhiber les affres d'une gestation plus que l'éclat d'un aboutissement. Ensuite, brancher sa souffrance sur un prestigieux *happy few* (l'idéal étant « la cellule sur un théâtre » de Chateaubriand). À trop essuyer sa sueur, on reste amuseur, échotier, essayiste, galopin.

### Self-défense

Invité à Paris pour la rencontre « Quel avenir, les chrétiens d'Orient ? » Sa Béatitude le patriarche latin de Jérusalem, palestinien de son état, et qui ne met pas son drapeau dans sa poche, nous rappelle *recto tono* que le chrétien a vocation à souffrir pour les autres et avec d'autres. En clair : il est bon pour le martyre. Pour sa foi et sa patrie, sans faire couler le sang, mais en offrant sa vie si besoin est. « Fondons-nous dans notre peuple en lutte. Je ne veux pas de fidèles qui viennent pleurnicher dans nos sacristies et qui ensuite accusent leurs frères musulmans. Si nous nous fatiguons, si nous préférons plier bagage sans prendre notre part dans la résistance, nous affaiblissons tous ceux qui restent, et quelle place alors sera la nôtre dans la Palestine de demain ? Devant une assemblée de musulmans qui le rejettent, ou de juifs qui le méprisent, un individu normal, ajoute-t-il, ne peut qu'avoir peur, pris comme il est entre deux rouleaux compresseurs. Mais si je suis chrétien, je ne suis plus seul. Je témoigne pour le Christ, et tous les miens. Cela change tout. Je peux faire face. "Vous voulez me rendre la vie impossible ? Vous voulez me mettre en prison ? Me décapiter ? Eh bien, soit, je l'accepte." Il faut être fort si l'on veut survivre, et là est notre force, intérieure. »

Sidérant décalage entre cette âpreté ecclésiale (celle d'un pasteur de peuple autant que d'un docteur de la loi) et nous, benoîts auditeurs sécularisés, habitués aux propos bénins ou pontifiants du colloque traditionnel. Un homme d'Église articule calmement et sans emphase non la pitié pour la victime, mais la requête du héros, au moment d'une grève des transports, devant une salle d'individus sans projet collectif, pour qui les mots de peuple, de patrie et de sacrifice appartiennent au registre du musée ou des récitations en classe (qui ont

52

d'ailleurs disparu). Dehors, dans la rue, on manifeste pour le maintien du pouvoir d'achat et des régimes spéciaux. Je sens comme un malaise autour de moi, dans une salle partagée entre la gêne et l'incompréhension. Quel est donc ce cinglé, ce pousse-au-suicide ? Deux univers juxtaposés, et qui ont du mal à échanger quoi que ce soit. L'un où accepter de mourir pour une cause est chose normale, l'autre où elle relève du psychiatre. Beaucoup de mes voisins ont préféré ne pas entendre.

Notre confort physique et moral doit beaucoup à ce réflexe. Que deviendrions-nous sans notre capacité organique, instinctive, à distinguer ce qui conforte ou assure notre équilibre ? Le « dialogue des cultures » ne prend pas assez en compte l'autodéfense immunitaire des tympans. Pour préserver son intégrité psychique, ou plus exactement l'idée qu'on s'en fait, il faut parfois s'enlever les écouteurs ou quitter la salle. Les films américains sur l'Irak — fictions ou documentaires — sont des bides en Amérique (*Battle for Haditha* n'y est toujours pas sorti). Et les rares films français sur la guerre d'Algérie ne cassent pas la baraque. Si la paupière ne clignait pas, l'œil ne verrait rien.


## Le temps du deuil

« Quel avenir pour la gauche ? » C'était le thème d'une rencontre de notre petit « cercle *Médium* » avec Bertrand Delanoë, maire de Paris, et Jean-Noël Jeanneney, historien et ancien président de la BNF. Le premier, prudent, autocritique, mais personnellement d'attaque ;

le second, résolument optimiste, confiant dans la pérennité des critères d'identification, les Lumières, les libertés, le sens du collectif, etc. Il a rappelé la célèbre phrase d'Alain : « Quand j'entends quelqu'un se demander ce qui distingue la gauche de la droite, je sais qu'il s'agit d'un homme de droite. » Je distingue fort bien, personnellement, entre l'habitant de Neuilly et celui du XVIII$^e$ arrondissement. Qu'il y a là deux familles d'esprit et, à la limite, deux physiologies, cela se voit, se flaire, s'entend en un quart de seconde. Au petit jeu du Montaigu et du Capulet, malgré la disparition, ici, de la cravate et du costume trois pièces, là, du velours côtelé et des cheveux longs, je me trompe très rarement quand je tombe sur un inconnu.

La question n'est pas celle des électorats et des modes de vie, reconduction sociologique, mais celle, question médiologique, de ce qui fait l'unité interne de celui-ci, au vu de l'histoire. Comment une Église peut-elle survivre à sa foi, un peuple, à son drapeau, un être, à sa raison d'être ? D'où le milieu à la fois mental et social tire-t-il sa capacité de résister à l'effacement de son message originel ?

Sarkozy rallie une à une les stars de la Mitterrandie et le travailliste Tony Blair, « toutou de Bush », est la coqueluche des conservateurs français. Le démo-chrétien italien marche avec les communistes, ou l'inverse. L'Allemagne mélange les genres. Le méli-mélo est européen et culmine à Bruxelles. Une alternance sans alternative, à l'américaine, avec une extrême gauche ghettoïsée, sans passerelle, pour des discours ou des actions de témoignage sans danger pour l'ordre établi. L'Amérique encore.

En France, sur la longue distance (deux siècles), chaque camp a fini par intégrer ce à quoi au départ il s'opposait, son identité *a contrario*. La droite, qui se définissait par son rejet, a finalement épousé au milieu du xxᵉ siècle la République. Et, sur sa fin, la gauche socialiste a épousé le capitalisme. Quand la première cambriole les mythes de la seconde, la gauche s'approprie les postulats de la droite. Après ce chassé-croisé, que sont les vieux marqueurs devenus ? Les *solidarités collectives* opposées au sauve-qui-peut individuel ? Le « du bonheur et rien d'autre » fait une devise partagée, et l'individualisme est en facteur commun. La *lutte des classes* ? Elles se définissaient par « leur place dans le processus de production ». La société du loisir et des services immatériels ne facilite pas le repérage. Le *progrès* ? Quand l'annonce du pire remplace la promesse d'un mieux, il incite à la précaution, érigée même en principe, plus qu'à l'enthousiasme *a priori*. L'économie *administrée* par l'État ? Les nationalisations ? L'État-nation n'a plus de pertinence face à l'économie, mondialisée. Aussi, de part et d'autre, s'est-on replié sur un circonspect « réguler le marché » qui met tout le monde d'accord. Le *pacifisme* ? L'*antimilitarisme* ? La guerre a quitté l'Europe, et l'armée a fondu. L'*anticléricalisme* ? L'Église catholique, devenue une communauté parmi d'autres, ne prétend plus à l'hégémonie. Et le discours du Latran passe comme lettre à la poste. L'*anti-impérialisme* ? Il est rebaptisé « engeance d'antiaméricains », et donc, idiotie réflexe d'antisémites. L'*Europe* néolibérale ? Les deux camps applaudissent et votent pour. La liste pourrait continuer. L'optimiste dira : les idées de gauche sont passées dans l'air du temps. La preuve : un président de droite ne cesse de citer des emblèmes, des auteurs et des sources de gauche. C'est vrai. Mais si le verre d'eau est sucré avec le camp d'en face, que reste-t-il du morceau de sucre ? Sur quoi adosser son quant-à-soi ? Pour l'heure, au plan moral et en défensive, sur l'instinct du non. Les propositions passent, le tempérament reste. Prenant la parole à la fin de notre réunion, Robert Badinter nous l'a rappelé : « Il faut dire non à ce scandale : les peines de sûreté. On va bientôt faire de la prison non pour ce qu'on a fait, mais pour ce qu'on est. Au nom de la dangerosité. À quand l'hôpital psychiatrique ? Qui veut rendre le monde un peu moins injuste ne peut accepter cela. »

Il est assez seul dans cette résistance. Qu'est-ce qu'un professionnel de la politique est-il encore capable de refuser ? Apparemment pas les ministères, missions, commissions et ambassades, devenus irrésistibles. Ces gens de gauche se disent « décomplexés ». En clair : permutables. Pourvu qu'on puisse passer à la télé...

## Matériaux pour une oraison funèbre

Quelque chose, bien sûr, repoussera sur ce terreau appauvri mais vivace, sur cette irrédentiste sensibilité égalitaire. Reste qu'il nous faut prendre acte d'une fin de partie qui voit trois cycles historiques s'achever sous nos yeux avec une navrante simultanéité. Le premier, le plus court, né en 1945, avait inspiré à Malraux cette jolie formule : « Il y a les gaullistes, les communistes et rien. » Soixante ans après, gaullistes et communistes ont quitté la scène, et le rien est désormais tout (« parfois le rien perce », comme disait l'autre). Le deuxième cycle s'était ouvert en août 1789, quand sont venues se ranger dans la salle rectangulaire des États généraux, pour ou contre l'adoption du veto royal, une gauche et une droite parlementaires. C'est le cycle de la politique comme passion capitale. Pour la première fois, des êtres humains se sont ligués entre eux en fonction d'une idée de l'homme, et non d'une appartenance natale, d'une religion héréditaire ou d'une loyauté dynastique. Qu'une conception du monde puisse déterminer des libres choix d'existence, cela était jusqu'alors inconnu. Et le troisième grand cycle qui se boucle sans mot dire, ce n'est rien de moins que celui qui s'est ouvert en l'an 33 de notre ère chrétienne, quand le natif d'Occident a lié son sort à la marche du temps en logeant dans le futur son désir de surhumain (résurrection des corps et Jugement dernier), et ensuite, dans la foulée millénariste, son attente d'un accomplissement définitif (la justice, enfin !). Or l'homme divorce d'avec l'histoire pour épouser, en secondes noces, la nature. Vieux couple qui fut, depuis la préhistoire, notre régime de pensée et de vie durant des millénaires. Les passions de l'innocence ont donc migré, et, dans le rôle de l'« idylle enragée », de point de fuite pour la marche, la société « bio » a remplacé la société sans classes. Le diable a déménagé du grand capital vers l'OGM. L'angoisse écologique supplante l'anxiété historique, et la pollution est stigmatisée comme l'était naguère l'exploitation.

Bien sûr, toute conscience collective ayant son envers d'inconscience, chaque temps nouveau se légitime des stupéfiantes lacunes du prédécesseur. Les âmes sensibles d'une époque sont en général insensibles à l'aspect de la réalité, à l'angle de vue qui fascinaient la précédente ou remueront la suivante. La nation, le parti et le plan quinquennal avaient oublié, excusez du peu, la couche d'ozone, la montée du niveau des océans et l'assèchement des lacs. Aux orgueilleux un peu penauds du refaçonnement de la vie, notre moment « bio » réapprend la modestie qui sied à l'animal dépendant d'un milieu naturel. Mais ne se paie-t-elle pas, cette humilité bien venue, d'une certaine lâcheté, d'un certain aveuglement face aux scandales économiques et aux iniquités sociales de la loi du plus fort ? Et la vie avec la nature oublie à son tour que l'homme a besoin de se raconter des histoires. Ce que Lyotard nous avait caché : que la fin des « grands récits » verrait l'apothéose des petits, du *quick book* jusqu'au roman de gare (Cécilia, Carla Bruni et *tutti quanti*). La fin du romanesque historique n'intronise pas le diagramme, la courbe et le pourcentage, mais « Fleur bleue » et *Gala*.

Avec la pesée de l'histoire sur nos existences, disparaît l'aura de la vie publique, qui luisait au-dessus de nos têtes, dans le clair-obscur des lourds secrets d'État, des veilles d'avant la bataille, quand planait, selon les mots de Gracq, « ce halo de mystères et de romantisme dont Orlando colorait et passionnait les affaires politiques ». Sur le rivage des Syrtes, la veille est inutile, il n'y a plus rien de décisif à attendre. Le prince ne tire plus à conséquence, et, face au forum, l'amusement succède à l'apocalypse. On peut applaudir ou prendre des paris : la politique n'est plus qu'un sport.

Ainsi, trois cortèges funéraires s'étirent en silence dans les caboches de quelques seniors qui gardent leurs souvenirs. Le plus court procède à l'inhumation de la Politique majuscule (et de tout ce qui allait avec, l'Europe puissance, l'État providence, la forme-parti) ; le cycle moyen, la conviction du Progrès, qui attendait des avancées de la science une amélioration morale des conduites ; le plus long, l'Histoire. Dont le premier homme lige aura été Jésus. Malgré la sidérante absence de repères historiques dans les Évangiles, il avait inventé, avec l'attente du salut, le sentiment de l'avenir, là où régnait jusqu'à lui le destin.

Le monde qui naît aura maints attraits et plus d'un mérite, mais je me sens trop attaché à celui qui meurt pour ressentir plus qu'une curiosité envers l'émergent. Le Meccano bruxellois et le colloque hebdomadaire sur l'Europe en construction ; les *business plans* de l'État-entreprise ; la frénésie commémorative : tous ces ersatz me font l'effet de thanatopracteurs malhabiles tentant vainement de donner à nos trois défunts pathétiques — la cité, l'espérance et l'Histoire — les couleurs de la vie, pour consoler la famille, abréger le deuil et tourner la page.

## Un médium en vie

*It's a free world.* Que le cinéma demeure, malgré tout, le plus vital des arts, je n'en vois pas de meilleur signe que le film corrosif et dru de Ken Loach. L'équivalent en images, le cursif en plus, de *Germinal* ou de *L'Argent.* Par vivant, j'entends irrigué par le monde réel du moment, ses laideurs, ses misères, ses injustices.

Comme l'était notre littérature au temps de Maupassant, de Zola (jusqu'au premier Aragon?), la peinture au temps de Courbet, avec les trognes de ses paysans revenant de la foire, ou encore celle d'Otto Dix ou de Grosz dans l'Allemagne d'avant-guerre, avec leurs soudards et leurs prostituées. Il est devenu trop évident que le monde ne se dit plus à travers nos pages, qu'il a bifurqué vers les écrans. Notre littérature décroche de la prise directe et dit les choses au deuxième ou troisième degré — quand elle daigne encore s'en mêler, comme dans le *Cendrillon* de Reinhardt, où l'argent est vu à l'étage supérieur, *trader* et DRH. Aller dans les quartiers, les roulottes d'immigrés, les usines de textile, comme le fait ce genre d'allégorie réaliste, avec une robustesse documentée, sans chichis ni clins d'œil, et en se gardant de tout manichéisme — cette âpreté serait aussitôt frappée par nos beaux esprits d'un terme plus ou moins poubelle, naturalisme, populisme, réalisme social. La violence, oui, bien sûr, mais abstraite, hors contexte et surtout pas au premier degré, les violences invisibles et triviales de l'ordinaire, du quotidien de nos propres sociétés. C'est à se demander si le renfermement dans l'intime, ou le passage au symbolique, au niveau supérieur du « faire sens », loin du vulgaire, du banal, du coin de la rue, n'attestent pas, dans chaque registre d'expression, le début de sa décrépitude. Toute décadence est une *fuite par le haut*. Merci Ken Loach. Ce film, coup de poing en pleine figure, est une bouffée d'air frais.

# Protestation

L'universalisme abstrait a trouvé à qui parler : les automobilistes du Pas-de-Calais. Ils protestent contre un projet de plaque minéralogique personnalisée, qui supprimera les codes départementaux. Ils veulent garder leur 62. « Quand on va à la mer, explique un manifestant calaisien, ou quand on arrive au camping, on est content de pouvoir se repérer, pour se retrouver entre nous. Sur les routes, quand on est dans le Midi, on se klaxonne quand on se croise. On n'est pas aimés, peut-être, mais on est des gens de cœur. » En bref, l'individu universel et de nulle part, sans ascendance ni patois, privé de son identité régionale, ne leur dit rien qui vaille.

Faut-il lire cette réaction populaire comme l'ultime résidu d'un folklore désuet ou comme un signe avant-coureur ? La figure du siècle à venir, et en particulier la nature de ses cruautés, dépendra de la réponse à cette question.

# Un médiologue nommé Voltaire

« Jamais vingt volumes in-folio ne feront de révolution ; ce sont les petits livres portatifs à trente sous qui sont à craindre. Si l'Évangile avait coûté douze cents sesterces, jamais la révolution chrétienne ne se serait établie. »

Se déduirait de là qu'il faudrait rétablir la censure pour les gratuits... n'était leur surabondance, qui en neutralise l'effet.

## La colonisation heureuse

Le journal télévisé, écrit, radiophonique, s'ouvre sur de longs reportages sur les primaires en Iowa, au New Hampshire, etc. C'est la nouvelle la plus importante du jour. Je me réjouis, égoïstement, de pouvoir découvrir des lieux qui me sont devenus inaccessibles (pour cause d'interdiction de séjour au pays de la liberté). Je me demande néanmoins pourquoi nos médias ne prêtent pas la même attention (ou un quart, un dixième d'icelle) aux péripéties de la vie politique chez nos grands voisins européens, avec qui nous sommes censés construire une communauté de destin. Et je pense à de Gaulle, retraité à la Boisserie, disant à Malraux : « Tous les soirs, la radio me parle de l'avenue du Président-Kennedy. Il n'y a pas d'avenue Clemenceau ni à Washington ni à Londres, que je sache. »

Tête de Jean-Marie Colombani, alors directeur du *Monde*, auquel je demandais : « Vous publiez chaque semaine le supplément en anglais du *New York Times*. Excellent. Bien sûr, le *New York Times*, par réciprocité, publie chaque week-end quatre pages du *Monde* en français. Vous en êtes content ? » Il m'a pris pour un fou. Il avait sans doute raison.

Quant à l'idée, qui viendrait à un enfant de sept ans, qu'on pourrait aussi bien faire le tour de la planète en publiant tour à tour un supplément d'*El Pais*, de *La Repubblica*, de la *Frankfurter*, du *Jornal do Brasil*, du *Nacional* de Caracas... et du *New York Times*, il est clair que ce serait là faire injure à la « mondialisation » telle qu'elle se doit entendre, voir et lire, chez un hypnotisé loyal.


## Comédie de la grandeur

Découvert et dévoré à Pointe-à-Pitre, ville natale d'Alexis Leger (fils d'Édouard Leger, « avocat-avoué au tribunal de première instance », et de « dame Dormoy »), le *Saint-John Perse* de Mireille Sacotte (Belfond, 1991). Remarquable synthèse, sans malveillance aucune, qui me plonge dans la consternation. Voilà donc un habile homme, soignant sa carrière, flattant puis débinant ses protecteurs une fois tombés (tel Philippe Berthelot), truquant les dates et fignolant sans relâche son bon profil. Chacun sait qu'une œuvre est le produit d'un autre *moi* que celui que nous manifestons dans la vie, par nos coquetteries et nos mesquineries, et que vivre petit incite à rêver grand. Saint-John Perse ignorait-il le *Contre Sainte-Beuve* de Proust pour pouvoir aligner son moi biographique sur son *alter ego* littéraire ? « J'habiterai mon nom. » Oui, et il se sera beaucoup dépensé pour remplir ce pseudo hautain et magnifiant, un peu trop spacieux pour un individu quelque peu étriqué. Au point d'inventer un nouveau genre avec sa bio, écrite par lui-même dans la Pléiade : l'auto-hagiographie.

Avec sa mère rebaptisée par lui « d'Ormoy », il quitte la Guadeloupe pour la France en compagnie de « familles espagnoles d'amiraux rapatriés de Cuba ». Il ne se rend pas en Belgique, mais « en Brabant ». Il n'évoque pas sa maison, mais « sa demeure ». Il ne cause pas, il « confère ». Il ne prend pas ses vacances, comme vous et moi, à Dinard ou en Lot-et-Garonne, il villégiature aux îles Vierges et sur les bords du Saint-Laurent (loin du *vulgum* et toujours sur une île, un phare ou un cap). Il n'a commerce qu'avec les maîtres du monde, et ne publie que sur grands papiers. Bref, du matin au soir et de la naissance à la mort, un être de haut parage, de haut lignage et de haut vol. Et surtout pas un littérateur comme les autres, pouah! L'œuvre aussi, oratoire et un rien siliconée, brouille les traces. Livresque, gorgée de références, mixture habile de citations d'Homère, calquée de la Bible (Exode, Genèse, Lévitique) et de la *Bhagavad-Gita*, sans indications de provenance, dopée à l'article de dictionnaire et à la fiche encyclopédique. Et le même reprochait à Segalen ses artifices littéraires... On ne peut, à la longue, se départir du sentiment que l'officiant du Grand Autel traficotait le vin de messe. On se dit : « Pas mal, de la belle ouvrage. Mais de là à parler de génie... N'en faisons pas un Claudel! Le grand souffle était chez l'ambassadeur, pas chez le secrétaire général. »

Une vie archibourgeoise accouchant d'une œuvre antibourgeoise : c'est la règle. Ce qui froisse, ici, c'est de voir l'aède du grand vent et des aventures seigneuriales, bannissant le trivial, chantant le prince en exil et les rebelles de haut bord, passer les cinq années de la guerre à débiner de Gaulle auprès des puissants, bien au chaud, et à intriguer bassement contre lui, avec des réflexes de petit-bourgeois cauteleux, effrayé par la France libre et l'Armée rouge. Et proposant comme solution miracle aux détresses de la France en 1944 le recours à la loi Tréveneuc de 1872, qui faisait des conseils généraux les seuls dépositaires formels de la souveraineté nationale — expédient politicien de légaliste frileux qu'un rad'soc' du Sud-Ouest, un notaire cassoulet, n'aurait jamais osé. Bref, ce qui gêne, c'est de voir un vaniteux bricoler sa propre grandeur, s'en faire sur le papier un blason, une vocation, presque une fatalité, incapable de la saluer et même de la repérer quand il la voit passer devant lui, non dans une bibliothèque, mais en chair et en os.

## Désarroi

Ce qui rendait redoutablement subversifs les aperçus de Julien Gracq sur l'actualité, que ce soit dans ses lettres ou dans sa conversation, c'était, je crois, le mélange d'une attention amusée et plutôt indulgente portée à tout ce qui défrayait la chronique du jour — que ce soit Mitterrand, Zidane ou Amélie Nothomb — avec un complet désinvestissement personnel. Le « je n'en ai plus rien à faire » donne au regard sur les choses et les gens une acuité insolite. Quand on a encore, comme nous, une partie à jouer dans la société ambiante, une cause ou une réputation à défendre, des comptes à régler, etc., bref, quand *on en est*, on ne voit plus grand-chose, faute de profondeur de temps. Avec cet astronome quasi centenaire, j'ai perdu le seul homme qui pouvait, d'un trimestre à l'autre et pour quelques jours, changer mes verres de lunettes et me prêter son télescope. Le seul dont je ne pouvais prédire la fin de la phrase au premier mot, non plus que les réactions ou les jugements. Après ce décrassage, cette opération de la cataracte effectuée à petits coups de raccourcis et de zigzags dans le temps, au bord de la Loire, où nous devisions de tout et de n'importe quoi, retrouver, retour à Paris, le radical breveté, type Bourdieu ou Chomsky, me faisait l'effet de revenir à la table de famille pour le repas dominical, où chacun tient son rôle à coups de formules toutes faites. Le rail logomachique du rebelle encarté...

Évidemment, le décapage rétinien ne résistait pas longtemps aux imprégnations de la presse-radio-télé, et je recommençais assez vite, machinalement, à penser et à voir gris, ton sur ton, repris par l'inévitable détrempe du bocal. Qui me fera voir, maintenant qu'il est parti, une petite noblesse héréditaire dans notre brave fonction publique, le Napoléon de 1804 dans le Hitler de 1940, le chef magique auquel tout réussit, et le besoin qu'a de tout temps le gibier humain, pour pouvoir se reproduire, de taillis et de couverts sociaux, y compris fiscaux ? Il fallait pour ce genre d'incongruités, souvent cocasses, outre d'exceptionnelles connaissances en histoire, géographie humaine, géologie, littérature, etc., une sédimentation de souvenirs personnels chevauchant les siècles et les générations que favorisait la sidérante longévité d'une famille rurale. Le grand-père de Gracq, né en 1839, lui racontait, enfant, les anecdotes de la guerre de Vendée et des robespierristes du cru, qu'il tenait lui-même de la bouche des anciens Bleus et Blancs du village. Son propre père était né sous le second Empire, en 1868 ! Et l'on voyait au mur de la chambre-salon de Julien le portrait naïf et putatif d'un aïeul qui était garde national en 1793. Ce qu'apportait ce recul historique au « 20 heures » de TF1, quel autre oculiste pourrait me l'offrir ? L'actualité se referme sur moi comme une nasse. Avec son leurre préféré, si cher aux journalistes, l'impression fallacieuse du jamais-vu. Aujourd'hui va désormais juger aujourd'hui. Il n'est pire promesse d'aveuglement.


## Variations sur un invariant[1]

Il y a du sempiternel et il y a de l'imprévu. Admettons pour invariant, du moins dans les sociétés chaudes, à écriture, la tendance à maximiser son avoir (quand j'ai dix, l'envie d'en tirer cent), moralement décriée comme « appât du gain », lucre, *greed*. Une histoire matérielle de la monnaie nous offre un principe balzacien de variation, comme pour les métamorphoses de la publicité, la scansion des supports : l'enseigne médiévale, le prospectus de 1800, le placard de 1900, la réclame de 1950, le spot de 2000. Ou bien, pour une histoire de l'arrivisme, la succession des leviers de la réussite sociale remaniant les stratégies matrimoniales du Rastignac éternel. Le jeune ambitieux arrive plus vite par les femmes, mais, au XVIIIe, mieux vaut épouser un titre de noblesse, au XIXe, une dot, au XXe,

1. Ce texte et ceux qui suivent ne signalent pas une fixation personnelle, mais les incitations d'un numéro spécial de *Médium* consacré à l'argent (n° 16-17, juillet-décembre 2008).

une image (animatrice de télé ou top-modèle). L'ère nobiliaire, l'ère industrielle, l'ère médiatique façonnent « le beau parti » le mieux adapté au bocal. Pour le cupide aussi, il y a des archétypes techniquement déterminés : Harpagon, le thésaurisateur, Gobseck, l'usurier, Nucingen, le financier, Jérôme Kerviel, le *trader*, emblématisent la progressive dématérialisation du moyen de paiement : du louis d'or à l'écran électronique. L'outil trop négligé hypothèque à notre insu nos vices comme nos affaires de cœur. Amener au jour l'obscure télécommande, c'est lever un tabou de la pensée morale.

Il y a des innovations, mais y a-t-il des créations *ex nihilo* ? On peut en douter. La monnaie est née dans le monde grec, en Lydie, vers le VIᵉ siècle avant Jésus-Christ. Il existait déjà, depuis un millénaire ou deux, des moyens d'échange, couteaux ou haches en fer, et un étalon de valeur, le bœuf, parce que le commerce en avait besoin. S'il n'y avait pas continuité dans le changement, les caractères, les comédies du passé seraient devenus pour nous du chinois. Quand La Bruyère croque Périandre, l'extravagant fermier général contemporain de Louis XIV, on voit et entend le flamboyant publicitaire, le bronzé-toute-l'année contemporain de Sarkozy. De quand et de qui, le sombre diagnostic suivant ? « L'immense catastrophe financière de ces temps derniers vient de prouver d'une façon définitive (ce dont on se doutait un peu, d'ailleurs, depuis pas mal d'années) que la probité est en train de disparaître. C'est à peine si on se cache aujourd'hui de n'être point un honnête homme, et il existe tant de moyens d'accommoder la conscience, qu'on ne la reconnaît plus.

Voler dix sous est toujours voler; mais faire disparaître cent millions n'est point voler. Des directeurs de vastes entreprises financières font chaque jour, à la connaissance de la France entière, des opérations que tout leur interdit, depuis les règlements de leurs sociétés jusqu'à la plus vulgaire bonne foi, ils ne s'en considèrent pas moins comme parfaitement honorables. Des hommes à qui leurs fonctions et le mandat qu'ils ont, et les dispositions mêmes de la loi, interdisent tout jeu de Bourse, sont convaincus d'avoir trafiqué sans vergogne, et, quand on le leur prouve, ils font en riant un pied de nez, et en sont quittes pour aller manger en paix les millions que leur ont donnés des opérations illicites! » Réponse : non pas de 2008, après la déconfiture de la Société générale, suite aux galipettes électroniques d'un *wonder boy*, mais de 1882, après la débâcle de l'Union générale, après des émissions d'actions factices. Cette semence n'est pas un édito d'Éric Fottorino dans *Le Monde*, mais d'Émile Zola dans *Le Gaulois* (14 février 1882). Disons que, à instinct sexuel égal (l'invariant), le *trader* fou est à l'agioteur indélicat ce que le pornographe est au polisson.

Qui a mieux décrit l'inversion du réel et du virtuel que nous croyons propre à la nouvelle économie financière? Le fils d'une rempailleuse de chaises. En 1914. « L'instrument est devenu la matière, et l'objet est le monde... C'est un cataclysme aussi nouveau, un événement aussi monstrueux que si l'horloge se mettait à être le temps, et le nombre avec son arithmétique se mettait à être le monde compté » (Charles Péguy, *Note conjointe sur M. Descartes*).

Quand on entend « nouveau », traduire : « renou-

69

veau ». Émergence, résurgence. Rupture, enchaî-
nement. Et ainsi de suite. On ne fait que prendre la
suite. Et ce n'est que dans les feuilletons qu'on peut
dire « suite et fin ». Pas dans les conduites du mammifère bipède, le prédateur omnivore des savanes. Peut-
être en va-t-il de l'argent comme de l'art : se transforment tout le temps, ne progressent jamais. D'où
leurs accointances.


## Des signes extérieurs

Le crêpe des veuves, la coiffe de Bretonne, la cornette
de la sœur, la soutane du curé, la capote du troufion, la
vareuse de l'officier, la tenue des lycéens à casquette
avec palmes d'or brodées sur le revers : qui remarque la
disparition des uniformes d'état ou de fonction sur nos
trottoirs ? Julien Gracq m'en parlait avec une tendresse
et un regret non dissimulés en évoquant ses sorties
d'écolier pensionnaire à Nantes, vers 1920. Quel professeur d'université aujourd'hui ose l'épitoge et la
toque ? Le col blanc déteint sur le bleu et la blouse
blanche n'est tolérée qu'*intra muros*, à l'hôpital ou dans
les pharmacies. Il y avait, jusqu'à la seconde moitié du
XX$^e$ siècle, plus d'une manière de sortir de l'anonymat
et de gagner l'estime de soi et des autres. Valorisant les
grades, décorations et reconnaissances aux actes de
bravoure, la guerre ou la menace de guerre relativisait
les prestiges du portefeuille et du haut-de-forme. Du
maréchal au garde champêtre et du mérite agricole à la
couronne civique en passant par la distribution de prix

au lycée et le tableau d'honneur, toutes ces petites noblesses viagères ou saisonnières que réservaient aux obscurs les corps constitués relativisaient bon an mal an les signes extérieurs de richesse. Il y avait, en dehors du Comité des forges et des deux cents familles, et leur faisant la nique de loin, une gamme de dignités plus ou moins dérisoires, tout un jeu d'écarts subtils permettant au sans-grade — sans train de vie — d'indemniser l'ego. Face aux gros, les petits avaient leurs grandeurs à eux, spéciales, imprenables. Celles qu'on ne mentionne plus aujourd'hui que dans les avis de décès du *Monde* ou du *Figaro* (chevalier de l'ordre national du Mérite, officier des Palmes académiques, commandeur des Arts et Lettres) et qui nous font sourire, de tristesse. Quand l'argent pénètre dans tous les recoins de l'existence, plus d'interstices pour ces médailles en chocolat. Depuis qu'on ne mène plus les hommes avec des hochets, la hiérarchie des conditions s'est brutalement simplifiée. Exister, c'est vendre et acheter. Fin des dédommagements fictifs. La même toise pour tous, le degré de réussite matérielle, ostentatoire et chiffrée, et un seul ordre de chevalerie enviable, le *people*.

Avec la décrépitude des colifichets honorifiques, le fric devient la seule médaille pour de vrai. Plus de concurrents. Le flouze n'a plus personne en face. Ses rivaux, courage, savoir, abnégation, travail, ont été relégués en coulisses. Ne contribue pas peu à son insolent soliloque sur la scène sociale l'engrisaillement des marques, ne serait-ce que le trait rouge à la boutonnière, de feu la méritocratie républicaine. Ainsi que notre somme toute récente indifférence aux distinctions décoratives (peau d'âne, diplômes, médailles, rubans), désormais si proliférantes et anodines qu'elles en perdent tout attrait et même visibilité (quiconque passé cinquante ans n'a pas sa Légion d'honneur — dans nos milieux du moins — laisse deviner un casier judiciaire chargé, sinon une assez sérieuse affaire de mœurs). Un optimiste peut toujours se féliciter de cette nouvelle indistinction démocratique. À condition d'ajouter : « L'échelle des revenus, c'est l'échelle des valeurs, et je n'en veux plus d'autre. Une seule unité de mesure, un seul objectif dans l'existence : le compte en banque. Vous verrez, ça simplifie la vie... »

## Joies et douleurs

L'épais bruissement des coupures, la sournoise palpation des liasses, où le grenu au soyeux se marie sous le pouce, n'ont rien perdu de leur charme. Ils ont même, avec la Carte bleue, gagné en sensualité. Qui dira notre bonheur physique, à la fin de l'interview filmée au Japon, quand le journaliste nous remet en rougissant, avec force excuses et inclinations de buste, une belle enveloppe de billets verts tout frais et lisses ? Il est des pays de cocagne où l'interviewé n'est pas salement reconnaissant, comme chez nous, mais proprement rétribué (la presse française, à ce régime, aurait depuis longtemps fermé boutique). « Le délicieux tintement des écus », lui, a mal vieilli. Cette expression de Henry James sonne faux. C'est devenu une métaphore, pour dire le plaisir révolu du sonnant et trébuchant, solidaire d'un temps d'espèces où circulaient napoléons et pièces d'argent. Cette jouissance entre chair et cuir n'a plus cours. Le petit porte-monnaie rond non plus. Ah! l'odieux tintement des pièces jaunes! « Gardez la monnaie, je vous en prie! » Malgré, ou plutôt à cause de mon âme économe et besogneuse, chez le boulanger ou au kiosque à journaux, je fais régulièrement cadeau de tout ce qui est au-dessous d'un euro à des détaillants qui ne m'en savent en général nullement gré. Les commerçants du quartier voient dans ce refus de la ramasse machinale un geste offensant de morgue ou de mépris, quand il n'y a là de ma part qu'une astuce tactique. La mitraille est mon ennemie intime. Pour plusieurs raisons. Par ordre de gravité croissante : esthétique, économique, psychique. 1° Ça gonfle et déforme les poches. Disgracieux, agaçant surtout quand le costume est neuf ou sort du pressing. 2° On en laisse toujours à son insu sur le canapé des copains, quand on leur rend visite au salon. Ils ne vous rappellent jamais pour vous le signaler. Je le sais parce que, de ces menues pièces encombrantes et sonores, j'en récolte un bon nombre chez moi et que, trop heureux, je ne rappelle pas. Cette dramatique déperdition de substance est liée à l'habitude enfantine (on a eu des culottes avant de porter des vestes) et faussement rassurante (oui, la cuisse le sent à travers le tissu, et chaque enjambée fait foi) de stocker son butin au fond des poches de pantalon, si souvent traîtresses quand on s'assoit ou s'affale. 3° Ferraille veut dire : billet cassé. Le tintement métallique au fond des poches, c'est le gong d'une défaite aux points, le signal ferrugineux d'un irrattrapable dommage (le beau billet de 10, 20 ou 50 euros qu'on ne reverra plus et dont il a fallu se défaire, faute précisément d'avoir eu de la monnaie pour faire l'appoint). Un glas, une toccata chagrine qui nous rappelle que tout fout le camp, inexorablement, l'équivalent général comme le reste. Encore qu'il y ait des jubilations inverses, soudaines, radieuses comme des trouées de soleil sous le crachin : retrouver dans la poche d'une vieille veste enfilée par hasard un gros billet miraculeux laissé là par inadvertance, grâce imméritée qui inonde les poumons, dilate les artères, nous fait sentir qu'il est à tout instant possible d'inverser le cours des choses, lequel à l'ordinaire nous fait passer du plus au moins, en tous domaines. Inutile de se donner le change : un biffeton monnayé est perdu corps et biens. Ça va filer tout seul, à des riens, et l'issue ne se fera pas attendre : de mon billet de 50 euros que j'avais empoché d'un air faraud en sortant de la maison et qui avait fait de moi, sous les dehors hypocrites du placide, un Crésus riant sous cape, ne me reste, une heure après, que dalle. Qui débite déboise. C'est pourquoi je réclame en tout paiement le chiffre rond. Quitte à arrondir ce qu'on me doit à la somme supérieure et ce que je dois au chiffre immédiatement inférieur. On ne se refait pas.

Quel est le sadique sagouin de la RATP — une crucifixion entre mille — qui a fixé le prix du carnet de tickets à 11,10 euros ? 8,90 euros, ça ne se laisse pas de gaieté de cœur sur la cuvette métallique d'un guichet, face à une employée scrupuleuse et revêche qui appellerait la police si elle ne pouvait satisfaire au règlement : rendre la monnaie sur vingt. Force alors de rempocher la ferraille. Pour enclencher, dans l'heure qui suit, l'entropique grignotage, l'insensible dispersion, déperdition *via* de petites bêtises (café, magazine, pain au chocolat, etc.) dont la seule perspective me remplit *illico* de morosité. Mettez-le une bonne fois à 15 euros, votre carnet de dix tickets, ce sera plus franc, et finalement, pour l'usager bonne poire, psychologiquement moins pénible.

Hier encore, j'ai dû négocier une baguette de campagne, valant 1,17 euro, à 1,16. J'avais juste la monnaie, par miracle. Sinon, il me fallait casser derechef un billet de 20 euros. Affligeant. « D'accord, la prochaine fois ce sera 1,18 pour monsieur », a fini par lâcher la patronne (à laquelle en avait, de guerre lasse, référé l'employée). Insolite magnanimité. Je dois à la vérité de dire que cette longanime et indulgente boulangerie semble végéter, contrairement au fameux M., à trois cents mètres de là, inflexible sur le centime, qui ne m'a jamais fait grâce du moindre sou, et dont la prospérité, logiquement, croît à vue d'œil (je l'ai désertée en signe de protestation).

1,17 euro, c'est comme 10 francs. Il y a vingt ans, la baguette était à 1,20 franc. Et potache, le dimanche, au coin des rues de Lübeck et de Longchamp, j'ai longtemps pratiqué l'éclair au café à 90 anciens francs. Années 1950. Un Coca *light*, à présent, sur une terrasse, place Saint-Michel : 5,20 euros. En 1960, je déjeunais au même endroit pour ce prix-là. Étonnez-vous, ô ministres intègres, ô députés ascètes, à qui la buvette de l'Assemblée nationale fait d'évidence crédit, que le peuple ait voté non au référendum européen. Inconscients, nos politiciens. Ou ont-ils depuis été prévenus (par qui ? Assistant parlementaire, électeur au marché, cousin fauché ?) du prix des consommations en euro ? Preuve en est qu'ils nous coupent le sifflet. On approuve désormais les traités entre amis, tous gens qui ne vont pas au café, et le Congrès se planque, voyez-vous cela, au château de Versailles. La baguette a triplé ? Qu'ils mangent de la brioche !

Au-delà de 1 000 euros s'étend une zone impalpable et nébuleuse où le zéro en plus ou en moins m'indiffère royalement. Je ne discute pas le prix d'une maison ou d'une voiture. Cela devient abstrait et gazeux. Dans cette stratosphère, je perds pied — et la main.

## Pauvres riches

Les rupins doivent-ils faire envie — ou pitié ? Dans nos sociétés repues, à forte espérance de vie, plus menacées d'embouteillage et d'obésité que de famine et de rapines, les titres à la commisération augmentent de jour en jour. Nous ne sommes pas en Haute-Égypte ni au Sahel...

« Je n'aime pas les riches », a lâché un jour un leader socialiste de chez nous. Sans doute une imprudence, à l'heure et dans un pays où l'*enrichissez-vous* fait norme et mirage, à gauche comme à droite, et où le pêcheur de l'île de Ré paie l'impôt sur la fortune. On est toujours le riche de quelqu'un, et j'aurais mauvaise grâce, bourgeois et homme de lettres, de vouloir jouer au déplumé. J'ai la chance de gagner assez bien ma vie par ma plume pour ne pas trop penser à l'argent que je gagne et dépense (en gros, pas en détail) — insouciance ou négligence qui font le tranquille bonheur des gens aisés. N'empêche que moi non plus, d'instinct, comme

M. François Hollande, et malgré mes connivences sociales (à défaut d'affinités politiques) avec une gauche caviar gorgée de valeurs autant boursières que morales, je n'aime pas les riches à millions. Un reste catho, sans doute. Sans aller jusqu'au chameau de l'Évangile selon Matthieu, sans voir l'Antéchrist dans le livret de la Caisse d'épargne, comme Péguy à la fin de sa vie, sans cultiver, comme Léon Bloy, la mystique de la pauvreté, on m'a tout de même appris dès ma plus tendre enfance qu'il y a des choses dont on ne parle pas à table, ni au salon, et que les grands argentiers sont aux grands hommes ce qu'était l'économe de mon lycée Janson-de-Sailly à monsieur le proviseur, personnage considérable. Ou, si l'on préfère, le Turcaret de Lesage à Jean-Jacques Rousseau, ou Rothschild à Napoléon.

Il y a de la posture, reconnaissons-le, dans ce « je n'aime pas les riches » assez conformiste, comme la haine des bourgeois chez le bobo. Chacun sait qu'il en est de fort respectables, le mot est faible, plutôt, il est vrai, parmi les anciens que chez les nouveaux riches. Je le sais pour en avoir moi-même rencontré, de ces mécènes discrets et désintéressés, jusqu'à l'anonymat. Si je ne veux pas mentir, il me faudrait rectifier le propos : je n'aime pas qu'une société mette autant à l'honneur la richesse, ou encore, et pour plus de probité : je ne m'aime pas aimant les riches.

Et puis que ferais-je de plus, plein aux as ? Des voyages à Tahiti, des croisières aux Seychelles ? C'est devenu si commun. Aussi vulgaire que le franglais. Les grands restaurants ? Le service n'en finit pas, le bruit de fond parasite, paralyse la conversation, et on en sort patraque une fois sur deux. Un yacht ? Quelle casserole, et avec le mal de mer, déjà envie de vomir. Les top-modèles, les chanteuses et les actrices ? Passé l'âge, et puis on se fatigue. Une collection d'œuvres d'art ? Je n'ai pas le tropisme du bel objet ni le goût de chiner les bric-à-brac. Pons n'est pas mon cousin. Quelle aubaine finalement de pouvoir s'éviter le *Fouquet's* et les copains de M. Sarkozy. Les riches, toujours stressés, se condamnent à une insécurité perpétuelle. Ils vivent chaque jour dans la peur — de se faire escroquer, kidnapper, cambrioler, coller, maître-chanter par un ou une éconduite, déshabiller par *Gala*, dénoncer par le fisc, épingler par la presse. Ah ! les damnés de Neuilly et des Champs : je m'étonne qu'aucun humanitaire en vue ne fasse croisade pour les captifs des ghettos du gotha.

Le seul attribut du richard qui peut donner des aigreurs au Parisien surveillé et canalisé, recru de P-V et d'embouteillages, c'est la voiture avec chauffeur. Le dernier luxe, la rente qui me fait rêver. Parce qu'elle pare aux contredanses, autorise le travail continu, sans rupture de charge, et permet d'aller le soir au théâtre voir des pièces d'avant-garde, au fond de ces ténébreuses et labyrinthiques banlieues qui découragent d'avance le cycliste que je suis. Rien que pour s'éviter la sinistrose des temps morts, gaspillés dans les couloirs des stations Montparnasse ou Châtelet, sans lecture ni téléphonage possible — je comprends qu'on puisse faire des bassesses dans les antichambres élyséennes. Quand j'entends qu'un ami a été nommé président de ceci ou directeur de cela (les bons emplois à la disposition du gouvernement permettent de rejoindre les milliardaires sur la question stratégique du véhicule confortable, gratuit et toujours à portée de voix), mon premier mouvement, noble, est de compassion, aussitôt tempéré par un second, moins reluisant : « Le salaud, avec ses deux chauffeurs attitrés (trente-cinq heures obligent) et ses vitres fumées, il va gagner deux ou trois heures par jour sur le bipède ordinaire (distorsion de concurrence), plus dans les 1 000 euros par mois (tickets de stationnement et contraventions en moins). Injuste. Odieux. Pourquoi lui et pas moi ? »

Il faut bien un exutoire aux vilains sentiments. Ça purge.

## Handicap

N'importe quel Français sexagénaire issu des classes instruites bénéficie d'une infirmité qui ne se reproduira plus de sitôt : avoir grandi dans un monde, celui des fonctionnaires et des professions libérales, où l'argent n'était pas une valeur. Et quasiment une antivaleur. Dans l'après-guerre, puissances et trônes étaient idéologiques. L'argent avait mauvaise presse, y compris chez les patrons de presse — seuls *Paris-Match* et, plus discrètement, *Le Figaro* donnaient à contempler la tête de MM. Boussac ou Dassault, les bals vénitiens du marquis de Cuevas, ou la pesée de l'Agha Khan sur sa fameuse balance. Cela existait, certes, mais n'était pas recommandable, et aucun type bien, aucune conscience, aucun écrivain — Cocteau mis à part, et les académiciens, les malheureux —, n'avait à frayer chez *Maxim's*. Chaque époque ses fastes — et sa pente fatale. Nos corruptions à nous étaient d'ordre politique.

79

Dans mon cas, la négligence envers ce qui est devenu l'universel noyau dur s'est prolongée de l'adolescence à la maturité, d'abord avec la situation du fonctionnaire stagiaire, rue d'Ulm, et ensuite avec l'engagement révolutionnaire. La rédemption des damnés de la terre baignait dans une certaine irréalité économique, et à La Havane comme à Bogota ou à Caracas, dans les années 1960 et 1970, un conspirateur professionnel était délesté de tout souci d'argent. Les « services » subvenaient à nos besoins. On logeait dans des « *casas de seguridad* », ponctuellement et anonymement approvisionnées. Et, pour partir en mission, si le trafic de drogue n'était pas encore à l'ordre du jour, les banques n'étant pas faites pour les chiens, le casse, en cas d'urgence, constituait un recours autorisé (quoique à ne pas ébruiter). Ensuite vint la prison : près de quatre années sans avoir à faire les courses, sans notes de gaz et sans quittance de loyer. Un ou deux ans au Chili dans des conditions assez voisines. En somme, je n'ai découvert l'avis d'imposition et les charges communes de l'immeuble — le « combien ça coûte, et à qui ? » et le « comment vais-je pouvoir payer ? » — qu'aux abords de ma trente-cinquième année. Avec cet aggravant qu'au cours de mes études secondaires et supérieures je n'ai pas entendu la moindre initiation à l'économie. Aucun prof entre ma dixième et ma vingtième année ne m'a expliqué en quoi consistent un taux de change, une dévaluation ou une stagflation, et aujourd'hui encore la sicav monétaire et le compte à terme m'opposent une opacité de cunéiforme, parfaitement décourageante. Il y a des retards à l'allumage qui ne se rattrapent pas.

# Cul par-dessus tête

Et voilà que, mettant les bouchées doubles, l'Éducation nationale est passée de l'autre côté du cheval. Renversant. À en-tête du ministère de l'Enseignement supérieur et de la Recherche, direction de la prospective, circule dans l'académie de Grenoble la note suivante, adressée aux professeurs de philosophie (25 mars 2008) :

> Vous n'ignorez pas que l'enseignement de l'économie a été plus ou moins opportunément mis en cause par des acteurs du monde économique. Le ministère de l'Économie et des Finances, conscient des enjeux de la construction d'une image positive des milieux de l'entreprise et de la finance contre certaines dérives actuelles, propose un projet qui s'articule aux conclusions du rapport Pochard et qui serait susceptible de concerner dans un premier temps à la fois les professeurs de SES et les professeurs de philosophie dans la mesure où il serait question des finalités de l'entreprise, mais aussi de toutes les activités commerciales et financières vers lesquelles se dirigent de plus en plus d'élèves au sortir du secondaire et d'étudiants au sortir des classes préparatoires, quelles que soient leurs filières initiales.
>
> Le ministère de l'Économie et des Finances propose un partenariat avec les établissements afin d'encadrer des activités en milieu scolaire visant à la réhabilitation de l'entreprise et à la revalorisation de l'enseignement des sciences économiques, tout en permettant à des intervenants extérieurs (chefs d'entreprise, membres des chambres de commerce et d'industrie, anciens élèves ou

étudiants engagés dans les métiers de l'entreprise et de la finance, etc.) de donner une meilleure image de l'entreprise et de l'économie. Des sujets transversaux devraient y être abordés, justifiant ainsi un travail interdisciplinaire. Pour exemple : « L'économie est-elle une science morale ? » « Libéralisme et liberté » « Peut-on envisager un capitalisme équitable ? » « La finance, ses normes et ses valeurs » [...]. Le cadre du café philosophique ouvert à la transversalité permettrait des échanges fructueux entre stagiaires, élèves, enseignants de SES et de philosophie, personnes-ressources désignées par l'inspection pédagogique régionale et le cas échéant par le ministère de l'Économie et des Finances qui, se préoccupant des questions susmentionnées, doit consacrer des crédits et des décharges de fonctionnaires aux questions de formation. L'essentiel dans cette entreprise serait de décloisonner des sphères qui ne se rencontrent jamais : celle de l'éducation d'une part et d'autre part de l'entreprise et de la finance, trop ignorées par les programmes de l'Éducation nationale jusqu'alors. Il serait souhaitable que ce projet se mette en place dès la rentrée prochaine.

Ionesco n'aurait pas pu inventer cela.

La classe de philo à la fin du secondaire constituait une survivance quasi exotique que l'Europe libérale ne pouvait sans déchoir laisser se perpétuer dans nos lycées. J'ai longtemps cru que notre anomalie scolaire serait un beau jour supprimée, sans phrases. J'avais tort. On humilie d'abord, on liquide ensuite.

Dans les morceaux choisis du temps présent, je confesse également une prédilection pour ce passage du discours-programme de notre ministre de l'Économie, des Finances et de l'Emploi (Assemblée nationale, 10 juillet 2008) : « Il suffit de se poster gare du

Nord un vendredi soir, à l'arrivée de l'*Eurostar* ou du *Thalys*, pour comprendre que tous ces banquiers français partis travailler à la *City*, que tous ces exilés fiscaux réfugiés en Belgique n'ont qu'une envie, c'est de rentrer vivre en France. À ceux-là, ainsi qu'à tous nos compatriotes qui cherchent les clés des paradis fiscaux, nous ouvrons nos portes. Nous leur disons : Revenez, ce n'est pas le purgatoire ici. » Mais que fait le boulevard ? Qui portera sur les planches cette apostrophe qu'aurait pu signer le regretté Octave Mirbeau (*Les affaires sont les affaires*) ?

## Mauvaises pensées et autres

Ayant trouvé une veine aurifère dans la haute montagne valaise, le brave Maurice Farinet décide de fabriquer et d'écouler dans son village des pièces en or véritable, après avoir constaté que les pièces qui ont cours légal contiennent plus de cuivre que d'or. Il est accusé de contrefaçon, poursuivi par les gendarmes, qui finissent par l'abattre. Telle est l'histoire aussi fâcheuse que facétieuse narrée par Ramuz dans *Farinet ou La Fausse Monnaie* (Grasset, 1932). Ce pourrait être une fable d'Ésope ou de La Fontaine.

La monnaie du contrebandier était plus vraie que la vraie par sa teneur intrinsèque, mais fausse, car dépourvue de l'estampille officielle. La monnaie de la Confédération, considérée en elle-même, est fausse, mais c'est la seule « certifiée ». Parfaite métaphore du monde de l'information. Quand tous les *mass media* accréditent des bobards en enflant un fait ou en décuplant les chiffres de victimes (Kosovo, Timişoara, *Save Darfour*, etc.), quiconque tente d'introduire dans le circuit un peu d'exactitude sera réputé faussaire et provocateur. Le naïf et honnête montagnard n'en peut mais, c'est la plaine qui gouverne. La loi se fait en ville. La vérité, comme la synthèse, est toujours gouvernementale. C'est le certificat qui compte, et non l'expertise. Tout Farinet ne détrompe ses concitoyens qu'à ses risques et périls.

Ramuz le mal-pensant est au purgatoire. Il n'a fait là que scénariser les remarques célèbres de Valéry sur la structure fiduciaire qu'exige tout l'édifice de la civilisation. « Le pouvoir n'a que la force qu'on veut bien lui attribuer ; même le plus brutal est fondé sur la croyance. On lui prête comme devant agir en tout temps et en tout point la puissance qu'il ne peut, en réalité, dépenser que sur un point et à un certain moment. En somme, tout pouvoir est exactement dans la situation d'un établissement de crédit dont l'existence repose sur la seule probabilité (d'ailleurs très grande), que tous les clients à la fois ne viendront pas le même jour réclamer leurs dépôts. Si, à chaque instant, à un moment quelconque, un pouvoir quelconque était sommé de produire ses forces réelles sur tous les points de son empire, ce pouvoir serait en tous ces points à peu près égal à zéro...[1] » Le dangereux anarchiste que fut l'auteur de *Monsieur Teste* a gardé une meilleure réputation que celui de *L'Histoire du soldat*. Prestige dissuasif de l'immortel à bicorne...

---

1. Paul VALÉRY, *Variété*, in *Œuvres*, t. I, Gallimard, coll. « Bibliothèque de la Pléiade », 1957, p. 1034.

# Le grain de sable

Ce qu'une culture tient pour sacré peut se définir, à toutes fins inutiles, comme *ce qui n'est pas à vendre*. Ce qui n'est pas quantifiable, et donc intégrable à l'ordre de l'échange, par un calcul d'équivalences plus ou moins sophistiqué. Un lieu saint ne s'échange pas contre un autre. Un mètre carré de Mur occidental ne vaut pas un mètre carré de la Kaaba. Panique du système libéral quand il vient à buter (comme lors des négociations de Camp David, en 2000) sur de l'inaliénable et de l'inévaluable, en l'occurrence sur la question de savoir à qui appartient le mont du Temple ou l'esplanade des Mosquées, et quels seraient les termes d'un échange possible (donc d'une désintégration de ce qui fait l'intégrité morale d'un juif et d'un musulman). À cet instant précis, tout un échafaudage logique et diplomatique s'effondre, et les parties se séparent sur un constat d'échec dont elles peinent à rendre raison, tant le sujet échappe à la rationalité instrumentale, utilitaire ou mercantile.

Ce qui peut s'exprimer autrement : dans le flottement généralisé des valeurs, des paramètres et des fondamentaux, dans le culte compensatoire de la vitesse, du nouveau pour le nouveau, de l'hystérie permanente découlant, dans tous les domaines, de la perte de l'étalon ou de l'idéalité régulatrice, le besoin se fait sentir de trouver quelque part du fixe, du grave et du pérenne. Le cahoteux et chaotique marché tient que tout s'achète puisque tout se vaut, n'importe quoi pouvant trouver son équivalent dans un autre n'importe quoi. Sur un écran d'ordinateur, peut-être. Dans l'épaisseur émotionnelle d'une société, il s'en faut. Hélas, ou tant mieux (les deux peuvent se dire), tout bougisme suppose un centre de gravité (c'est le bon Dieu pour le sautillant Sarkozy, alors que le citoyen lambda attend plutôt du chef de l'État qu'il soit lui-même le point cardinal de la *gravitas*).

Il existe, en société de concurrence, une Bourse pour les offres d'au-delà. L'indulgence papale valait bon à tirer sur le paradis. Il y a « un marché de Dieu », comme dit Philippe Simonnot, un jeu mobile et constamment relancé entre une demande et une offre de protection (« avec le Christ, aime dire le curé de Nazareth, on ne fait pas faillite »). Mais en aval seulement. En amont, le besoin qu'a un être éphémère et mortel de s'inventer, à titre de consolation ou de contrepoids, du non-fluctuant peut être tenu, lui, pour un invariant inamovible. Pèlerinages, sanctuaires, hôtelleries et bondieuseries, jubilé, offrandes et dîmes, oui, le divin est aussi un *business*, et l'exposition de la dépouille mortelle du *Padre Pio*, en Italie, qui attire des centaines de milliers de dévots, en est un exemple assez comique. Les travaux de Simonnot sont convaincants, jusqu'à un certain point. Mais si une religion instituée peut être une bonne affaire, la religiosité, elle, ne relève pas de l'appât du gain. L'art aussi est un marché, et encore plus juteux que le yoghourt ou l'eau minérale (60 % de marge pour le fabricant). Mais le Tintoret et Picasso ne se sont pas mis à peindre pour gagner des sous. On peut à bon droit voir dans l'avènement du monothéisme une mesure de rationalisation financière, une trouvaille d'épargnant (qui concentre sur un seul personnage les fonctions et attributs jusqu'alors éparpillés entre plusieurs). N'empêche que la croyance au Dieu unique a entraîné de considérables et absurdes gaspillages de biens, de vies et de temps, dont un calcul coûts/bénéfices aurait du mal à rendre compte.

L'intrusion exotique et assez souvent détonante du sacré dans le monde clos du tout-marchandise éclaire 1° le peu de considération qu'a longtemps eu l'économie politique pour les souffles aspirants de l'ailleurs et 2° l'intérêt que peut leur porter en revanche un irrémédiable béotien en matière comptable.


## Une curieuse absence

Dans *Les Lieux de mémoire*, le recueil dirigé par Pierre Nora, trois volumes dans « Quarto », à côté des paysages, symboles, modèles et singularités françaises, se nichent, bien sûr, les monuments. À Paris, le Panthéon, le Louvre, la Coupole, Notre-Dame, le mur des Fédérés ont donné lieu à des études. Un grand absent dans ces quatre mille pages : le palais Brongniart. Décidée par Napoléon en 1808, inaugurée en 1826, la Bourse, temple païen aussi voyant et majestueux, avec ses colonnes corinthiennes et ses statues d'angle, que le Panthéon, cent fois mieux innervé de rêves et d'intrigues, et combien plus vital et vibrant que « l'École normale des morts », est exclue de l'imaginaire national comme du spirituel républicain. Pour central qu'il ait été, l'édifice parisien n'a pas les honneurs du papier ni de la pesée réflexive de l'historien. Lapsus intéressant, où l'on peut voir le signe d'un *handicap de sacralité* propre aux temples de l'argent, comme d'ailleurs aux ministres du culte (y compris les Rothschild, Greenspan, Soros et autres oracles de Wall Street). Le haut clergé de cette fonction sociale stratégique n'a pas de saints ni de pape, seulement des gnomes à Zurich et des gourous à New York. Le monde rêvé de l'argent compose une mythologie dont les héros gris et friables — ceux de nos *success stories* — se passent de bustes et de tableaux. Des demi-dieux à vie, mais sans visage et à survie faible. Voyons là l'illustration d'un présentisme rédhibitoire. Les marchés n'ont pas de mémoire. Ni généalogie ni lignage. C'est sans doute ce qui fait du *mammonisme*, comme Ruskin avait baptisé le culte du dieu Mammon, une religion civile ratée. Tous les cultes sérieux, depuis l'aube des temps, avec ou sans Dieu, associent les morts aux vivants, raccordent le présent à des origines perdues, et retrouvées par le rite. Avec le capitalisme financier, aussi omniprésent qu'évanescent, pas de martyrologie, pas de tombeau ni de nécromancie, pas de reliques éponymes ni de dates fondatrices. La liturgie des opérations fiduciaires est proliférante, ubiquitaire, irrésistible, mais l'enveloppe de notre planète reste en Cellophane : manque d'épaisseur mythique, de résonance imaginaire et de profondeur de temps. En ce sens, le veau d'or, c'est moins grave qu'on ne croit. De ce que le crédit ait besoin d'être lui-même accrédité par une croyance venue de plus haut, les États-Unis nous en fournissent la preuve, qui ont sagement relié l'argent à l'Évangile, comme s'ils avaient d'avance perçu que le premier a le souffle court. Ils ont lesté, par lettres et figures, le signe monétaire d'une panoplie monothéiste — *in God we trust* — venue du fond des âges, et par frontons et péristyles les façades de Wall Street. Sans cette gravité d'emprunt, cette traite tirée sur l'histoire longue du salut, l'idolâtrie de la richesse aurait manqué de crédibilité et n'aurait pu tenir la route. Mammon est un dieu à béquille. Il ne peut pas voler bien loin de ses propres ailes. Un pauvre dieu, en somme.

Dieu, la nation, le corps se sont donné une signalétique urbaine en propre : l'église, le Parlement, le stade. Ils nous en mettent plein la vue et signalent leur prééminence par un monument reconnaissable entre tous et apte à franchir les siècles et les régimes. L'argent fait un gaz trop léger, trop amorphe et volatil pour qu'il songe à se donner un visage de pierre bien identifié — les sièges de banques en marbre restent interchangeables et plus ou moins anodins. Reste à savoir si cette atonie esthétique, cette timidité architecturale constituent un moyen d'emprise, une ruse à la Ulysse (pas vu, pas pris), ou l'aveu d'une secrète inconsistance. Quelque chose comme : « Pas besoin de vous attirer par des fioritures d'époque, des signatures tarabiscotées, je peux faire fond sur de l'indestructible : votre cupidité à tous. Aucune forme d'art, sans moi, n'aurait vu le jour, mais pour mes propres édicules je peux me contenter de formes austères et sobres. » Force est de constater que l'argent comme tel a aussi peu de style que d'odeur. Ce qui, soit dit en passant, l'empêche de se démoder. Étant de tous les temps et de tous les pays, qu'a-t-il besoin de faire les pieds au mur ?

## Social sciences

Animal triste *post colloquium*. Cette dépression flasque qui s'insinue en nous à l'issue du énième colloque type Unesco ou raout universitaire, tourbillon de généralités molles, je ne suis sans doute pas le seul à devoir la soigner en me plongeant dans un Giono ou un Conrad, pour retrouver dans des œuvres d'imagination du précis, de l'anguleux et du ragoût, bref, du réel. J'ai tout lieu de supposer que l'animal académique en activité, dans la force de l'âge, surmonte mieux l'indigestion du flou. La fadeur impersonnelle devient son cannabis. Quand on est devenu étranger au milieu des intoxiqués, avec ses grades et ses mots de passe, on ressent à s'y retremper comme un engluement dans des sables gris et mouvants : alignement arbitraire et cocasses de *papers* débités à toute vitesse, l'œil sur la montre, où chacun y va de sa chansonnette, son dada, son créneau, sans prêter la moindre attention à ce qui s'est dit avant et peut se dire après; enfilade cacophonique de formules machinales, sans tissu conjonctif ni foyer de sens; plaisir légèrement obscène permis par l'abus de position dominante, quand des chercheurs réputés, mais scandaleusement privés d'audience, peuvent enfin, leur tour venu, micro bien en main (« *and now I give the floor to...* », vient de lâcher le président de séance), montrer à un public captif de quel bois précieux ils se chauffent...

Ces rhapsodies hebdomadaires faiblement nutritives, auxquelles la politesse ou l'amitié nous commandent quelquefois de céder, sont à inscrire au chapitre « rite de sociabilité ». Chaque corporation a les siens. Si le propre d'un organisme individuel et collectif est de se composer un milieu spécifique, en découpant dans le monde objectif ce dont il a besoin pour se reproduire, ces épanchements à huis clos, pour mortellement ennuyeux qu'ils soient, constituent une preuve de vitalité professionnelle, de bonne santé de l'*homo academicus*. Le retranchement sur elle-même de l'espèce « idéante », assez imperméable à la nature propre du sujet à traiter pour pouvoir célébrer à l'identique, partout où se dresse une université, un institut, un auditorium, sans que son protocole s'altère d'un iota, me paraît souffrir d'un manque certain de ventilation. Sur ce théâtre de verbosités interchangeables et volatiles, les procédures scolastiques n'ont pas notablement progressé, sur le fond, depuis le Moyen Âge (en fait, elles se sont abîmées, vitesse et précipitation obligent) : obligation de références nominatives, étalage d'arguments d'autorité, *name dropping* doctoralement anobli. Dans cette zone jargonnante et moyenne de la pensée qu'occupe l'ordinaire des « sciences sociales », à mi-chemin entre l'édito du *news magazine* et le travail de la preuve, les cartes de crédit dont il faut désormais s'affubler pour être admis au rotary du colloque s'appellent Rawls, Walzer, Taylor, Habermas, Huntington, Arendt, un zest de Ricœur. Il y a cinquante ans d'ici, années 1960, c'était Gramsci, Freud, Marx (les *Manuscrits de 1844*), Feuerbach, Rosa Luxemburg. La *disputatio* sorbonnarde mettait alors aux prises *réformistes* et *révolutionnaires*, comme elle oppose aujourd'hui *libéraux* et *communautariens*. Le vent d'Ouest a terrassé le vent d'Est, l'Europe s'est déportée en Amérique : tout ce qui n'a pas été peu ou prou accueilli et avalisé par le magistère anglo-saxon est réputé nul et non avenu. Les auteurs obligatoires dans notre microcosme sont aux idées dominantes du milieu ce que les airs populaires qu'on sifflote sur les trottoirs sont à l'humeur de la rue. Et de même que toute l'insouciance de l'avant-guerre français se chantonnait à merveille chez Tino Rossi, Maurice Chevalier ou Suzy Solidor, de même que le yé-yé avait mis par avance 68 en chansons, notre chapelet d'autorités ésotériques traduit avec candeur le temps qu'il fait au-dehors, les durs rapports de force d'aujourd'hui, entre les puissants et les autres. Et le zozo qui se mêle d'introduire dans cette musique d'ambiance passe-partout une citation de Pascal, des *Études philosophiques* de Balzac ou du Valéry, auteurs sans autorité, littérateurs peu sérieux, passera auprès de ses pairs pour un plouc, insortable.

À vrai dire, il ne sera pas plus compris de l'auditoire que s'il parlait zoulou, et j'ai vu les traductrices en cabine s'agiter comme des noyées, à l'instant de traduire des formules classiques d'une inintelligible limpidité auxquelles j'eus le tort de recourir. La langue de communication dans ces enceintes passe-partout ne compte pas plus de cinq cents mots — en *ité* et en *isme*. Ce dénominateur commun terminologique, petite monnaie de la mondialisation du débat d'idées, resserre paradoxalement l'éventail et l'ouverture de compas d'une intelligentsia d'autant plus étriquée que mondialisée, dressée aux normes hégémoniques en sorte qu'elle se sente partout chez elle, où qu'elle fasse escale. Un *pidgin english* qui n'a d'anglais que le nom lui sert de *koinè*, et l'on s'en va entonnant les mêmes refrains sur la démocratie et les droits de l'homme avec le même frémissement de voix et les mêmes *starting jokes*, de Harvard à Buenos Aires, de Paris à Pékin, de Berlin à Tokyo. Le moi-je magistral exclut, d'une voix de stentor (la qualité de l'organe ne contribue pas peu à l'importance du propos), tout ce qui pourrait s'apparenter à la chose vue, à l'anecdote, au souvenir où à une réflexion personnelle, à compte d'auteur. D'où l'invincible bâillement que m'inspire le colloque hebdomadaire entre intellos, comme chaque fois qu'à un savoir livresque ne viennent pas se mêler quelques *connaissances d'expérience*, pour relever l'insipide du leitmotiv.

L'ennuyeux, avec les acteurs de ce théâtre en rond, c'est qu'à force de répondre à un problème au moyen d'une doctrine ils ne voient plus d'autres problèmes que ceux posés par la doctrine dont ils s'enveloppent. Elle vaut carapace. Et explique la pauvre mine que font dedans ces lices postmodernes les sujets de prédilection du médiologue, homme de peine ou femme de peu, toujours prêts à *rabaisser le débat*. L'automobile, le vélo, le papier, l'ampoule électrique, la route asphaltée présentent ce handicap rédhibitoire que ni Kant, ni Heidegger, ni Simone Weil, ni Durkheim, ni Raymond Aron n'en soufflent mot dans leurs œuvres de référence. Aucun auteur sérieux n'ayant dit ce qu'il fallait en penser, ce ne sont pas des choses à considérer, dignes d'exégèse. Ce ne sont que des futilités, des matérialités, et le benêt qui s'en soucie dégringole dans les bas-côtés de la pensée, vers les voies de garage de ces autoroutes sécurisées et à péage que sont devenues sociologie, sémiologie, sciences politiques, etc.

Avouons que les économistes — comme, pour d'autres raisons, les juristes — échappent à ces hauteurs béantes et bégayantes. Les chiffres ont leurs contraintes propres, et l'on ne peut pas se contenter d'idées vagues ou de citations valorisantes pour traiter d'un taux de change, du pouvoir d'achat, de l'inflation ou d'une crise des liquidités. Aux prises, malgré qu'ils en aient, avec le concret des choses et de la vie des gens, les rencontres d'économistes et analystes financiers me semblent beaucoup moins anodines et fastidieuses, même si je ne comprends pas bien leur jargon. Je ne sais pas si l'économie politique est une science, mais j'observe qu'un économiste peut affronter le principe de réalité, devenir un homme d'action, ayant part aux décisions d'un gouvernement, ce qui est rarement le lot, si je ne me trompe, des sociologues, affectés au ministère de la parole et à des tribunats sans risques, de commentateur ou de sondeur.

Sous l'angle médiologique, le magico-religieux des colloques académiques — estampillé « sciences sociales » — ne serait pas loin de me faire regretter le salon du XVIIIᵉ siècle, ou le cercle du XIXᵉ. À égale distance de la *communication*, où un chercheur expose un résultat devant des hommes de science pour accroître un stock de connaissances disciplinaires, et de l'*intervention*, où un docteur brode sur un canevas d'actualité pour se positionner sur l'échiquier des écoles et mouvances concurrentes devant un parterre de rivaux-compères, l'âge affûté de la *conversation* faisait un juste milieu entre le trop sec du spécialiste et le baveux du généraliste. Je ne suis plus loin de penser que ce qui manque le plus, dans nos échanges professoraux et endogamiques, c'est la présence parmi nous de *gens du monde*, aux deux sens rafraîchissants du mot : le monde extérieur et la bonne société ; la rugueuse réalité et l'élégance d'expression. Ces faux frères ennemis, qu'on a tort d'opposer, arrivent main dans la main dans la vie de l'esprit, et s'esbignent de conserve.

## Latinitude

Chacun a ses souvenirs de Papa Césaire, les miens n'ont rien d'extraordinaire. Ils passent par Haïti, dont le sort continua jusqu'au bout d'interpeller l'auteur de *La Tragédie du roi Christophe* (découvert incidemment, au cours d'échanges avec lui sur la situation haïtienne lors d'une escale en Martinique), et par Paris, puisque j'habite à l'adresse et dans l'appartement qui furent les siens après-guerre, du temps où il était député communiste. Il est réjouissant de voir un insolent assez abscons, et si peu lu (ses tirages témoignent), encensé par tout notre *establishment*, qui le découvre à l'occasion de ses funérailles, et en particulier par nos officiels — le *Discours sur le colonialisme* n'a pas dû traîner sur leur table de chevet. Ils connaissaient le député-maire de Fort-de-France. En général, l'engagement politique plombe les écrivains, qui coulent avec leur circonstance, sitôt après leur mort. Il a sauvé de l'oubli Aimé Césaire, poète pour *happy few* : exception à saluer. Et le mot de *négritude* lui servira longtemps de bouée, au grand éveilleur d'insolite. Tant mieux.

Je profite des remous suscités par sa disparition pour proposer, sans grand succès, à mon ami brésilien, l'excellent Candido Mendez, président de l'Académie de la latinité, de remplacer ce dernier mot par le néologisme de *latinitude*, qui ferait un digne second, sinon un honorable successeur. Il y a quelque chose de dur, de fermé et de colonial dans *latinité*. On pense à l'Empire romain, aux royaumes latins de Jérusalem, aux lubies de Napoléon III, qui justifia sa grotesque expédition au Mexique au nom d'on ne sait quelle alliance latine (comme nous envoyons nos troupes en Afghanistan au nom de l'Alliance atlantique... avec la même intelligence), aux gesticulations mussoliniennes. Cadre suranné, et trop étroit. La négritude déborde les limites du monde africain, où elle prend cependant sa source. Elle englobe les Antilles, l'Amérique caraïbe et du Sud, l'océan Indien. De même, une *latinitude* déborderait le bidet méditerranéen, son berceau, pour englober aussi bien l'Amérique latine, le Maghreb et les pourtours orientaux du *mare nostrum*.

Ne sommes-nous pas devenus, nous Latins, les Nègres du système panatlantique triomphant ? Des Blancs déchus, des coloniaux colonisés, qui n'avons plus le choix qu'entre singer nos maîtres pour essayer d'en être (à la façon d'un Berlusconi) ou faire les pitres sous notre tente d'assistés culturels, pour divertir le touriste, et qu'on somme, sitôt sorti du musée ou de la réserve, de parler blanc, comme on dit *speak white* aux Québécois ou aux Chicanos ? Qui viendra rendre, avec notre dignité, leur air de famille à nos communautés humiliées de par le monde ? « Mais où est le Nègre dans tout ça ? » demandait Césaire. Il ne voulait pas de racisme noir, seulement garder, assumer, montrer sa personnalité, tout en restant, avec le Blanc, « dans le respect mutuel ». Et où est passé le Latin dans notre nouveau tout-ça ? Et pourquoi toujours respecter sans être soi-même respecté ?

Traits distinctifs du lascar : éminence de la langue, de l'art oratoire et des humanités, piliers d'institutions publiques et honorées ; centralité civique du forum, de l'agora, qui ne saurait se dissoudre dans le comptoir ni s'y subordonner (« la politique de la France ne se fait pas à la corbeille ») ; refus de l'uniformité et, plus que du *multi-*, goût de l'*inter-* et du *dia-culturel* ; une exigence quasi physique de profondeur de temps, et l'aptitude à faire travailler les héritages les plus divers (le passé n'est pas une rente) ; une certaine capacité à mettre la personne en dialogue avec sa communauté, et *vice versa*. Sans méconnaître le fait et souvent le bienfait des frontières, la latinitude serait transfrontalière, virale et transversale, transreligieuse et transethnique, multilingue. Elle invite langues et religions à ne pas se contenter de ce qu'elles sont, à ne pas se regarder dans la glace, mais à circuler, à se mettre en danger. Elle réclame partout l'intrusion de l'autre dans le même. Contre l'Europe bastion, l'Amérique forteresse, l'Islam machine de guerre.

Un suffixe en *ude* a sa modestie. Ici, à Bruxelles, dit le recteur de l'université de Louvain, on ne veut pas de belgité, on préfère la belgitude. Modestie rouée d'une « vaillante petite nation ». Contournement narquois de l'arrogance des grandes. Subtile aération des identités. *Latinitude* : non un dispositif institutionnel, une disposition d'esprit. Un ami de Candido m'a rétorqué : « Mais pour nous, la latinité, c'est beaucoup plus qu'une esthétique. » J'aurais pu lui répondre : « Sauvegarder un certain style de vie et de pensée ne serait déjà pas si mal. Pour qui n'a plus les moyens de l'empire, et de la grande identité modèle, retourner en positif ce que le terme "latin" a de péjoratif — comme Césaire et Senghor l'ont fait avec "nègre" — ne serait pas la pire des stratégies de résistance. »

## Facétieuse postérité

Un ami italien m'apporte le livre de Maurizio Serra, *Les Frères séparés*, « Aragon, Drieu La Rochelle et Malraux face à l'histoire ». J'y apprends qu'en Italie, peut-être pour de mauvaises raisons, le plus connu du trio est Drieu. Son absence en couverture eût même compromis la vente, modeste, du bouquin, étant donné que les deux autres sont quasi inconnus au bataillon. Pourquoi ? Drieu s'est suicidé, et le suicide paye. Il en va de même pour Mishima, qui a inventé le suicide parfait, audiovisuel et en direct. Le romantisme fasciste, par ailleurs, est une vieille connaissance outre-alpine. Mais surtout, Drieu, c'est Maurice Ronet dans *Le Feu follet* de Louis Malle, un succès commercial qui a laissé des souvenirs dans la péninsule. J'avais oublié qu'Aragon et Malraux n'ont jamais inspiré un grand film de fiction. Le littérateur Drieu est devenu là-bas un mythe, la cinéphilie aidant, sans avoir à passer par la case littérature, passage périlleux et qui sera bientôt, pour un écrivain, facultatif. La postérité de l'écrivain dépendra de moins en moins de ses écrits, mais de la place qu'il occupe ou non sur les écrans. Le médium d'avant tire sa reconnaissance du médium d'après. Réflexion égoïste : cela ne me paraît pas une bonne nouvelle.

Mais voilà qui rappelle au moins ce qu'il y a d'ingouvernable dans l'image posthume. Si Zola était mort en 1891, après la publication de *L'Argent* et avant l'affaire Dreyfus, nos manuels de littérature l'inscriraient sans coup férir dans la colonne « antisémites », à côté de Toussenel et de Drumont. Avec son banquier Gundermann, « maître du monde », et son personnage de Busch, exemple de « la juiverie malpropre » (« ignoble vampire » et « flair de hyène »), il ne ferait pas mauvaise figure, comme le Maupassant de *Mont-Oriol*, dans une anthologie du nauséabond dix-neuviémiste.

## Contagion tous azimuts

« Le modèle boursier de la valeur ». Je ne choisis pas la plus belle, mais celle dont je pense que les autres l'estimeront être la plus belle. Je veux être le premier à anticiper ce que les autres anticiperont. Ce nouveau régime de sens, court-termiste et moutonnier, a peu à peu gagné — gangrené ? — la plupart de nos jugements de valeur. Il consiste à apprécier les œuvres, les conduites, les idées, les personnes, non selon ce que nous croyons qu'elles sont, d'après notre table personnelle, mais d'après ce que nous croyons qu'on peut ou va en croire. On écoute le public avant de s'écouter soi-

même. Toute musique ne vaut plus que par sa résonance. La valeur s'estime à sa circulation.

Avec le coulage du référent-or, tout s'est mis à l'horizontale. On est passé d'un équilibre stable, fondé sur
un socle amont, un postulat incontesté, à un monde
d'évaluation minutée, révocable à tout instant. Sur quoi
faire fond pour une quelconque économie critique?
« C'est super, c'est nul, c'est réussi, c'est raté », soit,
mais demandons par rapport à quel critère, quel système d'appréciation communément accepté. Quelle
règle? « Qu'est-ce qui vous autorise à bien ou mal
noter? » Le *on*. Le sondage. Le chiffre. D'où l'évanes-
cence de la critique littéraire, théâtrale, cinématogra-
phique, dans nos journaux, et le remplacement de l'évaluation de l'œuvre par l'interview de la personne (auteur,
metteur en scène, réalisateur, acteur, « à chacun sa
vérité »), avec, en chapeau, le nombre d'entrées, le
tirage, les bénéfices, etc. Le résultat marketing est le
dernier palmarès qui vaille. Mais comme notre ultime
planche de salut est une planche pourrie, qui peut
couler d'un instant à l'autre, le cynisme boursicoteur
s'en va plonger, *in fine*, dans un nihilisme qui ne dit pas
son nom. Rien ne vaut par soi, ni au-delà de l'instant *t*
de sa cotation. Traduction : rien d'autre ne vaut que le
« ça va, ça vient ». Et l'on finit, tel le *trader* ou le cour-
tier dans la salle de marché, l'œil fixé, sa vie durant, sur
la bande passante des chiffres de l'écran médiumnique.
En état d'hypnose. Somnambule, gavé d'informations,
et privé de sens.

Les individus phares sont notés chaque semaine dans
nos magazines « en hausse » ou « en baisse ». C'est la
bourse des âmes. En vieux chrétien, qui sait ou veut

croire que les derniers d'aujourd'hui seront les premiers de demain, chacun sa martingale, j'achète à la baisse. C'est ma façon de spéculer. Je n'ai pas à m'en plaindre.


## L'âge d'or

Plaisir de redécouvrir combien les miroitements du passé peuvent libérer d'avenir. Un ami bolivien me relate les derniers soulèvements de la race de bronze, délestée par le *conquistador* de ses pectoraux d'or mat et massif, mais non de ses mythes d'origine. Il évoque le formidable ressort mobilisateur qu'ont trouvé les actuels leaders indigénistes de l'*Altiplano*, Quispe et Evo Morales, dans les légendes de l'empire inca, telles l'*ayllu* (la communauté agraire originelle) et les rébellions du XVIII$^e$ siècle contre l'Espagnol, comme le supplice de Tupac Katari. C'est un *revival* inca que cette révolution andine, aiguillonnée par « le souvenir qui reconstruit et simplifie ». Peu importe si les beaux jours dont on bénit l'aurore ont existé ou non. C'est la rémanence de lointains fabuleux qui permet à présent la trouée. En l'écoutant, l'idée m'est venue que la guérilla du Che a échoué, au fond, pour n'avoir pas été assez précolombienne. Artisans quechuas, *cocaleros* aymaras, paysans guaranis ont regardé de loin, bras croisés, un mouvement armé qui leur semblait tombé de la lune, faute d'avoir germé dans les tréfonds de la *Pachamama*, la Terre-Mère nourricière des ancêtres. On avait trop d'anticipations, et guère de réminiscences. Ce fut fatal.

101

C'est là une règle d'action partout attestée, en Russie, en France, aux Amériques. Une révolution est toujours une mémoire faite prophétie, pour le pire et pour le meilleur; et le révolutionnaire, un *activiste mélancolique*, dont le caractère propre se nomme secondarité. Il remâche, rumine une fable pour d'autres vétuste, voire ridicule, avec la honte d'être arrivé trop tard dans un monde trop vieux, qui a dérogé, et plus grand est le retard de son imaginaire sur sa réalité contemporaine, plus grand et réel sera le bond en avant effectué. Robespierre veut faire aussi bien que les Gracques, et Saint-Just ressent Sparte (où l'on ne battait pas monnaie, contrairement à Athènes) comme une concurrence à rattraper. 1848 veut répéter 1793, en mieux. Et les barricades de Mai-68 rêvaient d'un *remake* d'août 1944. Distinguons bien, au sein de l'espèce nostalgique, le type Jaurès du type Chateaubriand. Le premier enrôle le passé dans la traque d'un futur encore plus beau, le second fait l'inverse. Le révolu est pour l'aristocrate motif à déploration, et pour le plébéien, réveille-matin. Reste que le caractère primaire identifie le conservateur d'aujourd'hui, réactif, impatient et zappeur, désenvoûté des grands hommes humiliants, et tout fier d'être le premier à faire ceci ou cela. C'est un modernisateur sans l'émulation du rétroviseur, que le souvenir majeur n'émeut pas, ni ne stimule. Force est de reconnaître que l'immédiateté et les facilités d'accès de l'ère numérique, avec ses flashs, ses e-mails, ses SMS et ses portables, nourrissent et légitiment comme jamais ce que la caractérologie appelle le tempérament primaire. Lessivage des chronologies, pathos de l'innovation, chantage à la rupture : l'époque est technologiquement et spirituellement conservatrice — et ce n'est pas notre nouvelle économie bougiste, volatile et hystérique, enivrée de vitesse, qui redonnera à nos contemporains l'instinct, la passion, la calme certitude des revanches à retardement.

Mauvais temps pour le progressisme en Occident, tant il se vérifie que « l'oubli du passé est mortel au progrès ». Ce qui me navre le plus dans le recroquevillement du temps historique utile et nos horizons de mémoire en peau de chagrin, c'est le peu d'espace que l'omniprésence du présent laisse à la démangeaison prophétique, et à son corollaire, l'envie du Grand Soir. Pour les gamins de vingt ans, l'idée qu'un texte vieux de cinquante ans puisse directement les concerner apparaît saugrenue ; remonter à l'avant-guerre relève à leurs yeux d'une démarche de préhistorien, et quand on leur parle du Front populaire on a l'impression de les conduire à Lascaux. Je n'ai jamais pu convaincre personne que le rituel reproche d'archaïsme était lui-même un archaïsme, disons : un signe de progressisme retardataire, un futurisme digne de la Belle Époque, aussi vieillot, finalement, que le plan Voisin de Le Corbusier, qui, au début des années 1920, projetait de raser Paris pour le moderniser, en ne laissant debout que deux ou trois buttes témoins, comme Notre-Dame et l'Arc de triomphe. J'ai beau avoir conscience que le rendement moyen d'une production imprimée, mesuré au volume des changements de mentalité qu'elle peut ou non susciter dans ses alentours, est de l'ordre du un pour mille (un taux moyen probablement invariable), n'avoir pu faire reculer d'un millimètre, je ne dis pas même dans le public éclairé, mais chez les mentors qui donnent le ton, les poncifs ostensiblement modernistes et secrètement réactionnaires sur le « passéisme des pleureuses rétrogrades », etc., m'inspire une certaine amertume. Peut-être devrait-on s'entraîner, nous autres, gens du livre, dès notre première page d'écriture, à pisser dans un violon, inutiles Cassandre, et ensuite partir sur la pointe des pieds, la vessie soulagée, sans attendre son reste, sans espérer l'écho.

## La raison du plus faible

Le cuir se tanne à la longue, mais il est des articles du *Dictionnaire des idées reçues* qui donnent de l'urticaire. Comme celui-ci, sous la plume d'un journaliste critiquant je ne sais plus quel ouvrage : « La prosternation devant les monstres de puissance est chez nous une tentation permanente des clercs. » Comme ce serait simple et rassurant, « la soumission des hommes de l'art à la force brute ». J'en vois beaucoup plus à s'être mis dans un embarras tout contraire. Je n'ai pour ma part connu d'autre tentation que celle de me prosterner devant le plus faible. Algérie, 1958 : trente mille « fellouzes » contre une armée de cinq cent mille hommes, je porte les valises. Cuba, 1961 : les miliciens mal armés d'une île folklorique face aux États-Unis d'Amérique, aucune hésitation. Bolivie, 1967 : cinquante faméliques contre toutes les forces de l'Empire, il faut en être. Palestine, Intifada 2000 : le rapport des forces est de un

104

à mille, et celui des victimes, de un à cent, mon cœur ne balance pas.

Le *looser* irrésistible, Nietzsche n'a pas tort, est sans aucun doute un héritage chrétien. Il se monnaie — chez les paresseux dont je suis — par une attirance quasi infaillible vers le pôle du perdant. C'est justement cette sourde aimantation des damnés de la terre, au départ affective, raisonnée ensuite, qui peut aveugler. Elle occulte les métamorphoses de l'opprimé en oppresseur et du bagnard de vingt ans en procureur quadragénaire, voire en tortionnaire bedonnant. L'ex-révolté qui accède au ministère de l'Intérieur, gardant son aura d'homme traqué, égare le bon samaritain, toujours en retard d'un massacre, et qui ne sait pas renouveler à temps son stock d'images d'Épinal (d'autant moins qu'il n'est pas sur place et voit les choses de loin). Parce qu'on a voulu s'éviter le trouble des superpositions d'images ou du *split screen* (l'écran coupé en deux), on en reste à la scène originaire. En ignorant tout ce que peut commettre un paria devenu potentat, dont la prise en compte brouillerait par trop notre album intérieur. Le guérillero dans sa jungle, le bolchevik en veste de cuir, le soldat aux pieds nus de la Longue Marche, cela vous a une inertie excellente pour notre confort, tant imaginaire qu'intellectuel. M'est avis que les « clercs » ont été beaucoup plus égarés, au XXe siècle, par la persistance rétinienne des images inaugurales que par les sots prestiges de la force.

Je plaide en résumé les circonstances atténuantes.

# Sacrilège Agfacolor

*Les Parisiens sous l'Occupation*, à la Bibliothèque historique de la Ville de Paris. Sont exposées les seules images en couleurs prises dans le Paris occupé par un journaliste français, André Zucca, pour le compte de *Signal*, organe allemand de propagande nazie. Articles scandalisés, regard gêné du visiteur, notes furibardes sur le cahier des signatures, à la sortie. On se demande si ce *shocking!* ne se doit pas autant au viol d'une convention représentative qu'à la vision très *Propagandastaffel* d'un reporter photographe qui ne montre rien du malheur, de la faim, de l'exclusion. Ces choses vues, quoique d'un certain point de vue, nous montrent du doigt une réalité inconvenante : la normalité de l'exception pour ceux qui la vivent au jour le jour. Dans le Paris de « l'Affiche rouge », on allait, vous et moi, au cinoche, au théâtre (qui n'ont jamais été meilleurs ni plus fréquentés). On pêchait à la ligne et l'on se baignait même dans la Seine. Garçons et filles se bécotaient sur les bancs publics et roulaient à vélo, ce qui est bon pour la forme et le galbe des mollets, dans une ville aérée et désencombrée. Les chapeaux à fleurs des dames étaient marrants, et les zazous, sympas. On flânait, on faisait la queue, on achetait des marrons. Mais ce qui trouble le plus dans les deux mille cinq cents clichés « troublants » d'André Zucca, reporter français de la revue nazie *Signal* (et ancien correspondant de guerre pour *Paris-Soir*, aux côtés de Joseph Kessel), c'est l'Agfacolor. Les années noires, pour nous, sont et ne peuvent être qu'en noir et blanc, immémoriale vêture de la douleur. Le « Paris outragé ! Paris brisé ! Paris martyrisé ! mais Paris libéré... », scandé par de Gaulle à l'Hôtel de Ville le 25 août 1944, il serait désobligeant de se le représenter mentalement en Kodachrome, coloriage réservé (comme les premiers films américains d'après-guerre) à la comédie musicale ou aux romances sentimentales avec Vivien Leigh et Clark Gable. Le seul emploi de la couleur est une offense aux martyrs, aux déportés, aux torturés — à « l'Affiche rouge » elle-même, dont seul le noir et blanc dramatisant peut restituer après coup le pathétique. Ces tons festifs bafouent Marcel Carné aussi bien que Guy Môquet. Il est évident que si tous les Français de l'Occupation avaient pu voir en temps réel leurs rues et leurs voisins de palier en noir et blanc, comme nous les barbelés de Dachau et les poteaux d'exécution, il y aurait eu assez vite quarante millions de résistants. La couleur dédramatise, et le drame, c'est que nous trouvons de jolies nuances ou des couleurs habituelles aux situations plus ou moins horribles, aux moments d'exception dont nous sommes les témoins directs. Cette expo dérange en nous rappelant, mine de rien, que Paris n'a pas perdu ses couleurs à l'arrivée de Hitler au Trocadéro, pour les récupérer d'un coup à l'arrivée de De Gaulle sur les Champs-Élysées. Elles étaient là pendant, ce qui fit grand tort à l'héroïsme.

## Bibliophilie

Un responsable des achats de la BNF m'évoque le *boom* des manuscrits et des grands papiers. La spéculation « pousse » le livre plus que jamais, comme naguère l'œuvre d'art. La littérature s'étiole, la peinture sur toile sombre, et les cours flambent. Enterrement de première classe ou résurrection par la bande ? On verra. Dans l'immédiat, le manuscrit surréaliste casse la baraque. Il paraît que Breton fait des malheurs, qu'Eluard est dans les choux, qu'Aragon se traîne loin derrière. Explication : « Les marchés pardonnent Trotski. Mais pas Staline. » En d'autres termes, les marchés n'ont pas lu les ouvrages de Trotski et ne brillent pas par leur connaissance de la révolution russe. La bonne image fait la pluie et le beau temps, jusque dans les belles-lettres. On se prend à rêver, non d'une énième histoire de la littérature, mais d'une chronique des réputations littéraires à travers la *Cote Desfossés* du bibliophile. Les reprises et les krachs. Un spécialiste américain de Malraux me révèle que ses livres en anglais s'effondrent sur le marché de l'occasion. Lui qui faisait en 1937 la une du *Times* et qui a vendu en 1967 ses *Antimémoires* pour 250 000 dollars, tarif à l'époque fabuleux, en est à 1 dollar l'exemplaire relié de *Fallen Oaks*. Cela ne surprendrait pas trop l'auteur de *La Métamorphose des dieux*.

De ce que la Bourse des mémoires semble jouer à qui perd gagne, le perdant du jour aurait tort de conclure que ses lendemains posthumes sont assurés. Condition nécessaire, non suffisante. Reste qu'un assidu des ventes aux enchères aurait tout intérêt à faire sienne cette devise : contemporain capital, mauvais placement.

# Pékin, J.O.

Les Jeux de la honte? Une monstruosité de plus pour un monde de brutes et d'abrutis? Le triomphe de la non-pensée? La cérémonie d'ouverture m'a paru aux antipodes de ces jugements ou de ces craintes, comme une réplique sans paroles jetée à la cantonade au parterre terrestre. Je ne me rappelle pas avoir vu un spectacle aussi somptueux, mais à la fois aussi intelligent, subtil et civilisé. Le colossal du dispositif n'écrase pas le propos, mais reste de part en part au service de la plus pure émotion symbolique. Loin de faire l'éloge du muscle, du nombre ou de la force, façon Berlin 1936, les Chinois ont raconté de façon très féminine une histoire, la leur, sous un angle proprement médiologique : les inventions successives de l'écriture, du papier, de la soie, du gouvernail. Chorégraphie enjouée, rythmée, grandiose. Si *Médium* avait les moyens, le génie du spectacle et dix mille figurants à sa disposition, on n'aurait pas fait mieux, pour rendre sa magie à l'histoire matérielle de la spiritualité. Nul n'étant prophète en son pays, réjouissons-nous de voir la patrie du matérialisme religieux donner à l'aventure des inventions, sur la longue durée, deux milliards de témoins et pareille rutilance audiovisuelle.

Me voilà pris à contre-pied. Il m'avait semblé jusqu'ici que les cérémonies sportives étaient condamnées à s'épuiser dans l'instant, victimes de leur propre faste, parce qu'elles n'avaient rien d'autre à célébrer qu'elles-mêmes. Le culte mondialisé du sport avait toutes les vertus pour produire un sacré de substitution — les stades cathédrales, les foules, la convergence des regards, les rituels à date fixe —, mais manquait finalement à sa promesse par défaut d'ancêtres et de profondeur du temps. Ces performances, pensais-je, tournent court parce qu'elles n'ont rien à raconter, pas de scénario ni de mythe porteur, en amont, et donc pas de sillage en aval. Ce n'est plus le cas avec cet oratorio : l'histoire longue de l'humanité redonne un horizon de sens à la machinerie olympique.

Serais-je, ce disant, l'idiot utile de l'olympisme totalitaire ? Je n'ignore pas les enjeux de puissance de ces courses aux médailles surmédiatisées, ni ce que l'usinage du corps sportif (terriblement poussé, semble-t-il, en Chine) recèle de déshumanisation. On devine assez bien quelle société disciplinaire peut sortir de ces compétitions physiques aux limites de l'eugénisme et du sadisme, *W ou Le Souvenir d'enfance* de Perec. Ces sinistres pointillés, qui ont leur part de vérité, n'en rendent que plus surprenant cet opéra médiologique en lever de rideau.

# Et après, quoi ?

Ce qui taraude le médiologue, passéiste seulement parce que l'avenir a un long passé, c'est en réalité *la question du lendemain* : dans tout ce qui advient, qu'est-ce qui se continuera ? Et pourquoi l'un se survit et l'autre pas ? « Notre héritage n'a été précédé d'aucun testament », c'est l'orgueil de l'initiateur absolu. René Char exagère : le XXᵉ siècle fut un exécuteur testamentaire surencombré, un légataire affolé, débordé par les dernières volontés d'une cohue de prophètes se bousculant au portillon, Marx, Smith, Nietzsche, Darwin, et j'en passe. Ensuite, si c'était vrai, ce ne serait pas très intéressant. Infiniment plus instructifs, pour une histoire critique de l'incarnation, sont *les testaments qui ne furent suivis d'aucun héritage*. Auguste Comte inquiète le médiologue encore plus que Karl Marx. Et plus que Rimbaud ou Joyce, les Maurice Barrès, Anatole France, Romain Rolland, Jules Romains, etc. Rien de plus fascinant que ces soleils éteints pour formuler, cas par cas, la grande question : et après, quoi? Et si rien, pourquoi? Malraux appelait « hôtes de passage » les chimères de l'air du temps qu'il regardait passer au Quartier latin, perplexe, en 1968 — *aliénation, structure, désir, déconstruction*, etc. Ayant, dans sa jeunesse, sauté la case école, pour gagner du temps, l'autodidacte en lui resta un peu goguenard. Il n'aimait d'ailleurs pas, l'ingrat, citer ses sources savantes, Élie Faure, Benjamin, Groethuysen. Ce fut peut-être sa chance. Les envahissants invités que sont les vocables fétiches du moment font passer par la fenêtre, vingt ans après, les esprits accueillants qui les ont hébergés pour se faire bien voir du quartier.

## L'antirides

Quand on déménage sa bibliothèque et que le tri fatidique s'impose, on s'aperçoit qu'il y a deux écueils susceptibles de briser la barque d'un auteur : l'antiquité et l'actualité. Broder sur la mythologie gréco-romaine, comme Giraudoux en son théâtre, ou le premier Sartre. Nous ne savons plus qui sont Oreste, Cassandre ou Andromaque. Et, à l'autre extrême, spéculer sur les vedettes du jour, politiques ou intellectuelles, en puisant ses repères dans le journal. Nous ne savons plus qui sont Poincaré, Oustric ou Drumont. Le *ad hominem*, qui facilite la consommation immédiate, nuit fâcheusement à la conservation du produit. L'antirides est sans doute au milieu, mais la molécule de la survie échappe à tous les laboratoires.

## Ça-a-été, vraiment ?

Graffiti 50 : en tombant par hasard sur l'émission de Pierre Lescure sur France 5, je vois passer les événements, les clichés, les rengaines qui ont moulé, modelé mon adolescence — comme, dit-on, les promis-à-la-mort voient défiler leur vie en quelques minutes (je puis attester ce on-dit). Tel un album de famille réduit aux mirlitons et chapeaux pointus, *happy birthday* et bouchons de champagne, cette autobiographie générationnelle sur le petit écran m'inspire un plaisir morose. Je m'interroge sur quel sera le ça-a-été de mon univers. Mes signes du temps intimes, quelles traces demain ? Enthousiasmes, obsessions, deuils — tout cela ira s'engloutir dans les golfes d'ombre des réserves de bibliothèques, îles bientôt sans public, du moins sans peuple. Que restera-t-il de nos tragédies historiques sur les rétines, dans les cerveaux de neuf Français sur dix, d'ici cinquante ans ? Réponse : les variétés. De brèves tranches d'actualité, à l'état de faits divers — Indochine, Maroc, Suez, Hongrie, Algérie, carrefour de Châteaudun, de Gaulle, grève des mineurs, baie des Cochons, etc. —, servent dans cette émission, comme au cinéma naguère, les actualités, d'entracte entre les choses vraiment sérieuses, boléro, cha-cha-cha et samba. L'évidence selon laquelle, à cette époque, tous les gens qui comptent se devaient de chanter, d'épouser des princes et des princesses, de faire des sketches aux Deux-Ânes — à commencer par Martine Carol, Georges Guéthary, Bourvil, Grace Kelly, Peter Townsend, Luis Mariano, Juliette Gréco, Cora Vaucaire (je ne peux cacher un faible pour cette dernière) —, inspire à l'homme de mots une anxieuse modestie, plutôt désagréable. « Le médium commande », aime à dire le médiologue d'un ton enjoué. Il ne devrait pas trop en rire au vu de ce que conserve la première de nos machines enregistreuses : Gilbert Bécaud a gommé Montherlant. Les archives de l'INA, qui décideront de notre mémorable, n'augurent rien de bon pour les graphomanes. De ces années 1950 (où les humanités battaient pourtant leur plein), philosophie, théâtre et littérature sont passés à la trappe. Sauf Camus, dix secondes à l'écran, pour cause de Nobel. Ne parlons pas de la science. Le travail intellectuel, tout comme le manuel et l'industriel, parce que anonyme et collectif, est parti du lieu de mémoire sans laisser d'empreintes, ni d'adresse. Valeur en équivalents-photons : zéro. L'impression d'appartenir déjà, tout vivant que je sois encore, à une future mémoire morte, voilà le sentiment résigné, entre humour noir et détachement ironique,

que me laisse une rétrospective télévisée de ce genre. Pas de rapport entre ce qui émanera à l'écran de ce que nous aurons vécu et ce qu'il y avait au-dedans de nous. Nos larmes : une buée sur le pare-brise ; l'image : un essuie-glace.

Le fait que nous ne laisserons pas de trace incitera nos descendants à larguer les amarres. Les fringants zappeurs de 2050 auraient pourtant tort de « croire que pour comprendre les grands problèmes de leur heure à eux et tenter de les résoudre il ne sert à rien d'en avoir analysé les antécédents ». C'est la mise en garde que je découvre chez l'ancêtre Marc Bloch en 1941, dans son *Apologie pour l'histoire*, tout conscient qu'était l'historien des cassures médiologiques. « Depuis Leibniz, depuis Michelet, un grand fait s'est produit : les révolutions successives des techniques ont démesurément élargi l'intervalle psychologique entre les générations. Non sans quelque raison, l'homme de l'âge de l'avion et de l'électricité se sent très loin de ses ancêtres. » Comme l'homme des claviers numériques se sent déjà loin de nous, les *has been* à stylographe et vieux dictionnaires. Ce n'est pas une raison, insinuait Marc Bloch, pour que les jeunots fassent les farauds en se croyant nés sous X. Le médium télécommande les mémoires — oui, mais pas les comportements. Nous ne nous souvenons guère, nous-mêmes, du prédateur omnivore des savanes, notre père à tous, mais nous continuons de nous comporter comme cet ancêtre évanoui. Maigre consolation, mais pour l'oublié de demain, petite revanche posthume.

## Les copains d'abord

Daniel Barenboïm, dont la justesse de ton et le sens des réalités (qui n'est pas le trait dominant des musiciens) me laissent chaque fois pantois d'admiration, évoquant son enfance familiale à Buenos Aires pour *Le Monde*, note en passant : « Nous fréquentions moins la synagogue pour des raisons religieuses que parce que c'était un centre de la vie sociale juive, où l'on jouait, chantait, dansait. » La remarque m'a fait songer, par association d'idées, à ces Américains qui n'hésitent pas à changer de religion chaque fois qu'ils déménagent, pour épouser le credo du voisinage. Baptiste, épiscopalien, évangéliste, congrégationaliste... On peut toujours changer de culte si l'on trouve meilleur compte ailleurs, et d'abord en termes de relations humaines. Ces Américains nomades, peu dogmatiques, me semblent d'une profonde sagesse. Se faire des copains, ne serait-ce pas le fin mot de toute l'affaire, idéologies, religions, croyances ? Les mots en *isme* viennent par-dessus le marché, mais c'est un point d'honneur destiné à satisfaire l'amour-propre, pour inscrire au registre « histoire des idées » ce qui relève de l'instinct mammifère : se rassembler pour se tenir chaud. Le secret du sacré, au fond, c'est l'opportunisme du calorifère : qu'est-ce qui, dans la froideur ambiante, peut le mieux me réchauffer ?

Je suis devenu communisant vers 1960 parce que ceux autour de moi qui se disaient tels étaient d'une pâte humaine plus relevée, dont la compagnie me semblait des plus enviables. C'était sans doute — je parle des militants, non des dirigeants — ce qu'on faisait de mieux, dans le caractère du moment ou le personnel à disposition, de plus généreux, de plus altruiste, de mieux trempé. Et j'avais bien raison d'aller de ce côté-là. Les faux frais de l'opération, ce fut, dans mon cas, une allégeance non pas au parti, mais à la doctrine. L'intellectuel, toujours à la parade, l'a pris un peu trop au sérieux, quand ce n'était au fond qu'une de ces cantines d'accompagnement qui s'envoient en « bagage accompagné » quand on part en vacances. J'aurais pu l'entreposer à la consigne, pour un balluchon plus expéditif.

La bévue propre aux idéologues et aux universitaires, peut-être inhérente à toute vue rétrospective des choses, une fois que les hommes ont disparu et qu'il ne reste plus que les doctrines, c'est de croire que les adeptes se sont sur le moment décidés, en soupesant qualités et défauts des différents articles en promotion dans le grand magasin des idées. En termes de marketing, l'acheteur se décide sur la bonne ou mauvaise mine des vendeurs derrière le comptoir, selon qu'il a envie ou non de les rejoindre, pour se fondre dans l'équipe d'animation. C'est ensuite qu'on ouvre le paquet, sans d'ailleurs bien détailler tout ce qui se cache dans les coins de l'orthodoxie épousée sur un coup de cœur.

Je ne suis pas loin de penser que c'est le même profil humain, dans le long cours d'une civilisation, qui s'investit dans ses passions de pointe successives, celles qui montent à la tête, mais n'en proviennent pas. Le caractère qui aura été chrétien au IIIe siècle a toutes chances d'être réformé au XVIe, janséniste au XVIIe, encyclopédiste au XVIIIe, saint-simonien au XIXe, communi-

116

sant au XXᵉ dans les pays capitalistes (jusque dans les années 1960), et très certainement anticommuniste dans les pays communistes (une dizaine d'années après la prise de pouvoir). Traversant les modes, surfant sur les ressacs, un même tempérament s'habille différemment, mais sous les oripeaux demeurent l'aspiration à un mieux, non à un plus, et une quête de fraternité (qui éloigne paradoxalement du troupeau). Avec tout ce qu'il peut entrer d'égotisme dans le parti pris du contre.

## Fine mouche

Pioché dans Proust, *La Prisonnière* : « Chaque fois que se produit un événement accessible à la vulgarité d'esprit du journaliste philosophe, c'est-à-dire généralement un événement politique, les journalistes philosophes sont persuadés qu'il y a quelque chose de changé en France[1]. »

Cette vulgarité, avec les *mass media*, est à son meilleur. Mais, à vrai dire, il en va du philosophe comme de l'écrivain, le mot requiert sa catégorie. Il y a des philosophes pour journalistes, des écrivains pour libraires, et des philosophes ou écrivains pour professeurs de philosophie et de littérature. Ils n'ont rien à voir les uns avec les autres.

Aux yeux des journalistes, tout ce qui se permet encore une critique des temps qui courent est aussitôt

---

1. Marcel PROUST, *À la recherche du temps perdu*, t. III, Gallimard, coll. « Bibliothèque de la Pléiade », 1954, p. 264.

taxé de ronchon, pleureuse, passéiste, assigné au rôle du « monsieur-tout-fout-l'camp ». Et il se verra opposer la liste, qui commence avec Caton l'Ancien, des apocalyptiques idiots, annonçant périodiquement, et dès avant la ruine de Pompéi, la fin de tout (civilisation, bonne cuisine, libertés publiques, vraie littérature, mémoire, etc.). Ces rappels de l'éternelle décadence ne manquent pas de saveur et relativisent à la bonne heure les geignardises rituelles. Mais quelqu'un dont l'antienne est *eadem sunt semper omnia*, tirée non du moraliste Caton, mais du physicien Lucrèce, à savoir « tout est toujours pareil, rien ne change sur le fond », ne se sent nullement atteint par ce genre d'ironie. Au contraire. Quand on est d'avis, comme j'en suis tenté, que « c'était déjà pareil avant » (et non mieux ou pis), on se lèche les babines devant la ribambelle des satiristes du malheur et des sonneurs de tocsin, du poète Juvénal à Philippe Muray. Le fait qu'on se soit toujours plaint du présent, depuis trois mille ans, doit obéir à quelque forte raison, et n'en est pas une, en tout cas, pour s'arrêter en si bon chemin et ne pas y aller de son grain de sel.

Réflexion faite à la lecture de la savoureuse compilation par Jerphagnon, *Laudator temporis acti*, du leitmotiv « tout est foutu » à travers les siècles, et, dans la foulée, d'un article comme toujours fort sagace de Gérard Leclerc, dans l'excellent quinzo *Royaliste* (le plus républicain de nos périodiques), intitulé « L'honneur du journalisme ». Rendant compte du *Notre métier a mal tourné* de Philippe Cohen et Élisabeth Lévy, il le met en regard avec un livre tout aussi désenchanté de Daniel Halévy, polémiste des années 1930, sur la décadence de la liberté d'information et les honteux succès d'une presse inepte et vénale, déjà semblable à nos gratuits. Eh bien, oui : il y a des lieux communs dont la disparition dans les vitrines de librairie serait mille fois plus alarmante qu'une énième redite.

## Tourisme et culture

Les femmes girafes, clou des visites touristiques en Birmanie (et dans le nord de la Thaïlande), se rebiffent. En costume traditionnel, avec une coiffe multicolore, elles ont le cou allongé, déformé, hideusement, par une douzaine d'anneaux de cuivre, et l'image vendeuse est sur tous les dépliants et panneaux publicitaires des agences de voyages vantant la région. On appelle ces originaires de l'ethnie kayan, ou padaung, les femmes long-cou. La visite des zoos humains où elles sont assignées à résidence est payante. Elles reçoivent en échange des photos qu'on prend d'elles un peu de riz et 30 euros par mois. Profitant de la saison des pluies, pendant laquelle les touristes désertent, certaines ont demandé l'asile à la Thaïlande, où elles s'étaient réfugiées, et ont enlevé leurs déguisements et leurs anneaux, au risque de perdre leur revenu. « Si je pouvais, je les enlèverais tout de suite, dit une autre, mais je dois les garder pour toucher l'argent des Thaïlandais et pouvoir nourrir mon bébé de cinq mois. » Les autorités locales veillent au grain.

Où irons-nous passer nos vacances et que nous restera-t-il à photographier dans nos paradis terrestres si ce genre d'insubordination se révélait contagieux? Si les Bochimans du Kalahari décidaient de passer un pantalon, si les Indiens de la Colombie-Britannique enlevaient leurs plumes, si les Bédouins de Pétra abandonnaient le chameau pour le 4×4 et si les jeunes moines du Népal, qui ne dansent plus que pour nous dans la cour de leurs monastères forteresses, renonçaient à leur très incommode chapeau cymbale? On en frémit. Il est temps que les tour-opérateurs se dotent d'un corps de police multinational pour mettre bon ordre à ces révoltes d'indigènes irresponsables.

## Prospective

Paul Valéry a prévu Ben Laden. Voici ce qu'il écrivait en 1929 : « On verra se développer les entreprises de peu d'hommes choisis, agissant par équipes, produisant en quelques instants, à une heure, dans un lieu imprévus, des événements écrasants. » Ses *Regards sur le monde actuel* n'ont pas pris une ride. Le Centre d'analyse et de prévision du Quai d'Orsay n'a pas mis le très précis poète du *Cimetière marin* parmi ses auteurs de référence. Dommage. Il aurait eu un bon demi-siècle d'avance sur les *think tanks* d'outre-Atlantique, qui nourrissent les nôtres.

## Animaux

« Ce qui m'intéresse, au-delà de l'animal, c'est l'homme », a dernièrement confié l'excellent Jean-

Didier Vincent, éminent neurobiologiste et grand humaniste. Je serais tenté de dire le contraire : « Ce qui m'intéresse, en deçà de l'homme, c'est l'animal. » Convaincu que la clé de nos fanfaronnades est dans cet en deçà, je ne regrette qu'une chose : n'avoir pas fait dans ma jeunesse de l'éthologie, la première des sciences de l'homme, qui m'eût introduit à la bonne philosophie. Quand les primates seront à l'agreg', on y verra plus clair.

## Zones frontières

Répétition, près de Bruxelles, dans une sorte de foire aux spectacles où les théâtres viennent faire leur marché pour l'année prochaine, de mon *Julien l'Apostat*, devenu simple monologue, fort bien monté par Jean-Claude Idée et joué par le comédien belge Jean-Pierre Frison. « Pourquoi s'intéresser à des personnages aussi lointains, à une époque aussi floue, aussi indécise que le IV$^e$ siècle de notre ère ? » me demande un journaliste un peu peiné, mais bienveillant. C'est moi qui ai peiné à répondre, et, je crains, à convaincre.

Comment faire comprendre que c'est l'indécis qui m'a décidé ? Je trouve le même intérêt aux régions frontières, aux glacis ambigus entre deux mondes — disons la Catalogne, le Liban, la Sicile —, qu'aux lisières chronologiques, ici entre la fin de l'Antiquité et le début du Moyen Âge. Le IV$^e$ siècle : à la fois une aurore et un crépuscule. Plus vraiment païen, pas encore chrétien. Comme le XVI$^e$, plus vraiment féodal, pas encore monarchique. Ou la fin du XX$^e$, après la modernité, avant on ne sait trop quoi. Entre l'histoire qui s'en va et la nature qui revient. Le fond de l'air mue, et rien n'est joué ou, plus exactement, ne semble l'être.

Ce qui m'attache, au fond, à ces périodes entre chien et loup, qui font rarement époque, c'est le sentiment — sans doute illusoire — qu'il y a du mou, que l'issue n'est pas fatale et que peu de chose suffirait pour que refleurisse l'ordre ancien (c'est le fond de mon *Julien*). Peu de chose : un concours de circonstances, une pichenette, un grand caractère qui tordrait soudain le bâton dans l'autre sens. Et puis il y a l'occasion donnée au discernement, au tact intellectuel, pour démêler les jeux équivoques de l'ancien et du moderne. L'attrait dramatique du dénouement incertain (au moins, là, il y a de l'attente, on ne bâille pas). Je n'exclus pas le sentiment d'importance que confère le fait de pouvoir annoncer à ses contemporains une fin de partie (importance à nos propres yeux, tant lesdits contemporains s'en fichent complètement ou prennent le prophète de mauvais augure pour un bougon poseur). Dans mon cas, le petit plaisir de vanité, solitaire s'il en est, consisterait dans ce rappel à la cantonade et qui tombe dans le vide, comme de juste : « Je tiens à vous signaler que la politique, le progrès, l'Histoire, avec un grand H, et même le temps judéo-chrétien, faites-en votre deuil, c'est fini ! Passez à autre chose. »

Ce que je gagnerais à comprendre, c'est pourquoi je me sens à ce point désaccordé et mal à l'aise dans une époque de transition comme la nôtre, et où la transition ne fut jamais aussi télescopée, ostentatoire et même convulsive. Pourquoi je passe mon temps à me dire, non pas que c'était mieux avant, mais que, vu mon incapacité à manier boutons, souris et claviers, j'aurais mieux fait de naître en 1830 ou en 1900, quand le suspense battait son plein, à l'acmé du pouvoir des mots, dans l'ivresse sonore des grandes espérances.

## Un antivert nommé Malraux

Colloque en Sorbonne. Le propos, ô combien justifié, est de sauver des limbes *Le Miroir des limbes*, et de remettre au goût du jour le mémorialiste des *Antimémoires*. Tout en apportant avec d'autres ma petite bouée à l'équipe des sauveteurs (tous remarquables), sous forme d'une réplique argumentée aux arguments répétitifs de l'accusation (le ministre, le mythomane, l'emberlificoteur, le franchouillard), je ne peux me défendre de l'impression que se livre là un baroud d'honneur pour une cause perdue.

Tout extralucide qu'il ait pu être, Malraux s'en va, et avec lui toute une génération marquée au fer rouge par les deux guerres mondiales (Proust n'en fut pas, par quoi il reste notre contemporain). Une queue de comète, si je puis me permettre, n'est pas mal placée pour distinguer des autres, dans un wagon qui se vide, « les passagers de la banquette arrière ». Il s'éloigne à toute vitesse, le train où se tenait la génération non pas des anciens combattants (Montherlant s'est planqué, d'autres aussi), mais des écrivains pour qui la guerre dit la vérité de l'homme. Autrement dit : aux yeux de qui il est entendu que la vérité passe par les hommes, les femmes, qui ne font pas la guerre, restant des consciences de deuxième zone, à qui l'on peut donner le droit de vote, mais non le droit au tragique. Ceux pour qui l'essentiel, à la fois sentiment et valeur, est la fraternité, virile cela va sans dire, terrain où se retrouvent ensemble les frères ennemis, Drieu et Malraux, Jünger et Jules Romains, Ernst von Salomon et Hemingway, les noirs et les rouges. Les derniers décorés des armes et des lettres. Romain Gary a su se renouveler à temps. Il a eu une vie de plus que ses aînés.

Ce furent tous des gens à idées, mais dont les idées avaient un défaut : elles couraient mal en terrain plat. Nous voilà descendus en plaine : plus d'un demi-siècle de paix nous a fait changer d'horizon — et d'idées sur ce qu'il y a d'intéressant dans la vie et sur ce qui fait le noyau dur du mammifère humain. La planète désertée, pour nos leaders de quarante ans, c'est l'*histoire passion*. Celle qui prit le relais, au début du XIXᵉ siècle (avec Chateaubriand en avant-coureur), de l'*amour passion* des deux siècles précédents. Le romanesque historique peut être aussi favorable au lyrisme que le désespoir amoureux. Chateaubriand jouait en poète sur la réverbération des événements et tout un jeu d'échos et d'après-coup mélancoliques — commandé par la lenteur des communications et la marine à voile (il apprend la mort de Napoléon à Sainte-Hélène cinq semaines après l'événement). Malraux joue sur l'à-coup du flash et le télescopage des dépêches. L'histoire *staccato* du XXᵉ, après l'histoire *andante* du XIXᵉ. Nous n'avons plus le soupçon ni de ce *vibrato* ni de la métaphysique qui servait encore en 1950 de toile de fond aux derniers envoûtés du *temps comme destin*. Nous avons remplacé l'histoire universelle comme promesse d'émancipation, et même comme figure de sens intelligible, par l'unité solidaire des passagers de la planète. L'actu réduite à une simple accumulation de faits et d'événements se chassant l'un l'autre, c'est du côté de la nature que les choses sérieuses se passent. L'horizon n'est plus à la catastrophe en société. Le frisson d'imminence n'est plus la grève générale insurrectionnelle, mais la montée du niveau des eaux de la mer. « Dès les premières pages des *Conquérants*, note Julien Gracq (avec l'ironie placide du géographe qui a su rétablir la communication avec la terre), l'approche de Canton est rythmée non par l'apparition d'une côte qui se précise, mais par l'affichage à bord d'une suite de télégrammes d'agence de plus en plus fiévreux. » Appelons cela la fièvre non du samedi soir, mais du vendredi saint : la résurrection est pour le surlendemain, de suite l'examen de conscience, plus de temps à perdre. Quand on ne croit plus au messie, tous ces mâles phraseurs tendus par l'attente d'on ne sait plus trop quoi nous semblent faire de la température et s'agiter comme des malades pour pas grand-chose. Là où Gracq décelait les enflures propres à une *littérature du non* — non à la sève des arbres, aux paysages, à la calme respiration des choses —, toute une part de moi-même, la plus anachronique et peut-être pas la meilleure, préfère voir les (fausses ?) grandeurs d'une littérature du *oui à l'histoire* comme antidestin, comme création continue de l'homme par l'homme, « sous le regard indifférent des nébuleuses ». Pari impossible, un peu boursouflé, parfois prétentieux, mais dont la noblesse m'émeut encore.

Malraux ou l'antiécologiste. Il disait encore non à la maman, aux généalogies, au terroir, à la lune, aux pommes de terre et aux légumes verts — toutes choses, à ses yeux, visqueuses et répugnantes. Notre *oracle* est mort à temps, juste au moment où déboulaient sur le devant de la scène, chassant « les hommes de l'histoire », marées noires, pluies acides, effet de serre, déchets toxiques, trou d'ozone, gaz carbonique, pesticides, biodiversité, et tout le reste. Si la géoculture était autorisée, comme est admise la géopolitique, on pourrait dire : juste au moment où l'Amérique, le continent de l'espace, prenait officiellement les commandes et de la sécurité et du vocabulaire de l'Europe, le continent du temps. Notre *environnement* est un anglicisme d'importation (le français disait *milieu*), et *développement durable* traduit l'expression anglaise *sustainable development*. Le prophète planétaire de l'angoisse nouvelle est un politicien américain, Al Gore, et nous trottinons tous derrière. Le porteur de flambeau est passé du Vieux au Nouveau Monde. *Translatio studii et imperii*. L'humus scolaire qui nourrissait chez l'adolescent doué l'ambition de laisser sa griffe sur l'événement appartient au passé : le latin-grec, le Malet-Isaac et Jean Valjean. Les *teen-agers* n'ont plus de contact avec *La Guerre des Gaules*, et il fallait avoir entendu parler de Jules César, de Richelieu ou de Danton pour, à l'ère de l'atome et de l'avion, se mettre en quête d'un *bis repetita*.

Changement de paradigme, dit l'université pour ces mutations-là. Renversement parallèle dans les *gender studies*. Nos troupes de choc ont changé de sexe. Or, c'est bien connu, il n'y a pas de femme significative

chez Malraux (chez Drieu non plus). Plusieurs interve-
nants, évoquant notre après-guerre, ont produit d'aber-
rantes citations de Simone de Beauvoir, qui donnent
aujourd'hui envie de rire (du type : tous des fascistes),
quand elles ne font pas dresser les cheveux sur la tête
(« la vérité est une, et l'erreur multiple : il n'est pas
étonnant que la droite professe le pluralisme »). Opposées aux intuitions pointues de Malraux sur le sta-
linisme, le réveil des nations, l'Asie, l'Europe, d'une
sidérante perspicacité — et actualité —, ses formules à
elle ont le suranné du naïf perdu. Malraux n'a pas dit,
écrit ou fait le dixième des bourdes politiques de Beauvoir, laquelle n'a pas compris grand-chose au film, mais
c'est l'auteur du *Deuxième Sexe* qui fait jeune et pim-
pante, et celui de *La Condition humaine* qui fait vieillot
et déphasé. Macho plein de tics, et se poussant du col,
pas *cool* pour un sou, un ton au-dessus, disons : *over-
dressed*. Nous assistons à l'étonnante revanche posthume de la conjointe dans les couples célèbres d'antan.
Beauvoir est plus dans le coup que Sartre, Frida Kahlo
que Diego Rivera, Camille Claudel que Paul Claudel,
et Marguerite Duras que Robert Antelme. Aragon
n'échappe au retour d'Elsa qu'en raison du fait que la
femme, dans le couple, c'était lui. Le retour de bâton
féministe répond d'évidence (j'entends déjà le « attention : cliché misogyne ») à la montée en Occident du
vert et au retour de la nature au premier rang de l'orchestre. Qui est aujourd'hui « l'homme exemplaire »,
l'équivalent pour notre postmodernité occidentale de
ce que furent le chevalier à la chrétienté, l'honnête
homme à l'âge classique, le gentleman au XIXe, le militant au XXe — sinon une femme ? Un mixte de Simone

Veil et d'Ingrid Betancourt ? Les barbus socialistes mettent une femme à leur tête. Signe des temps. Quoi qu'il en soit des phénomènes de mode et de mentalité, m'est avis que le moins infondé des reproches qu'on peut faire à l'univers façon Malraux, c'est un : « Cher monsieur, ça manque de femmes, chez vous, et de jardins. Cela se paie cher, savez-vous ? »


## Absurdistan

Dix soldats français tués. Le président ne changera pas notre politique. Notre cause est juste. Nous luttons contre le terrorisme. Si nous partions, nos libertés seraient en péril, ce serait une catastrophe pour le monde entier, on ne s'en relèverait pas, etc. Quand on est assez âgé pour avoir entendu les mêmes couplets, au mot près, s'agissant de l'Indochine (1953), de Suez (1956), de l'Algérie (1957), du Viêtnam (1960), etc. Quand on voit journalistes, députés, « consciences », experts, gober ces inepties et les répéter avec conviction, la vieille idée selon laquelle il n'y a pas de leçons de l'histoire prend un tour obscène et assez décourageant.

Le même politicien qui faisait hier repentance des aberrations coloniales d'antan est capable de les reproduire aujourd'hui avec l'allant du néophyte. Un enfant de sept ans comprendrait qu'une armada étrangère, totalement ignorante de la langue, de la culture, de la religion de ce pays, ne peut, derrière l'immanquable paravent du fantoche local, que susciter le rejet instinctif, viscéral des autochtones regroupés tôt ou tard dans la lutte contre l'intrus (et l'infidèle, de surcroît). Les Afghans se sont débarrassés avant-hier des occupants britanniques, hier des Russes, et le feront demain des Américains avec leurs supplétifs. Comme disait Groucho Marx, en général chamarré penché avant la bataille sur sa carte d'état-major : « Allez me chercher un enfant de sept ans... »

Les coups de menton gouvernementaux n'étonnent pas, c'est l'imbécillité propre au politique comme tel, qui vit au jour le jour le nez sur l'événement. C'est la docilité complaisante des journaux de référence et l'argumentaire des intellectuels en service qui navre le plus. Et qui confirme le peu qu'il faut attendre des sociétés grégaires. Chaque génération met le disque, et en avant la zizique. Le militant s'arrache les cheveux, devant cette tragédie. Le sage hausse les épaules, devant cette comédie. Face à une aussi lamentable tragi-comédie, la réponse du troisième type reste à trouver : entre l'indignation inutile et l'indifférence moche. À d'autres, le ton juste. J'ai passé l'âge de le chercher.


## Successions

Nantes, hôtel des ventes Couton et Veyrac : mise aux enchères de la succession Julien Gracq. Livres, correspondance, tableaux, mobilier, bibelots, jusqu'aux cendriers du salon, le pied de lampe de la chambre à coucher, la pendule, etc., provenant de son appartement rue de Grenelle et de sa maison à Saint-Florent. Tous les fidèles sont là, amis, anciens élèves, exégètes. Le dernier carré. La cérémonie des adieux — au milieu d'une foule d'acheteurs, de curieux venus d'un peu partout (avec des téléphones pour les acquéreurs d'outre-Atlantique). Arrivé la veille pour pouvoir déambuler tranquillement au milieu des restes et consulter à loisir les lots de correspondance, je sors de cette vente avant sa fin, en compagnie de Christine Piot, trop remué pour continuer, incapable de résister à un sentiment de cruauté, d'injustice du sort, mâtiné, tout de même, d'un contentement admiratif : Gracq a la cote, il casse la baraque, sidérantes surenchères. « Me voilà presque peintre », aurait-il pu dire, lui qui s'amusait souvent de voir la peinture se survivre grâce à la spéculation et aux prix pharamineux du marché de l'art. Les larmes me remontent aux yeux rien qu'à revoir cette mise à l'encan, cet équarrissage, ce désossage posthume. Tout se bouscule, mais prenons sur nous, essayons d'y voir clair, de démêler un écheveau d'émotions confuses.

1. Quatre-vingt-dix-sept ans de vie, soigneusement préservés de toute indiscrétion, étalés, détaillés, impudiquement résumés dans un petit espace (une sorte de garage aménagé) qu'un quidam peut embrasser d'un seul regard. Sentiment d'un viol d'intimité, d'une sorte de perquisition domiciliaire perpétuée sur toute une existence à l'insu de l'intéressé, et contre ses vœux. Tous les secrets d'une vie soudain accessibles à qui en a l'envie ou les moyens, notamment à travers la correspondance privée. Les quarante lettres et cartes d'André Breton sont admirables (préemptées par la bibliothèque Jacques Doucet 75 000 euros, la Nationale ayant curieusement fait défaut) et appartiennent à l'histoire litté-

raire de l'époque. Mais le reste? Les lettres de travail, les lettres d'amour, notamment de Sunsiaré de Larcône (la jeune et belle femme blonde qui s'est tuée en voiture avec Roger Nimier en 1962) — étonnantes d'invention et de fraîcheur —, les lettres de rattrapage (Paulhan, Gallimard), les confidences par écrit de tel ou tel (Mauriac, Camus, Char et tant d'autres), dont aucun épistolier ne pouvait se douter, à l'époque, qu'elles seraient un jour mises sur la place publique? Dérangeante impression de surprendre par le trou de la serrure des choses et des gestes qui ne nous regardent pas, et n'étaient pas faits pour notre regard.

2. Le summum de la prise à revers. C'est notre destin à tous, à notre petite échelle, mais enfin... Le pied de nez du posthume au vivant atteint ici un sommet d'ironie. Un homme qui, certes, conservait tout, depuis le diplôme de bachelier (1 500 euros) et le livret scolaire (4 000 euros) jusqu'au dernier bouquin reçu en passant par les coupures de l'*Argus*, mais qui a toujours veillé à effacer son intime, à tenir pour nulles et non avenues ses anecdotes, qui se moquait de l'intérieur, du décor, des objets (vieillots et laids) au milieu de quoi il vivait — et dont le déchet se voit déballé, surévalué. L'enchanteur réticent à l'objectif dont les photos font florès. Morale de l'histoire : nul ne gouverne sa vie parce qu'il n'est plus là le lendemain. Et tel est pris qui croyait prendre, repris par les prix.

3. La découverte, disons la confirmation, à la lecture de toutes ces missives, de l'entrelacs d'animosités et de ressentiments qui unit entre eux, si l'on peut dire, tous les membres d'une génération littéraire et artistique. Pas de la part de Gracq, étranger au cancan et au dépréciatif : je ne l'ai jamais entendu dire, au fil des jours

passés ensemble, sur une dizaine d'années, et malgré sa causticité, du mal de quiconque. Mais dans les lettres reçues, que de mépris, que de fiel. Ne parlons pas de Cocteau, le voyou absolu, dont le nom même fait tache. Mais Breton sur Char, Char sur tout le monde, Barrault sur Clavel, Chardonne sur Malraux (« un farceur, et qui écrit mal »)... On ne comprend pas vraiment une époque si l'on ignore le réseau des haines que se portent les uns aux autres ses têtes d'affiche, et qui lui donne à la fois sa trame et ses couleurs.

Reste l'effroi devant la dispersion d'une vie, l'émiettage d'une personnalité qui frappait par son ramassé et sa densité en objets de collection, aux quatre coins du marché mondial de la mémoire. Là-dessus, peut-être faut-il se raisonner. La dissémination ne vaut-elle pas mieux que la concentration des « témoins matériels » dans une maison ou un musée plus ou moins confidentiel ? Ces objets sont des reliques, des intercesseurs, et les reliques d'un athée jouissent d'un privilège proprement religieux : la partie y est équipotente au tout. Un morceau de la sainte Croix vaut la Croix entière, comme un kangourou est pour un Aborigène aussi sacré qu'une troupe de cent marsupiaux ou le totem lui-même. Comme il y a tout le livre, *in essentia*, dans une page de livre, trois lignes manuscrites, une pièce d'échecs qu'il a touchée, une estampe au mur qu'il regardait chaque jour me livrent le tout quintessentiel de l'idole. En sorte qu'en se dispersant il ne se fragmente pas, il ensemence. Auguste Comte avait raison : les morts sont plus vivants que les vivants parce qu'ils se multiplient beaucoup plus facilement. En se faisant objets, le sujet franchit la barre de sa vie biologique et va se nicher dans une multitude d'oratoires privés, les demeures des collectionneurs, où souvenirs et portraits du mort aimé vont raviver son culte et prolonger sa présence spirituelle. Ainsi un grand écrivain peut-il passer matériellement dans le Grand Être de l'Humanité par le truchement de centaines de sanctuaires domestiques ou civiques (comme les musées de villes et les bibliothèques publiques). En somme, nous sommes tous fétichistes, et nous avons bien raison de l'être puisque la physique de l'objet tangible nous permet d'échapper au règne sclérotique des transcendances, idéalités et abstractions. Le fétichisme, c'est l'antiméta-physique et la meilleure façon de garder un ancêtre dans nos pénates, comme un dieu lare domestique et protecteur, intact et familier.

Le problème, aujourd'hui, c'est que le fétichisme n'est plus à la portée de toutes les bourses. J'aurais bien, cela dit, dépensé des mille et des cents pour acquérir le vieux fauteuil club en cuir marron des années 1940 dans lequel il se pelotonnait, à Saint-Florent, au salon, et qu'il lui arrivait, en riant, de me céder pour s'asseoir dans le fauteuil en bois paillé, juste en face. Pas de chance : c'est la cousine qui l'a pris pour chez elle. Je me rabattrai donc sur mon vieux volume de la Pléiade couleur tabac, pour m'adonner au culte funéraire du pauvre : la lecture.

## Chacun sa caste

Concomitance. Commissaire d'une exposition au Louvre sur les relations musique-peinture, Pierre

Boulez déplore le retranchement de chaque profession artistique sur elle-même. « Je regrette beaucoup aujourd'hui, dit-il, que les musiciens ne rencontrent jamais les plasticiens et *vice versa.* » Les Paul Klee violonistes ne semblent plus d'actualité, en effet. Il formule la même remarque à propos des écrivains, peu curieux de ce qui se passe ailleurs, repliés comme ils sont sur leur propre univers, étanche et suffisant. Un tollé soulève au même moment l'ordre journalistique, indigné comme un seul homme par le traitement policier réservé à l'un des siens. Perquisitionné à son domicile, il a été conduit menotté au commissariat, rudoyé comme n'importe quel manant suite à l'exécution d'un mandat de justice, sans égard pour ses titres et qualités (heureusement, le président de la République, fin connaisseur de la hiérarchie propre à la société de communication et du *for de juridiction* qui en découle, a peu après présenté ses excuses au premier ordre dans l'État : un médiocrate n'est pas un roturier qu'on soufflette à merci). Quelle relation entre le regret du musicien et le haut-le-cœur de notre noblesse unanime ? Qu'on me pardonne le tête-à-queue mais je vois là deux symptômes d'une remontée des corps de métier comme ultime et stable principe de rangement social.

En héritier nonchalant, habitué aux partages scolaires et aux « visions du monde » (les *Weltanschauungen* comme on disait en Sorbonne dans les années d'après guerre), j'avais pris un temps de retard sur notre Moyen Âge postmoderne. Je protestais, par exemple, dans mon encroûtement idéologique, paresseusement moderne, contre cette formule en vogue : « les politiques ». Ce pluriel de caste, je l'estimais confusionnel et désobligeant pour « nous autres », hommes de gauche, parce qu'il mettait dans le même sac des « gens que tout oppose ». Le mystifié, en l'espèce, c'était le démystificateur qui s'accrochait comme un hidalgo à sa flamberge rouillée, à des décorations, des distinctions d'un autre âge. Les lignes jaunes se sont déplacées. La corporation survit à la classe : il n'y a pas de conception du monde, il n'y a que des pratiques du monde. C'est notre ultime bouclier, dût l'orgueil des hommes d'idées en souffrir. Les affinités de « la classe politique » sont d'abord avec elle-même ; que le pro y soit de droite ou de gauche amuse la galerie, mais chipotages et tapages, au fond, donnent le change. D'où les connivences prioritaires et instinctivement transversales à l'intérieur de chaque enclos, journalistique, littéraire, musical et, j'imagine, aussi financier, enseignant, automobile, céréalier, etc. Comme si, les clivages les plus tardifs se révélant les plus friables (le clivage gauche/droite n'est pas plus vieux que la Révolution française), la décote de la valeur histoire nous conduisait à surévaluer les identités artisanales. Ce sont les plus anciennes, et à ce titre les plus coriaces, les plus fiables. Le *mutuellisme* comme fin mot des solidarités sociales. Le vis-à-vis tutélaire et rassurant du *nous et eux* ne se cale plus sur ce qu'on pense, ni sur ce qu'on veut, mais sur ce qu'on fait ou bricole. La planche de salut, le dernier fanion identitaire, pour sortir la tête au-dessus de la foule solitaire : mon tour de main. À moi, mes compagnons ! Ma jurande, ma maîtrise ! Après le syndicat, la corporation. Le XXIe siècle nous aura-t-il un petit goût de XVe siècle ?

## Commediante

Le dédain de Valéry pour le théâtre outrepasse les enfants de la balle. Il y voit la quintessence du faux, de l'enflé, du bête, qui grossit le trait pour chercher l'effet. Il lui reproche non un défaut de sincérité, mais d'*insularité*, un excès d'ouverture, et donc un défaut de rigueur. Il définit l'acteur comme « l'homme se voulant applaudi », et par là, intimement dépendant d'un public. Mais qui ne l'est pas, peu ou prou ? « Agir sur autrui, écrit-il, est toujours un principe de comédie. » Indéniablement, l'intellectuel — qui, depuis sa naissance au XVIIIe, se distingue du savant ou de l'artiste par un projet d'influence sur son époque, influence qu'il veut immédiate et massive — est un cabot né ou qui met en scène sa solitude. « Une cellule, oui, mais sur un théâtre », comme le disait un contemporain de Chateaubriand, roi de l'attitude et prince des beaux gestes, l'ancêtre, le génie en plus, de nos Sarah Bernhardt en pantalon, nos Byron de plateau. Un poseur condamné à la vulgarité, car tenu par l'obligation de plaire. Un *comédien de la culture*. Il faut à ce racoleur sa dose hebdomadaire d'applaudissements, de « retours », de reprises, d'échos. En recourant pour mieux se faire entendre à l'*amplification* des problèmes, qui n'apporte nulle clarté, mais augmente à tous les coups l'attention du parterre. Mallarmé et Valéry n'étaient certes pas de cette troupe en tournée ; ils ont grandi barricadés ; mais Voltaire comme Sully Prudhomme composaient à claire-voie, et presque à la commande. Cela dit, on peut répondre à Valéry qu'il n'y a pas que les publicistes en scène. Quiconque en publiant rend public son privé est plus ou moins agi par le jury auquel il destine ses impudeurs. Impossible de surmonter son trac sans s'adresser par-devers soi à quelque *referee* caché. Si l'on écrit toujours pour un autre qui nous tient à l'œil, même et surtout s'il s'en fiche royalement (pour un Mallarmé si l'on est Valéry, un Valéry si l'on est Gide jeune, etc.), le choix de son juge intime tient pour beaucoup à l'idée qu'on se fait de soi-même, dépendante à son tour de l'idée qu'on aimerait qu'autrui ait de nous. Puisqu'on ne peut pas se passer d'un public arbitre, fût-il illustré par, ou réduit à, un seul individu (« le plus facile à capter : les jeunes gens, les femmes et les foules », note dédaigneusement Valéry, qui ne fut pas, sous ses masques divers, sans atteindre ces trois cibles assez impressionnables), encore nous reste-t-il le choix de l'*autrui capital*. En principe. Mince en fait est notre marge de manœuvre. L'inspecteur invisible que nous plaçons sur un piédestal nous est légué par le milieu qui nous a modelés, qui nous a par simple osmose légué ses œillères, ses tics et ses critères, bocal contaminé dont il faut souvent toute une vie pour s'extraire.

Qui regarde ma copie par-dessus mon épaule ? De qui je guette les gribouillis, les AB et les TB en marge, à l'encre rouge ? La question « de qui veut-il être aimé ? » commande à toutes les autres qu'un critique peut se poser à propos d'un personnage en quête de lecteurs et d'avance soumis à ses électeurs. Les nouveaux philosophes s'étaient juré dès le départ d'être aimés des journalistes, et ils y ont pleinement réussi. Ils ont tenu ce qu'on pourrait appeler leur *contrat d'écriture*, le pendant amont du contrat de lecture. Pour ma part, la

137

moins mauvaise façon de savoir ce que j'ambitionnais, pour chaque période d'énervements (bien au-delà des rédactions et dissertes), serait de pointer l'*examinateur prioritaire*, celui dont j'ai souhaité à tel ou tel moment qu'il me donnât un 16 sur 20. Si ce théâtre intérieur est un enfantillage de bon élève, soit dit entre parenthèses, j'ai tardé plus que de raison à devenir adulte. Avouerai-je que Louis Althusser servit de correcteur à mes philosophades jusqu'à mes trente-cinq ans, comme Fidel Castro à mes foucades jusqu'au même âge ou à peu près? Le côté burlesque de l'affaire ne m'échappe pas. Un meurtrier, un dictateur. Pas l'idéal. Mauvaise pioche que je ferais mieux d'enfouir si je veux garder l'estime de quelques amis (d'autant que je n'en conçois nulle honte, plutôt une confuse reconnaissance).

Mais justement, y tiens-je encore, à un quelconque *satisfecit*? Prendre de la bouteille, c'est se délester en route et envoyer paître, un à un, les géants qu'on a perchés sur nos épaules de nain. Pas besoin de se forcer, le temps nous en débarrasse, les grands aînés filant d'eux-mêmes, sur la pointe des pieds, au cimetière. Le surcroît de liberté que confère la vieillesse aux artistes comme aux écrivains, au prix d'une certaine perte de stimulus, celui de la concurrence — allégement dont bénéficient également les hommes d'État en fin de carrière, non pas rattrapés, mais libérés par leur âge —, leur cynisme inventif et gai, l'aisance des manières soudain plus émancipées qui déconcerte séides et fidèles, tient pour beaucoup à la disparition biologique de leurs examinateurs. On se moque d'avoir ou non une bonne note. La vieillesse n'est pas toujours un naufrage. Elle peut être une escapade, et l'école buissonnière se traduire par une joviale cure d'indépendance (la jeunesse, sauf exception rimbaldienne, a en général des valises trop lourdes pour se risquer au leste parce qu'elle tient à l'*imprimatur* et veut être prise au sérieux par les gardiens du temple). Le fait est que, après la mort de Julien Gracq, je ne m'en sens plus beaucoup. Place au n'importe quoi, n'importe comment ? À vos risques et périls, mon petit bonhomme.


# Reprises

Au beau milieu de *L'Éducation sentimentale*, une scène de mondanités *up to date*, peut-être anodine pour le romancier, mais, pour tous ceux qui « vivent avec leur temps », anxiogène : après un joli coup en Bourse sur « les actions du Nord », trente mille francs de bénéfice, Frédéric se rend à une soirée chez Mme Dambreuse, sa protectrice. Sous le regard narquois de « sept ou huit femmes en toilette d'été », les messieurs formant cercle au milieu du salon parlent politique. Crise menaçante, montée de la misère, contagions de l'extrême gauche, amendements à la Constitution, crimes politiques et « bombes incendiaires », nécessité de gouverner au centre. Le « conciliabule des hommes sérieux » se passe à Paris vers 1847. Aux noms propres près, propos et personnages campés pourraient dater d'hier soir. Pas un bouton de guêtre ne manque à la distribution : le gauchiste rallié (« un industriel, ancien *carbonaro* »), la vieille petite dame réac, le néolibéral implacable (« Que le peuple soit plus moral, et il sera moins pauvre ! »), le centriste gêné aux entournures et soucieux des « basses classes », jusqu'au jeune homme en colère contre « la pourriture » régnante, qui s'en prend soudainement aux financiers et se met à défendre les Arabes — Frédéric Moreau en l'occurrence, le héros malheureux. Anxiété cocasse du *quid novi* ? Chaque période de l'histoire ne brode-t-elle pas sur un inusable canevas, avec des personnages déjà écrits et un texte bien rodé, se bornant à changer le *casting* sur l'affiche ? À la place de l'ancien *carbonaro*, l'ancien soixante-huitard, à la place des libéraux, les Orléans, de Louis-Philippe, Sarkozy, etc. Comme on venait, à la foire du Trône, passer sa tête par un trou dans un décor peint en carton-pâte pour personnaliser une silhouette de la *Commedia dell'arte*. Et devant le *story-board* 1840, le lecteur, un siècle et demi après, se murmure : à quoi bon en rajouter, le scénario est parfait, a-t-on vraiment besoin de lui, de moi, de nous, pour la *reprise* ?

Mais justement, on ne se le dit pas. Là est le plus déconcertant : loin de toute impression d'éculé, loin de concevoir quelque embarras du pastiche ou de la redite, le citoyen conscient de ses devoirs monte sur scène dans l'enthousiasme, son tour venu, avec l'ébriété faraude de qui se lance dans un *happening* à risques, un jamais-vu aventurier. Avec, pour l'heure, le bon côté de la disparition à l'école des humanités. « Du passé faisons table rase », branchons-nous sur le dernier blog, et devenons tous des plagiaires innocents. Les Frédéric Moreau seront d'autant meilleurs dans leur rôle qu'ils n'auront pas lu une ligne de Flaubert.

# Rien sans rien

Le plus instructif, dans l'exposition Mantegna (Louvre, fin 2008), malgré l'incroyable absence du *Christ mort*, son œuvre la plus emblématique, restée à Milan, c'est le *travelling* chronologique ménagé par les conservateurs, du sévère XVᵉ siècle à un XVIᵉ aguichant. Le cortège de tableaux et prédelles débouche en fin de parcours, *via* des chorégraphies mythologiques d'opéra, sur son successeur Corrège, et la « manière moderne ». Le chagrin s'en va au fur et à mesure. La mort aussi. Le sentiment éclipse le tragique, de salle en salle, et Éros, Thanatos. En l'espace de trente ou cinquante ans, sur ce mouchoir de poche de l'Italie du Nord, disons entre 1450 et 1500, on voit s'éloigner la vallée de larmes, disparaître les piquants dans le jardin, et apparaître des majorettes à la cuisse légère gambadant à travers des vallons d'asphodèles. Mantegna est grand par ce qu'il n'a pas de renaissant, par tout ce qu'il garde de la crudité médiévale : visages ravinés, bouches édentées, corps tordus, écrasés, terrassés par des épreuves qui les dépassent — comme dans la scène du Calvaire sur le triptyque de San Zeno, de Vérone. C'est l'ultime soubresaut d'un tout autre christianisme que celui, épuré et bienheureux, quasi féerique, qui s'épanouira bientôt dans les ateliers vénitiens et romains. Suite ou dégringolade vers le haut qui a culminé de nos jours dans la religion nord-américaine du bonheur et de la réussite, délestée de la Passion, de la pénitence et du péché originel, avec des églises et des temples dépourvus de chemin de Croix. Qu'est-ce qui s'évapore à vue d'œil,

141

entre Mantegna et le Corrège ? Les rides, la pesanteur, la peur, la souffrance, la miséricorde — et les petits lapins dans les coins du jardin des Oliviers. Un autre rapport s'est noué entre le ciel et la terre, les larmes et la jouissance, la mort et la vie. L'incarnation n'est plus un destin à endurer, mais une chance à saisir. Les angelots, les *putti*, bannissent les rongeurs à grandes oreilles, les garennes et les infirmes. La chair s'allège, le rictus tourne au sourire, les saintes femmes flapies renaissent en vierges lisses auxquelles personne ne songe à faire de misère. Ni vieillesse ni cancer en vue.

C'est comme si la Renaissance, appelée humaniste par euphémisme (mais peut-être l'humanisme est-il en son fond l'art d'euphémiser l'existence), nous avait rendu les grâces du féminin, au prix d'un certain oubli de la peine des hommes et de l'amer des choses. Pas d'acquis sans perte. L'avènement de la vénusté, du charme, du velouté raphaélesque, avec ses beautés célestes, symétriques et bien proportionnées, s'est payé d'une considérable perte de force expressive. Et viendra après le maniérisme, pour couronner ce délestage, avec ses ballets de cour aériens, ses étirements des corps en flamme, toute attache rompue avec la gravitation terrestre. En attendant l'envol définitif, *La Madone Sixtine* et *La Belle Jardinière* de Raffaello nous semblent à présent réservées aux boîtes de chocolats et aux missels des premiers communiants. Par un bizarre anachronisme, nous nous sentons, tout déchristianisés que nous soyons, intimement plus proches de la manière médiévale que de « la manière moderne ». Infiniment plus contemporains du corps selon Mantegna, flétri, précaire, que du corps selon Raphaël, immarcescible et

142

platonicien. On ne peut mentalement rien mettre d'aujourd'hui en fond ou à côté des beautés sans âge de Raphaël et consorts (l'exception *Fornarina*, prostituée plus charnue, confirmant la règle angélique). Elles n'ont d'ailleurs pas d'autre arrière-plan qu'un passe-partout champêtre et irréel. Derrière les trois crucifiés de Mantegna, à la place du mont Sion, on pourrait glisser subrepticement une vue d'Hiroshima, de la Kolyma ou du Rwanda, sans avoir à retoucher quoi que ce soit des premiers plans : le désespoir des visages et la torsion des bustes garderaient pour nous leur familiarité et leur présence.

## Révolution dans l'exposition

Fondation Cartier. *Terre natale, ailleurs commence ici*. C'est le titre d'un saisissant montage de documents visuels réalisé, sur deux étages, par Raymond Depardon et Paul Virilio (sous l'égide d'Hervé Chandès). Là-devant, là-dedans (puisque le visiteur n'est plus devant mais *dans* les images, l'exposition se retournant en immersion), le médiologue un peu rassis hésite entre le coup de bourdon (une forme ancienne et familière va disparaître) et l'exultation futuriste (une fenêtre s'ouvre sur un autre monde). C'est l'émoi et l'embarras, classiques, propres à tout changement d'âge. On a beau savoir et se répéter que l'idée du progrès en art est une sottise réactionnaire, que Michel-Ange n'est pas supérieur à Giotto ni Picasso à Manet, que chaque constellation esthétique est incommensurable aux autres, on ne peut s'empêcher de penser qu'au moins dans les procédés d'accrochage il y aura un avant et un après cette inhibante exhibition. Il va devenir difficile pour un conservateur de suspendre des photos sur un mur blanc, avec un petit cartel imprimé par-dessous. Le bipède curieux pourra-t-il longtemps continuer son parcours à la fois docile et laborieux entre des murs rectilignes, où s'alignent sagement des images discrètes et fixes, plus petites que lui, saisissables d'un seul coup d'œil ? Ici, le visiteur immobile est saisi par des images en marche, plus grandes et plus complexes que lui. Mais, au-delà de la nouveauté scénographique, liée, côté Depardon, à l'articulation de deux écrans géants, à la qualité des projections et du son numériques, au temps long des plans et des séquences, et, côté Virilio, à l'orchestration vertigineuse de quarante-huit écrans, point une émotion plus subtile. On se demande si l'on n'est pas là le témoin d'un avènement étrange et capital : la beauté numérique. Si l'on ne vit pas le moment où un système technique émergent, le digital en l'occurrence, accouche, engendre la forme d'art et de sensibilité qui lui correspond, que nul autre ne pouvait produire avant lui et qui pourrait modifier à l'avenir, c'est le cas de le dire, notre vision du monde. Le *Quattrocento*, avec la perspective, dut connaître une semblable mutation de l'œil, mais plus diluée dans le temps. Cette éclosion qui prend de court, du moins ceux qui n'ont pas suivi de près la période d'incubation, sans nous faire changer de lunettes dans la vie courante, enrichit notre appareil optique d'une lentille supplémentaire, à laquelle il va falloir s'habituer. Les installations de Bill Viola et Catherine Ikam m'y avaient préparé, ainsi que l'avant-dernière Biennale de Venise, où la seule innovation notable venait d'un mur d'écrans contrapuntiques et d'une véritable sonate visuelle due à la nouvelle technique du *split-screen*. Les arts numériques me laissaient néanmoins assez sceptique, n'y voyant qu'une source plus ou moins divertissante d'animations gratuites et formalistes, type *video game*. Dans l'image-qui-vaut-mieux-qu'un-long-discours, je flairais vaguement une mise en berne de l'intelligence, une anesthésie du réel, une énième technique d'escamotage. Erreur. Réconciliant le voir et le lire, le virtuel peut transmuer le visuel et accroître notre aptitude à déchiffrer le réel immédiat (ici, par exemple, avec une visualisation époustouflante de données statistiques en elles-mêmes ingrates et peu parlantes). Retourner les moyens de la télé contre la télé, c'est la réussite de Virilio dans sa partie. Et par l'artifice numérique, faire réapparaître la nature brute — visages, voix et terres mis à nu —, c'est celle de Depardon dans la sienne.

Je parle ici de l'exposition comme d'une œuvre d'art. Celle-ci en est une, étonnante. *Technè*, en grec, c'est le mot pour dire *art*. Chaque nouveau système de formes est l'esthétisation d'une technique, et il n'y a que les idiots pour opposer le machinique à l'esthétique. Sans le médium à l'huile, trouvaille de Van Eyck, pas de Léonard de Vinci. Sans Gutenberg, pas de Dürer (c'est l'imprimerie qui a permis le passage du bois gravé à la gravure sur cuivre). Sans Chevreuil et la chimie des colorants, pas de Renoir (le tube de couleurs). Faut-il rappeler maintenant le propos des auteurs, qui est de montrer (sans rien démontrer, parce qu'on peut donner à comprendre par un dialogue muet et sans monter en chaire) à la fois l'enracinement des sédentaires dans leur terre natale (Depardon) et le déracinement des migrants et clandestins en quête de survie (Virilio) ?

Cette donnée-là, à nos yeux, va de soi. Les médiologues explorent et analysent depuis trente ans ce paradoxal état du monde, en dégageant les secrètes connexions entre le flux et le stock, les délocalisations et les appartenances, le *globish* et les langues maternelles, qui font de la modernité une recrudescence d'archaïsmes. On appelle cela l'effet jogging ou le progrès rétrograde. Pour notre discipline, une banalité. Restait à la faire voir et sentir, qui est le plus difficile. C'est maintenant chose faite.

## Pas touche, la musique

« N'importe quel philosophe peut parler peinture », remarque justement François Noudelmann, dans un livre aigu et sensible, *Le Toucher du philosophe*. La corporation ne s'en prive pas, il est vrai, en oubliant Valéry : « Il faut s'excuser avant de parler peinture » — avant de mettre en mots, ajouterai-je, toute activité qui ne passe pas par les mots. Avoir un œil est peut-être plus fréquent que d'avoir une oreille, en sorte qu'il en coûte moins de discuter des couleurs que des sons. Pour Noudelmann, sans la pratique d'un instrument, sans le déchiffrage des partitions, le vulgaire bat la campagne. Il rappelle en passant que Sartre était non seulement mélomane, mais pianiste, comme Nietzsche et Barthes — mais que ne fut-il pas, ce génial attrape-tout, ce diable d'homme à l'incomparable ouverture de compas et qu'on ose à présent comparer, à cause de ses engagements erratiques, à un Raymond Aron rivé à la chose politique (un champ de vision très étroit aiguisant le regard)? Devons-nous alors nous taire sur la musique, nous qui n'avons que nos oreilles pour l'entendre? Je me rebiffe. *Les Cahiers de médiologie* ont produit en leur temps un numéro pointu sur le sujet (avec Bernard Stiegler et Nicolas Donin, de l'Ircam). Et puis, plaiderai-je *pro domo*, Proust a bien fait l'éloge des mauvais musiciens, pour leur contribution à l'histoire sentimentale des sociétés, avec leurs tubes, leurs chansons, « l'hymne national de notre amour », les inexorables et harcelantes mélodies qui servent de fond sonore à n'importe quelle époque. Pourquoi priver les mauvais mélomanes du droit de glisser un mot?

Oui, la musique est un jeu du corps, par quoi la question musicale nous fouette le sang, plus encore que la toile peinte. Ajoutons que les matériaux de la peinture s'ancrent dans le végétal, avec ses pigments et son huile, ceux des instruments musicaux, dans le règne animal. Sans parler des nervures du bois, l'ivoire jauni des touches de piano vient des défenses d'éléphant, et les cordes du violon sont et restent des boyaux de mouton. Toute exécution musicale requiert une éducation des nerfs, une ascèse musculaire, un exceptionnel dressage des corps. Ingratitude, complexité de l'exercice, simplicité, grâce du résultat. Même si l'on décide, avec Rousseau, que la musique vient de la passion et non du besoin, les passions sont du corps, comme la voix vient du ventre ou de la gorge, et la sonate pour piano du coussinet des doigts. On n'interprète pas Van Gogh.

Bach, en revanche, pour arriver jusqu'à notre tympan, a besoin de passer par un Gould, un clavecin ou un orgue, et enfin un entrepreneur de concerts. La musique, comme le théâtre, est l'art des médiations et la gloire des intermédiaires. Nous avons pour office, dans tous les domaines, d'exalter les entre-deux subalternes et triviaux des transmissions de sens. Mais ce qui d'elle nous concerne encore plus que la présence de l'interprète, c'est l'accidentel du spirituel. *Ad augusta per angusta*. À la théologie par la physiologie. On s'élève d'autant mieux au sublime qu'on est parti de plus bas. Il est troublant que le vulgaire boyau des cordes d'un sextuor de Brahms puisse nous tordre à nous les boyaux alors que la lutherie électronique et les nouveaux moyens acoustiques, au timbre détaché des cadences du corps et des harmoniques de la nature, nous touchent aussi peu. Trop original, trop construit. Ça vient de trop haut pour couler de source et aller profond dans les fibres. Concert spirituel, musique sacrée, joie divine, majesté, félicité, rêverie : ces expressions toutes faites invoquent confusément l'au-delà, et un croyant qui écoute la *Messe en « si » mineur* communique avec Dieu. Oui, la grâce advient par le tympan, mais grâce au médius, à l'auriculaire et aux éléphants. Le plus naturel permet le plus surnaturel. La musique : un arc-en-ciel, un arc de triomphe arc-boutant le spirituel sur le charnel, en enjambant l'intellectuel (que figurent ici le solfège ou les systèmes de notation). Étrange, impudique court-circuit, qui ose brancher l'*anima* sur l'animal.

Et vous voudriez avec cela, cher Noudelmann, qu'un médiologue reste *motus* et bouche cousue devant cet exercice d'*âme au corps* ?

## Fashion-victims

Il y a une scie un peu lassante chez les auteurs militants de l'entre-deux-guerres, c'est *l'homme*. « La chance d'être un homme. » « L'exploit, la douleur, la force, le droit — mille substantifs au choix — d'être un homme. » Le tic d'écriture me saute aux yeux à la lecture du *Cheval de Troie* de Nizan. Il y cultive plus qu'à son tour la rengaine, également chère à Saint-Exupéry, Malraux, Gide, Jean-Richard Bloch, etc. C'est la bande-son de l'époque, l'après-14-18, il fallait y passer. Se mettre chaque dix pages « à hauteur d'homme », et entretemps chanter « les ouvrages », « la terre des hommes », et conclure un paragraphe par « c'est ainsi que vit un homme ». Boucherie oblige. Cette antienne par trop généreuse fait penser à un manteau trop ample qu'un romancier hâtif et désirant bien faire refile à ses personnages au décrochez-moi-ça, sans avoir bien pris leur mesure. On l'aimerait un peu plus ajusté, ce manteau humaniste, ou alors de plus petite taille et plus précisément, plus sobrement habité.

Tous les anciens étudiants en lettres de ma génération révèrent Paul Nizan, sans d'ailleurs le lire, en lui portant ce qu'on pourrait appeler un amour par ricochet. Parce que les souvenirs de Sartre, parce que « j'avais vingt ans, je ne laisserai personne dire que c'est le plus bel âge de la vie », parce que nous sommes abreuvés de sagas familiales et normaliennes sur l'époque. On peut se demander si Nizan n'appartient pas à cette catégorie d'individus dont il vaut mieux lire les biographies que les œuvres (ses biographes sont excellents), et auxquels les thèses à eux consacrées assurent une sorte de vivotage posthume, entre l'anecdote politique et l'histoire des idées, à défaut de survie proprement littéraire. On ne peut que saluer l'intégrité morale du « petit camarade », ses méchancetés critiques (sur Drieu, sur Céline, sur les académiciens de l'époque), sa lucidité et son courage, sur la fin de sa vie, tout en regrettant que le journalisme ait amputé à ce point ses possibles. Nizan me semble avoir senti un peu trop, et même trop bien ses circonstances — en l'occurrence, le 6 février 1934 « qui établit, note Pascal Ory, un plan de clivage dans les lettres comme dans la politique » — pour faire voguer la galère en prenant le large, sans les flotteurs de l'événement et à Dieu vat. Le côté bataille ouvrière, héros positif et « le jour se lève » du *Cheval de Troie* rabat la tension romanesque sur une idée démonstrative du monde on ne peut plus respectable, mais qui a du mal à cacher son âge. Et dans l'écriture, un curieux mélange de négligé et d'appliqué donne le sentiment qu'on y serait presque, et qu'il s'en faudrait de peu pour ne pas voir cette tentative de fiction échouer au port. Comme un appareillage vers l'émotion manqué *in extremis*.

Réflexion désagréable. Elle guette au tournant nombre de presque auteurs qui ont fait un peu plus que de tremper un orteil dans le bain de l'époque, malchanceux naufragés à la liste longue, où je m'inscris par avance, sans vergogne, mais sans trop d'illusion.

# Le passage du sceptre

« La détestable profession d'homme de lettres. »
Valéry la moquait gentiment. Ce *détestable* fait envie.
*Dérisoire* serait plus juste. C'est ma profession, pourtant. Homme de lettres, faute de mieux. Le mieux, en
l'occurrence, eût été homme d'action, et non homme
de science, n'ayant pas une folle estime pour le sérail
des prétendues sciences sociales, jargonnants domaines
d'incertitude où le laborantin se veut d'autant plus
péremptoire et terrorisant — le poumon, le poumon
vous dis-je — qu'on y est sûr de rien et qu'en sociologie,
comme en économie, tout peut se soutenir, blanc
ou noir, avec autant de « scientificité ». Mais dans notre
petit métier de dentellière en chambre, comment se
prendre encore au sérieux ? La main à plume ne compte
plus guère dans le tintouin ambiant. Malgré les soins
palliatifs des signatures, les *best-sellers* du mois, les
pompes moralisantes du Nobel et la tente à oxygène de
nos prix d'automne, les littérateurs sont repartis en
coulisses, dans les bas-côtés de la culture. À d'autres,
les premiers rôles. Il m'aura été donné d'assister sur le
laps d'une vie au sacre des gens d'image, qui ont déconsacré les gens de lettres, renvoyés à leurs joujoux et
manies, sans tambour ni trompette. Transfert des investitures magiques technologiquement commandé, bien
sûr, par l'électricité et l'électronique. Avant de savoir
parler, et en tout cas écrire, les enfants baignent dans
un flot d'images, et, entre dessins animés et journaux
télévisuels, jeux vidéo et pubs, clips ou spots, les nerfs

de l'adulte sont préemptés, et la violence des émotions, préaffectée. Les quatre-dix ans regardent la télé pendant deux heures et treize minutes par jour en moyenne, deux heures onze pour les onze-quatorze ans. Et combien de minutes en tête à tête avec un livre ? Nous ne sommes plus sociologiquement concurrentiels ni physiologiquement opératoires. On nous a débranchés en douce. Sauf à faire le mariole, acteur, chanteur ou animateur.

Cartier-Bresson, Depardon, Agnès Varda, Bill Klein : les « petits photographes » de mes vingt ans, dont on serrait la main gentiment quand on les croisait dans la rue, mais sans penser à s'arrêter, sont les grands sachems de ma soixantaine, dont les meilleures feuilles se disputent les points de vue. Je lis dans *Écrire l'image* de Benoît Peeters, qui, lui, sait enjamber les castes en prenant, pour son œuvre, le meilleur de chacune, qu'à la parution du *Lotus bleu*, en 1936, Hergé n'eut droit qu'à un entrefilet de presse le qualifiant d'« aimable amuseur ». Aujourd'hui, il s'écrit chaque année plus de thèses sur l'auteur de *Tintin* que sur Mallarmé. Le roman-photo a échoué et reste mauvais genre. Il s'est mué en « roman graphique ». Et qui d'entre nous n'a rêvé, dans un salon du livre, de s'installer dans la section BD ? Ces anciens *comics* que le Louvre à présent expose en grande pompe...

Le renversement dynastique affecte jusqu'à l'art de la guerre. Après le Viêtnam, la première guerre visuelle, tout envahisseur veille d'abord à contrôler le vu, sans se soucier de ce qui sera lu ici et là. Assurer la plus faible visibilité publique des lieux de massacre est l'obligation numéro 1 des états-majors. Pas vu, pas pris. Quand, au temps de la Pologne, de la Grèce ou de l'Irlande, Victor Hugo se lançait dans un « On assassine un peuple », les gouvernants tremblaient (et saisissaient les journaux). Un *vates* du même calibre les ferait à présent sourire. Mais l'image en direct d'un gamin palestinien tué, le 30 septembre 2000 (comme cela arrive en temps ordinaire, et bien plus par temps d'Intifada), suscite une levée de boucliers (« Qui a tué Mohammed al-Dura ? »). Les images nous parlent mille fois mieux que les bouches.

À cet état des lieux du pouvoir symbolique, on ne peut opposer qu'un acte de foi fondé sur l'expérience : je ne sache pas qu'un homme ou une femme ait jamais changé de vie après avoir vu un tableau, une photo ou un film. Seule la lecture d'un livre peut bouleverser une existence, avec la même force que la mort d'un enfant, le claquement d'une mitrailleuse à deux pas dans la nuit ou une chute de cheval en forêt. Le graphomane se remonte le moral comme il peut... Fossile, soit, mais radioactif.

## Belmondo, le retour

En couverture de *Paris-Match* (janvier 2009). La semaine précédente mettait à l'affiche le chagrin de John Travolta. Ces semaines-là ont aussi vu, ou plutôt n'ont pas vu, l'opération de police israélienne menée à Gaza avec des moyens dévastateurs, mais le pathétique, l'émotionnel en vitrine procédaient chez nous du *show-biz*. Le noir fait l'impasse. Chacun se mêle de ce qu'il regarde. Et les médias décident pour nous de ce qu'il convient de voir, et de là où il faut ou non s'émouvoir. Penserais-je moi-même à ce qui se passe là-bas, si je n'avais vu et parcouru la plus grande prison du monde, si je ne pouvais y loger des visages familiers, comme ces prêtres admirables, ces directeurs d'écoles chrétiennes? Au Proche-Orient, la décimation romaine se fait hécatombe (pour un tué, cent de l'autre côté). Le décès d'un maître pâtissier, le verglas sur les routes, une condamnation aux assises, mises en une de nos infos vernaculaires, ont escamoté de leur mieux, pour le regardeur français (et, j'imagine, européen et américain) cette innovation notable sobrement intitulée « Une démonstration de force ». Il devenait prudent de séparer l'important du reste. Hiérarchiser les nouvelles : Belmondo et son chien *first*. Nous voilà soulagés.

La sous-estimation du goulag en Occident a tenu pour beaucoup à l'absence de documents visuels. Et la présence contemporaine des camps nazis, aux films, aux photos prises par les Alliés à la Libération, dont nous n'avons pas l'équivalent pour le système concentrationnaire russe. Se souviendrait-on de Guernica sans le Picasso du même nom? Durant ces trois semaines, subrepticement, la planète s'est divisée en deux : une moitié regardait Al Jazeera et l'autre, notre « circulez, y a rien à voir ». La perception physique des uns et des autres a commandé l'indignation morale. Un va-et-vient entre la chaîne du Qatar — la seule chaîne à avoir des reporters permanents sur place — et les nôtres, pour lesquelles cette dépense de fonctionnement ne valait pas la peine, incite à réfléchir sur les frontières amovibles du visible et de l'invisible. *To see or not to see?*

154

Oublions complots, manigances ou malveillances. La précaution stratégique du militaire serait vaine sans notre aptitude innée à ne pas voir, à ne pas vouloir d'images (ou quand il y en a par exception, à les désamorcer, interpréter, recadrer aussitôt). Ce facteur est mille fois plus décisif qu'une main de soldat posée sur l'objectif (interdiction d'entrée aux caméras, contrôle des régies, observateurs *embedded* dans les chars, etc.). Ne laisse pas de m'étonner (et je ne m'excepte pas du lot) combien les horreurs en cours, dont nous sommes désormais les voisins immédiats, puisque, les distances abolies, tout en principe peut être mis sous notre nez, nous empêchent aussi peu de dormir. Aujourd'hui comme hier. En Israël comme en France. Insondable mystère de nos années noires (mystère après coup, car pendant, tout était simple et naturel). La rafle du Vel'd'hiv', les exécutions d'otages, les déportations n'ont guère troublé le train-train mental de 9 sur 10 de nos compatriotes (pourvu qu'ils ne fussent ni résistants, ni juifs, ni tziganes) — journaux, emplettes, marché noir, habits des enfants, music-hall, théâtres, anniversaire de grand-maman, etc. Le ronron domestique. Les filtres automatiques. Le mur antibruit. Les ressorts de notre profonde indifférence, qui nous font normaliser l'anormal comme si de rien n'était, et continuer de vivre avec tout à côté une injustice flagrante sans cesser de nous prendre pour des justes, auraient dû, pouvait-on penser en termes techniques, se détendre quelque peu avec la vidéosphère. Ne nous donne-t-elle pas les cent yeux du géant Argus, tout voir à la ronde en temps réel ? Et, par ce biais, la capacité de sursauter et de crier au fur et à mesure ? Ce serait là compter sans la force quasi biologique de nos résistances à la brutalité du fait brut, notre exceptionnelle endurance dans la fuite. Nos capacités d'aménager à demeure une bulle auto-protectrice en verre blindé ont simplement renouvelé, secouru, modernisé une force d'âme invétérée, celle qui nous permet depuis toujours d'endurer, et si besoin est, d'endosser, avec de bons arguments, l'irregardable et l'indéfendable, en particulier quand il vient de notre bord, « le monde libre », comme on l'appelle. L'être humain, ce déserteur doué, a un obturateur incorporé. Pianotant sur des boutons, il se débrouille comme un chef pour faire bouclier de tout clavier. « Pardonnez-leur parce qu'ils ne savent pas ce qu'ils font. » Jésus sur la Croix devrait à présent rectifier : « ... parce qu'ils ne veulent pas savoir ce qu'ils font et qu'ils ne peuvent même pas le vouloir. » Les moralistes réfléchissent abondamment sur le pardon. Tant mieux. Me paraît plus utile de réfléchir, en amont, aux réflexes qui permettent de se pardonner en fermant les yeux instinctivement : les médiologues ne seront pas de trop pour comprendre et saluer cette prouesse dans l'auto-protection.

## Ave Caesar

On ne peut qu'avoir de la sympathie pour Barack Hussein Obama. Un jeune Hadrien arrive au Capitole, beau, intelligent et de couleur. Un Martin Luther King revu et corrigé par Harvard, recentré par l'élection, qui sait lire, écrire, s'exprimer, écouter, bouger, danser.

Soulagement général : l'*imperator* ne sera plus l'idiot du village global. Rien ne changera sur le fond, pour les « alliés », mais notre chef de file aura de la classe. Il était temps, réjouissons-nous. Ce qui alarme, en revanche, c'est de voir dans nos provinces un bien légitime frisson de sympathie tourner à la mystique fusionnelle, et nos médias de référence se hausser du bébête à l'idolâtre. La retransmission des cérémonies d'investiture à Washington par TF1, avec deux de nos ministres en *groupies* pour le commentaire des images en direct (Mmes Lagarde et Yade), donne un coup de vieux aux pères des peuples ou génies des Carpates. Nous n'avions là qu'un préambule un peu rustaud, typographique et doctrinaire. L'envoûtement des regards ébahis, l'adulante indigence des propos tenus en studio confirment l'état des mentalités vernaculaires, à l'âge postindustriel.

1. Le maintien somme toute rassurant d'un potentiel de religiosité intact depuis le néolithique, avec une volonté de croire, une disponibilité au charismatique, au héros, à l'homme providentiel, restées intactes, au regard de quoi les grenouilles de La Fontaine qui demandent un roi prennent un fier aspect citoyen.

2. Le snobisme illimité des muses du département et des territoriaux, en bref, des petites gens du chef-lieu, dont l'archétype demeure le ministre (de *minus*, le petit) : « J'en suis, je lui ai serré la main, on a des amis communs, vous savez, n'allez pas croire, on pense comme lui », etc.

3. Autre confirmation : l'effondrement symbolique du *nous* français. Attesté entre autres par la surenchère biblico-patriotique des représentants d'un pays ancien-

nement laïque face à un rituel religieux, avec deux *Invocatio Dei* par deux pasteurs différents, un serment sur la Bible et une litanie de *God bless you.*

4. La fierté de pouvoir nonobstant faufiler son petit nationalisme dans les interstices du grand (« les vins au déjeuner seront des cépages français, quoique californiens, et l'adjoint au troisième conseiller de la Maison-Blanche a fait un an d'études en France »).

5. Notre empressement à servir de relais dans la course de fond à l'uniformité. Ce futurisme inspire jusqu'à la socialiste Ségolène, venue apprendre sur place comment transposer tout cela parce qu'elle avait, apprend-on en direct, « envie de sentir autrement que devant un écran de télévision ce basculement vers le futur ». Notre championne ajoute que « cette audace américaine doit irradier l'ensemble du monde ». Dont acte.

Devant l'écran où défile sous nos yeux enamourés deux heures durant tout l'*establishment* états-unien, frigorifié mais radieux, une réflexion vient à l'esprit du téléspectateur parisien : « Au fond, à quoi cela nous aura servi d'être européen ? À prendre du retard, rien de plus. » Il devient clair que cette longue et fastidieuse parenthèse (cinq ou six siècles) sera bientôt refermée, avec enthousiasme, par les Européens eux-mêmes.

Mon *Édit de Caracalla*[1] partait du principe qu'il faudrait une loi pour que les allogènes accèdent à une citoyenneté pleine et entière. La foi, l'image et le *gla-*

---

1. Xavier de C., Régis DEBRAY, *L'Édit de Caracalla, ou Plaidoyer pour les États-Unis d'Occident*, Fayard, 2002.

*mour* rendront pareil édit inutile. Avec ou sans passeport, comme nous le signifia naguère notre journal de référence, « nous sommes tous américains ».

## La Résistance : comme un roman[1]

« Un grand roman que cet *Alias Caracalla*. Le meilleur, sans doute, de ces dernières années.

— Comment osez-vous ? C'est un document pour l'histoire, un témoignage de première main. La Résistance non pas glorifiée ni démystifiée, mais restituée au jour le jour, dans sa brume et dans son jus. Le contraire même d'une œuvre d'imagination.

— N'empêche. Ce *verbatim*, ces éphémérides qui mêlent le récit intérieur à la chronique des années noires, cela fait, je le maintiens, bien plus qu'un haletant tourne-pages policier : ce qu'on appelle un roman de formation. Et je sais gré à son auteur d'avoir suivi le conseil de son officier instructeur anglais avant son parachutage en France : "Votre seul devoir est de durer." "Ah ! que nous sommes raisonnables", semblait regretter de Gaulle, à Londres, en 1941, en rappelant le mot de Chamfort : "Les raisonnables ont duré, les passionnés ont vécu." Cordier, qui écoutait de Gaulle, ce jour-là, à Londres et qui a beaucoup vécu, nous a fait le cadeau de durer assez pour nous donner à palper, près de soixante-dix ans après, non des mémoires à l'impar-

---

1. Daniel CORDIER, *Alias Caracalla*, Gallimard, collection « Témoins », 2009.

159

fait, mais le présent d'une passion, avec ses tremblés et ses ratés, sans les pieux enjolivements de l'incantation posthume. »

Cordier, ou l'anti-Malraux (comme on dit anticyclone ou antimémoire). Il ne célèbre pas, il enregistre ; il ne se souvient pas, il attend ; il n'est sûr de rien, il tâtonne, en tutoyant la légende sans comprendre que c'en est une. Il déjoue l'épique, qui est l'époque à rebours, l'histoire réécrite par sa fin et transcendée par son épilogue : disons, ici, le chef de la Résistance intérieure, le second de De Gaulle sur notre territoire qu'attendent de toute éternité un tortionnaire nommé Barbie et une cellule au fort Montluc, à Lyon. Chacun se souvient du « Entre ici, Jean Moulin, avec ton terrible cortège » et du « pauvre roi supplicié des ombres ». Daniel Cordier émeut, mais par une tout autre incandescence. Celle de la chose vue, avant transfiguration. Travaillant au jour le jour auprès de Rex, comme secrétaire, courrier, radio, confident, adjoint, bientôt *alter ego*, il ne sait pas, au début, qu'il seconde le grand chef. Et n'apprendra son vrai nom, Jean Moulin, qu'après la Libération, par hasard. Les oraisons funèbres nous présentent des personnages d'épopée inspirés par des hommes ayant existé. Le compagnon-greffier nous rend contemporains de quelques hommes hagards se débattant pour exister. Le « Carnot de la Résistance », « le visage de la France », c'est ici un bonhomme en pyjama surpris au saut du lit, qui se débarbouille au fond d'une piaule pendant que le jeune « Alain », vingt-deux ans, lui réchauffe une bibine appelée café pour le petit-déj'. Dans son journal, Cordier parle sur le même ton d'un triomphal achat de vélo et d'un opérateur radio capturé par la Gestapo, d'une recherche d'appartement et du programme du CNR. On pourrait s'en étonner en pensant qu'il traite sérieusement de choses légères et légèrement de choses sérieuses, si l'on oubliait que rien n'est plus sérieux, dans la vie clandestine, que les choses légères. En remettant au présent ce que le grand genre à la Malraux fait fonctionner au futur antérieur ; en replongeant la geste squelettique dans l'*in vivo* et l'*in situ*, avec le climat, les objets, les mots de l'époque (l'amour de la France, la TSF, le phonographe, le Boche, Bing Crosby, Stéphane Grappelli, la chicorée, l'honneur, le ticket d'alimentation, « un seul but : servir », bref, l'exotisme du moment, comme si l'on y était) ; en redonnant chair et sang au « peuple d'ombres que cet homme anima », Cordier n'opère pas qu'un changement d'accent ou de style. Il ne met pas au héros la rallonge de l'homme, il n'abandonne pas la stance pour la boutade, le cuit pour le cru, l'emphatique pour l'exact. Il passe brutalement du sacré au profane. En ôtant à la Résistance ses majuscules, il lui rend sa contingence, et sa vérité. Quitte à nous rappeler que les chefs d'une armée en haillons tenaient séance dans les meilleurs bistrots du marché noir.

Le passage de la France libre de 1940 à la France combattante de 1943, d'une légion étrangère avec une poignée d'hurluberlus à un embryon d'État, ce n'est plus dès lors l'avancée inexorable de la lumière dans l'Europe des ténèbres, c'est un cheminement hasardeux, fait de hardiesses, de petits coups de force, de menus bricolages. Soit une suite de rétablissements *in extremis* pratiqués par un funambule à contrevent sur une corde raide brinquebalante et qui peut craquer à tout moment. Comment tout cela va-t-il finir ? Nul ne le sait d'avance, et cependant on avance. En novembre 1942, avec le débarquement des Alliés en Afrique du Nord, les meilleurs des gaullistes voient de Gaulle fichu : les Américains confient la direction des opérations aux vichystes du cru, les Anglais lâchent le « dictateur », la Gestapo nettoie le terrain, et le Français moyen pense patates et protéines d'abord. Rex, lui, continue d'y croire, en frôlant à chaque pas la catastrophe. C'est à ce clair-obscur — qu'ignore le saint de vitrail baignant dans la lumière du dénouement — que tient la veine romanesque.

Un roman, ce ne sont pas seulement « mille détails faisant lumière et saillie ». C'est un récit incertain fait de deux illogismes en forme de sacrilèges, qui obligent à réaccommoder le regard. Le premier rend la partie plus grande que le tout, et Fabrice encore plus intéressant que Waterloo. Le gros plan remplace le panoramique. L'individu prime et sert de prisme au collectif. Le second paradoxe fait de l'accident l'essentiel. Ce qui revient au fond à contester le pouvoir de Dieu sur la nature, et du sens, y compris de l'histoire, sur l'histoire elle-même. Et voilà le film à gros grains où l'après ne téléguide pas l'avant, où les héros vont et viennent au petit malheur la chance, où la fable se passe de morale, ce que les grands prêtres ont toujours du mal à admettre. Avec Jean Moulin entrant au Panthéon, entre deux rangées de gardes républicains, le mythe chassait l'histoire. Avec Rex en casquette, dévalant les escaliers de Perrache, perdu dans la foule, l'histoire chasse le mythe sans l'amoindrir, et la scène de théâtre redevient tranche de vie et séquence de film. Le Malraux de la fin, oratoire et magnifique, a bien mérité de la « théâtro-cratie française », comme l'appelait Thibaudet. Quittant la scène pour les coulisses, le témoin Cordier procure une autre sorte de saisissement, bien moins romantique (on parlait beaucoup d'argent, entre autres, chez nos « clochards épiques »), mais mille fois plus romanesque. Stendhal eût aimé. Une planche d'instantanés nous parle plus qu'un beau portrait dans un cadre doré.

Dans le cahier des charges de tout roman figure au premier chef le dépaysement. Celui-là nous débarque au beau milieu d'un étrange pays dans mon pays lui-même. Il décrit un milieu sens dessus dessous où les caractères comptaient plus que les opinions et où le clivage gauche/droite ne préjugeait de rien. La sélection des résistants ne s'est pas opérée sur ces critères-là. C'est un camelot du roi, venu de l'Action française, un écervelé antisémite qui rêve de voir fusiller Léon Blum et Pierre Cot — Daniel Cordier à vingt ans —, qui vomit Pétain dès son premier discours, file à Londres au mois de juin 1940, et rompt bizarrement avec Maurras en lisant *Les Décombres* du collabo Lucien Rebatet. Le même se retrouve deux ans plus tard secrétaire et garde du corps de l'ancien directeur de cabinet de Pierre Cot, républicain de gauche et fidèle au Front populaire. La vraie nature des hommes, la nature de leurs opinions ne nous dit rien sur elle. Qu'est-ce qui vaut profession de foi ? L'acte. Et qu'est-ce qui commande les actes ? L'âme, non l'intelligence ; le tempérament, non la doctrine. De la même matrice maurrassienne sont sorties, en 1940, la filière « morts aux cocos » et la filière « mort aux Boches ». Le fils de famille Cordier a sauté, sans coup férir, gaiement, de la première à la seconde, et vogue la galère. Un autre homme renaît dans les centres d'entraînement britanniques, en revêtant l'uniforme, qui abolit les distinctions sociales. C'est toujours l'unité d'action qui commande l'unité de vues, pas l'inverse. Disons que, déchiré entre Maurras et Gide, le jeune Cordier n'aura finalement été fidèle à aucun des deux, ni à *la France seule* ni au *moi d'abord*. L'action en aura décidé autrement, tant mieux pour nous. Oui, c'était un temps déraisonnable, où les « terroristes » discutaient entre eux peinture et littérature, où les chefs de réseau se disputaient sur Rimbaud ou Verlaine, Gide ou Martin du Gard, où Jean Moulin, entre deux déménagements précipités, récitait du Valéry, qu'il connaissait par cœur. Pour mesurer l'abîme qui nous sépare de ces lettrés poseurs de bombe, et comment il suffit d'un demi-siècle pour qu'une classe politique, la ville de Neuilly et un pays tout entier changent de planète, notons simplement que, réfléchissant aux institutions futures de la France, le 16 décembre 1942, Jean Moulin pensa à Paul Valéry pour occuper le fauteuil présidentiel à la Libération (quoique ce dernier ait refusé de rallier publiquement la cause gaulliste pour ne pas faire de peine à Pétain, qui l'avait reçu sous la Coupole). « Peut-on espérer mieux pour le rayonnement de la France ? » lâche-t-il devant Cordier. « Valéry, c'est qui ce mec ? » demandera peut-être notre actuel chef de l'État, en charge du « boulot » et en quête de *managers*. Quel artiste en destinée eût pu prévoir pour la France pareil... reclassement ? Déclassement ? À nous de choisir le bon mot.

Pour ce *moment fraternité* par excellence — qu'on me pardonne la remarque égoïste —, cette chronique vaut radioscopie. Elle éclaire un mystère bien embêtant, et tout à fait immoral, d'un point de vue démocratique. Lequel ? Le lien étrange et tenace qui unit les plus belles heures d'une vie aux pires détresses et désastres collectifs. Comment ? Par l'alliance d'un combat et d'une solitude. Comme si le malheur portait bonheur à la fraternité. Et l'exil, au patriotisme. Sur quarante millions de Français, trois cent mille résistants homologués, dont cent mille arrêtés. Et, à l'intérieur de ce cercle élitiste, si l'on peut dire, un petit cercle encore, celui des « Français libres » : une minorité dans la minorité. Sur les dix-neuf mille militaires français réfugiés en Angleterre en juin 1940, neuf cents seulement sont restés à Londres (et trente-sept sur les sept cent trente-sept chasseurs des bataillons d'élite envoyés en Norvège). Premier carré de grognards imberbes, ultime espoir, bientôt décimé.

Je n'avais pas mesuré avant de lire ce journal intime tout ce qui pouvait séparer ces deux mentalités, ces deux univers vivant, survivant côte à côte, la diaspora des *Free French* venus de Londres d'un côté, et de l'autre, le puzzle des réseaux résistants poussés sur le terrain, formés de gens à double vie, mais qui continuaient de vivre sur place, chez eux, avec femme et enfants. Non plus, à vrai dire, que l'intensité de ces guéguerres dans la guerre entretenues par « la meute des chefs » au sein de la Résistance française. « Tous ses rendez-vous sont des affrontements. » Moulin doit se battre pied à pied contre, avec les siens : haines personnelles, courses aux places, jeux de coude, et croche-pieds, notamment pour l'argent (et l'auteur, sans se prononcer sur les raisons du guet-apens de Caluire, laisse à ce propos le lecteur dans de troublantes conjectures). La plus soudée des deux communautés, malgré son éclatement physique (les uns combattant à ciel ouvert, sur les fronts extérieurs, les autres, clandestins en exil dans leur patrie, et sans armes), aurait été, et comment ne pas croire Cordier, celle qui faisait depuis l'été 1940 allégeance à de Gaulle. « Nous sommes davantage ses enfants que ses soldats », note-t-il en passant. Mieux qu'un chef, un père, et qui « à lui seul incarne nos familles ». Les résistants n'avaient pas de paternel, et aucun de leurs chefs respectifs n'accédait au mythe. D'où l'« anarchie du courage » et l'animosité bordélique entre tous ces camarades de combat, orphelins et rivaux. Le gaullisme, lui, fut, à ce moment-là, une famille spirituelle, d'autant plus solidaire que le père était calomnié de toutes parts, battu en brèche par les Alliés, suspecté du pire, avec la mère patrie occupée. « Mère, voici vos fils qui se sont tant battus... » Un père adoptif, plus une mère humiliée, plus un combat incertain, et, dernier ingrédient indispensable, « le secret d'une solitude calomniée » : c'est l'éternelle équation des fraternités de dévouement. La nôtre, dans notre pays livré tout cru aux intérêts, a désormais le visage anonyme des ultimes Compagnons de la Libération.

# La chute

J'ai longtemps négligé les carnets intimes. Pourquoi tant de plaisir à y picorer ? L'air du temps ? Un laisser-aller de gobe-mouches, chineur de riens ? Le découronnement de l'avenir ? La paresse qui porte aux lectures zappeuses et sautillantes ? L'inclination du médiologue pour les accessoires (de préférence aux soi-disant grands magasins de l'essentiel, systèmes philosophiques ou sociologiques) ? Tout cela ensemble sans doute, mais ce serait se mentir que de ne pas évoquer d'abord une certaine baisse de tension. Le petit bout de la lorgnette sied à qui sent sa vue baisser et décroître son entrain. Cela rassure, le créateur vu côté cuisine. Découvrir l'artiste en artichaut console d'être devenu soi-même inapte à fignoler l'acanthe. Le rapetissement égalise.

Malraux a évoqué « l'effet stérilisant du fascisme sur la création artistique ». Drieu La Rochelle ne l'eût pas démenti (est-ce à lui qu'il pensait ?). Preuve son *Journal (1939-1945)*. « C'est une grande faiblesse que de tenir son journal, y note-t-il en 1941, au lieu d'écrire des œuvres. » C'en est peut-être une autre que d'en lire goulûment — sois tranquille, André Gide, je ne te lâcherai pas. Drieu s'enchantait de voir alentour et en lui-même épuisements et capitulations. Y compris dans sa décision de prendre la direction de la *NRF* en 1940, par mauvais temps. « Être directeur de revue : autre aveu de faiblesse littéraire. » Et pan sur le bec.

Cédant à l'irrépressible attrait du trou de serrure — propre au voyeuriste comblé, mais jamais rassasié —, j'ai relu posément ce *Journal* si décrié. Il faut se forcer. Les deux cents premières pages, jusqu'en 1942, sont irrespirables. Et pas seulement pour les boules puantes, antisémites, qui sont d'époque. Non moins atterrant est l'arriviste misogyne saisi par la mauvaise fièvre du pouvoir, l'ivresse des places à prendre et des petites vengeances personnelles, la joie morose de la débâcle, le débondage des haines recuites — le normalien venant juste après le juif, mais avant le maçon et le pédé. Diarrhée diariste. Masochisme double, pour le lecteur aussi. Penchant connu du mou pour l'extrémisme dur (droite ou gauche). « Quand même, j'aimerais mieux mourir en SS. » Les choses s'améliorent après Stalingrad et El-Alamein. La défaite des siens, lucidement pressentie, rend peu à peu l'homme de lettres frétillant de rancœurs à sa vérité intime. Elle lui restitue, avec une certaine dignité, son accent propre. Jusqu'au poignant *Récit secret* qui couronne l'odyssée immonde, juste avant le suicide. Une confession d'une eau de diamant, comme un retour *in extremis* à l'enfance, délivrée de sa gangue de vindictes, réduite à une pure ligne droite. Et dont la qualité de présence, pour nous, lecteurs, ne doit pas peu à l'oubli de la chose publique. Ce lent mouvement ascendant illustre ce que je crois être une vérité fatale aux écrivains d'idées. Pour un artiste, la position de force est un handicap. La disgrâce redresse l'*amicus curiæ*, et lui rend ses ailes en le jetant dans le fossé. On me dira : l'amitié d'Auguste n'a pas nui à Virgile, ni celle de Staline à Eisenstein. Admettons. Mais, de Retz et Saint-Simon jusqu'à Chateaubriand et Malraux, le « malheur au vainqueur » a plus d'exemples à son appui que le *væ victis* romain des arènes ordinaires. Le succès fascine et stimule les gens à carrière. Un créateur exige plus et mieux que la réussite. S'il aspire à monter, il doit d'abord descendre.

Non que le stratège de café n'ait proféré que des sottises. Dans ses élucubrations géopolitiques, il a d'étranges clairvoyances à court terme, et des prémonitions. Après moi, dit-il en résumé, la lutte finale sera entre les démocraties et le communisme. On entend chaque jour à la radio, en 2009, dans les bouches les mieux accréditées, des propos littéralement semblables. « Le temps des nations est passé, une France indépendante est un leurre, elle n'est plus de taille, l'avenir est aux blocs continentaux, soyons internationalistes pour de bon. » Tout en pressentant *in fine*, en 1945, « l'effroyable diminution de l'Europe dans le monde », il plaide 1° que la France ne peut se sauver que par l'Europe, 2° que l'Europe a pour moteur le couple franco-allemand et 3° que la France ayant failli à faire le mâle du couple en 1918, il ne lui restait en 1940 qu'à faire la femme, inspiratrice et civilisatrice. L'hégémonie allemande n'était pas l'idéal, mais mieux valait encore ce désagrément que de rater le coche, car le facteur ne repassera pas deux fois. L'auteur de *L'Europe contre les patries* aurait eu à présent une place en vue à l'Assemblée de Strasbourg ou dans notre paysage médiatique.

La Race, le Chef, la Jeunesse, l'Europe nouvelle, la Décadence : c'étaient les gros poulpes à ventouses qui flottaient dans les eaux d'avant-guerre, auxquels peu échappèrent. Ces majuscules goulues n'ont fait qu'une bouchée de ce dandy à peau blanche, auquel manqua le cuir épais, ou la faculté de distraction. Il lisait trop les journaux, au contraire de Gide, prudemment, solidement remparé dans la prosodie et le vieil anglais, Virgile, Platon, Shakespeare, Montaigne (comme l'atteste son journal de guerre, qui voit les choses de loin). Ce qui condamne les auteurs témoins de leur temps, c'est en somme leur surexposition aux valeurs de leur milieu et de leur moment. L'oxygène qui les fait respirer et leur donne du cœur au ventre les tue avant l'heure. L'obligation d'être de son temps, même et surtout s'il s'insurge contre lui, c'est le malheur de l'homme d'influence — ou qui aspire à le devenir. Mémorable est le *Récit secret*, parce qu'il n'est pas daté. Ce qui le précède l'est trop, tragiquement.

*Tragédie*, chez Drieu, fait sens. Le mot s'ajuste à ce qu'il appelle lui-même « la chute dans un destin politique », avec une impitoyable conscience de l'abîme où le plonge, au-delà même du mauvais côté qu'il a choisi, le choix qu'il a fait de ferrailler au forum. L'opiomane jusqu'au-boutiste fut son propre toxicologue.


## Du gendelettre en saltimbanque

Il faut mettre en rapport la substitution dans la presse de l'interview de l'auteur à la critique de son livre, désormais réglementaire (les 35 heures et les RTT aidant), et le mouvement de Panurge qui pousse à publier toutes sortes d'écrits confidentiels et de fonds de tiroirs. L'idée qui sous-tend ce marketing épidémique, aux limites de l'endémie, est bien, comme le remarque Jacques Lecarme, le « tant vaut l'homme, tant vaut l'œuvre ». Coupez droit au bonhomme ou à la bonne femme, tels qu'on vous les révèle tout à vif, sans alibi ni chichis, cela vous évitera d'ingrats détours par l'œuvre elle-même. L'audiovisuel aidant, la vieille formule a définitivement penché côté manche : mieux vaut l'homme que l'œuvre, la photo du premier dispense de rentrer dans la seconde. L'interview de l'écrivain à la radio, à la télé ou dans l'hebdo m'offre le condensé du livre en m'évitant de le lire (gain d'argent et de temps), puisqu'il m'en fera saisir en un clin d'œil le *pitch*, le nerf, la raison d'être du « vient de paraître », sans avoir à me risquer dans un labyrinthe de pages surnuméraires. Et qui est mieux placé que l'auteur lui-même pour faire son propre *abstract* ? Branchez le magnétophone, ce sera tout bénéfice — pour le journaliste, soulagé du pénible devoir de lire et de juger, et pour le lecteur, qui économisera lui aussi 20 euros et plusieurs heures de concentration. Trois perdants dans cette bonne affaire en forme d'escamotage : l'éditeur, qui n'écoule pas le volume qu'il a produit, le libraire, tenu de faire tourner son stock à la vitesse des *news*, et l'écrivain, qui s'est donné beaucoup de mal pour rien, en binant son brouillon deux années durant pour accoucher trois centaines de pages où chaque mot compte et dont il lui sera demandé, son ouvrage une fois en librairie, de bafouiller la version miniature devant un micro en sept minutes (trois fois interrompu par son interviewer). Comme si un travail littéraire pouvait se résumer dans un message ou une idée !

« Pipolisation » ? Je dirais plutôt, mais c'est un synonyme : politisation, par appel d'air. Un personnel politique déculturé fait du cultureux un ersatz de politicien. C'est comme si, au moment où les hommes et femmes publics deviennent de francs illettrés, les hommes et les femmes de lettres étaient tenus pour se survivre de devenir eux-mêmes des as de la com'. Les politiciens publient des livres sous leur nom pour déclencher et légitimer un bon plan média (le livre comme ticket d'entrée dans le circuit). Ce qui est une fin pour l'artisan, son écriture, est pour la célébrité une carte de visite pour occupation du terrain. En laissant publier après sa mort (lui ou l'ayant droit) journal intime, carnet ou correspondance, le romancier, l'essayiste ou le philosophe font du *people* posthume. Passant de la rubrique littéraire (peu fréquentée) à celle des faits divers, l'icône se laissera voir en déshabillé, les fesses en l'air, telle Beauvoir en couverture, ou bien discutant le bout de gras accoudé au zinc du bistro voisin. Après nous avoir tenus sa vie durant, ès qualités, à distance respectueuse, protégé par les ors de son œuvre reliée, l'oracle de haut parage se mêle de jouer *in fine* l'insignifiance et la proximité, comme un vulgaire Premier ministre ou le premier chef d'État venu soucieux de faire remonter l'applaudimètre. J'avoue trouver mon compte dans cette relance par la bière favorite, le bichon maltais et le jambon de pays, qui fait la jonction entre la Pléiade et *Paris-Match*. Nul n'est indemne de la vidéosphère — où supporter l'indirect et la distance devient proprement héroïque. Mallarmé avait vu juste avant l'heure : « l'universel reportage » a empoché la mise. Le cru bouffe le cuit. Rattrapé et doublé par la vidéosphère, le gendelettre ne doit plus trop s'attendre à être lu sur la longueur, mais à faire ce qu'il faut pour être vu au bon moment. Sa plume s'envolerait dans les nuées, sans son lest de prothèses, micros et caméras. Nous voilà taillables en accroches et corvéables en intertitres, photographiables à la demande et interviewables à merci. C'est notre bouée de sauvetage, cette façon de sombrer. Recyclez-vous ou partez en retraite.

## La prime à l'amoral

« La politique est le pain des mauvais écrivains, elle empoisonne les bons », note Paul Morand dans son *Journal inutile*. Elle lui a de fait empoisonné la vie, Vichy oblige. Ce Journal exsude avec impavidité des préjugés de droite ultra qui ne dépareraient pas les mémoires de Goebbels ou de Speer. Il faut du culot, en 1974, pour lâcher (c'est un homme du meilleur monde qui s'exprime) : « Pour les pédés comme pour les juifs, quand on en connaît un, on les connaît tous. » On est installé sous la Coupole, la guerre est passée, mais « le parti belliciste anglais qui a refusé la réalité en 1940 » et de Gaulle, ce fauteur de résistance, otage de Staline, qui a livré la France aux communistes, au fisc et aux fonctionnaires, eux, ne passent pas. Laval était prophète, les faits lui ont donné raison. 1973 : « Maintenant c'est la famine en France. » 1974 : « Les Tartares sont aux portes. » Jean-François Revel le démontre dans des livres courageux. D'ailleurs, si Mitterrand était élu, ce sera la balle dans la nuque ou le camp de concentration, c'est clair comme de l'eau de roche, Morand le tient de source sûre. Ce constant « je vous l'avais bien dit, bande d'imbéciles » — que l'Occident est fichu, que

173

les Russes arrivent, que l'État nous détrousse, jusqu'à fouiller sous notre lit — nous rappelle le caractère étanche d'une mentalité de bocal. Elle trouve confirmation dans le moindre événement, chaque jour que Dieu fait. Ici, c'est moins la vision maréchaliste des choses, imperturbable et imperméable, qu'un certain gotha européen qui n'a rien appris ni rien oublié, la jeunesse dorée de 1910 se retrouvant telle quelle, les rides en plus, dans la haute société de 1970. Ce Coblence aux allures d'Automobile Club itinérant, calandre chromée et 30 CV sous le capot, dresse ses domestiques, sous l'égide d'un chenu et fidèle maître d'hôtel d'origine étrangère (« un domestique français, mais c'est introuvable ! »), chasse le renard en Écosse, et à courre en Sologne, s'habille à Londres (Savile Row pour les costumes, John Lobb pour les chaussures), va au bal à Venise, se baigne au cap Ferrat, passe l'hiver entre la Suisse et la rue de Monceau, l'avenue Gabriel ou bien Charles-Floquet, se fournit pour l'argenterie chez Christofle, surveille jour après jour le marché des changes et meurt à l'hôpital américain de Neuilly. Un hôtel particulier sans portes ni fenêtres (duchesses, grands couturiers, commissaires-priseurs, banquiers, industriels, artistes dans le vent), luxueusement stérilisé (où qu'ils aillent, c'est Monte-Carlo), dont Jean d'Ormesson et Pierre-Jean Rémy nous font humer aujourd'hui les ultimes et capiteuses flâneries. Cet entre-soi fut aussi, ne l'oublions pas, celui de Proust et de Giraudoux. La franc-maçonnerie du beau monde, sauf exception — affaire Dreyfus ou Occupation —, se targue de ne pas faire de politique. Elle en a les moyens.

174

Un document ethnographique. Ce *Journal inutile* se lit comme un récit de voyage chez les Papous ou les Caduveos, une enquête de terrain (le Champ-de-Mars) à l'exotisme captivant (me voilà « scotché » comme un ado par un film porno). Lévi-Strauss, quoi qu'il en ait, lorgnait l'Amazonien du dehors ; Morand décrit le chic parisien du dedans. À pittoresque égal, le rendu est meilleur.

L'étonnant est qu'un esprit aussi faux ait eu l'œil aussi juste. Qu'un délirant récidiviste (qui préfère encore le tirage au sort au suffrage universel et avoue regretter la défaite des nazis) ait une connaissance de l'histoire aussi pointue, que ce super-Cocteau à la sveltesse aussi nerveuse, aussi enlevée, puisse ajouter au sémillant tant de profondeur dans ses jugements de goût. Il détecte la camelote du jour au premier coup d'œil. Le truqueur habile ou tonitruant ne l'impressionne pas. Me ravissent par-dessus tout le cru et le dru, la brutalité du propos, la grâce de la soudaineté — la lignée Retz ou Chamfort. Ce Monégasque de cœur, pas patriote pour un sou et qui avait pris la France en grippe sur le mode très 1750 du *ubi bene, ibi patria*, un pays invivable, trop peuplé et malodorant, avait le français dans le sang. Si je rencontrais M. Sarkozy et ses amis du CAC 40, je n'aurais rien à leur dire, pas d'humus en commun, pas de clin d'œil possible. Les importants me barbent, mais il me semble qu'avec Paul Morand les sujets de conversation n'auraient pas manqué — et, ce qu'il y a de plus précieux, une certaine façon de s'en amuser.

D'où vient cette verdeur insolite ? Du côté vieil homme indigne, en premier lieu. Dire ce qu'on pense est le privilège des vieillards. Mais aussi d'une confrérie mal-pensante parce que pré-médiatique (la secte légitimiste n'a pas pour critère la notoriété, mais le *old money* et la naissance), qui ne ressent pas le besoin de faire des mines ni de donner des gages. On peut se permettre d'être « brutal et bête » — mais non vulgaire ou grossier. Monsieur le Duc reçoit sur sa chaise percée, les valets se moquent, peu lui chaut. C'est atavique. Pas un atome de graisse dans ces notations impudiques et perçantes, jamais tarabiscotées, allégées de toute crainte du ridicule comme de toute considération morale. « En peinture, disait Bacon, on laisse toujours trop d'habitudes, on n'élimine jamais assez. » En littérature aussi (pas en philosophie, hélas). Pour décanter le chichi, rien de tel qu'un refus de prêcher. Morand se rappelle qu'il s'est planqué en 1914 et qu'il a tout fait pour éviter le front : bien joué, nous dit-il à distance. Ce cynisme allègre fait passer les grotesques manœuvres et contre-manœuvres de sa longue campagne académique (visites, alliances, articles, téléphonades) qui prennent un bon tiers du volume — ces choses-là, jadis et rive droite, vous occupaient son homme de lettres pendant des lustres. La faim d'honneurs justifie les moyens. Tant de camelote, mais tant de pépites ! Il m'arrive de penser, au contact d'un Morand, que la véritable éthique professionnelle de l'artiste réside dans un défaut résolu d'éthique — soit par carence, soit par décision. La gauche, là-dessus, est handicapée. Elle a la prédication dans le sang.

J'ai respecté et aimé Michel Leiris, à Cuba et ailleurs, dans les années 1960 et 1970. Il était des « nôtres ». Si j'abominais le type Morand, j'eus volontiers porté en

triomphe l'auteur de *Biffures* et de *L'Afrique fantôme*.
Mais faisant aujourd'hui alterner la lecture de son
*Journal (1922-1989)* avec celle du féal de Laval, j'en
viens à me demander si ce n'est pas ce dernier qui
affronte au plus près la corne du taureau. Leiris ne lui
présente pas le bas-ventre. Ce qui fait saillie chez le
réactionnaire, par un trop-plein de vie, fait dépression,
tout en creux, chez le progressiste, par carence de vitalité. La haine de soi, rive gauche, bifurque vers des jeux
de mots sans conséquence, de laborieuses glossolalies,
quand, à droite, l'amour de soi rue joyeusement dans
les brancards. L'auto-analyse de Leiris, consciencieuse
et un peu fade, signale à l'évidence un monsieur bien,
scrupuleux et policé. Cette longue conversation avec
soi-même, empreinte de la plus fine retenue, aligne le
récit de rêves (même attention nocturne chez Queneau,
au journal-agenda, comiquement anodin, genre pense-
bête), la formule pour carte postale et le style « rédac-
tion » dans l'épanchement. La décence académique rattrape les impudeurs du surréaliste révolutionnaire et
antiraciste. Il a beau s'en défendre, la vertu lui colle à
la peau. La contre-révolution n'a jamais manqué de
talents, certes, et ce n'est pas une raison suffisante pour
marier la cause des peuples avec l'ennui. Sartre étin-
celle et gambade quand il le veut. Mais reconnaissons-
le : il y a de l'incisif à l'arrière-garde et de l'émoussé à
l'avant-garde politique. Croyant plus dans la vertu des
actes que dans celle des mots, le tempérament de droite
préfère l'autodestruction à l'autocritique. L'alambic
freudien a emberlificoté nos examens de conscience. Il
a « scudérisé » le Quartier latin, laissant le dru et le cru
au XVIe arrondissement.

# Du panache

« Du caoutchouc. Vous voyez où nous en sommes ! »

Dégoûté, le colonel hausse les épaules. Il fixait des yeux les bottes de deux fringantes et jeunes recrues de la Garde républicaine trottant non loin à cheval dans la cour, et nous prenait à témoin. Avec leur assiette impeccable et leur bel uniforme (les cultures équestres où se combinent savoir-faire et savoir-être m'étant totalement étrangères), je n'y avais vu goutte. Incapable de saisir tout ce qu'implique, quant à la majesté de l'État et la dignité d'une arme, le passage de la botte en cuir à la botte en caoutchouc : le genre de petites économies qui finissent par coûter cher.

Un ami de *Médium* nous a ouvert les portes de la caserne des Célestins, la plus vaste des casernes de la Garde républicaine à cheval (il y en a douze à Paris). L'étude des conditionnements techniques de la culture que nous appelons médiologie ne peut pas ignorer les harnachements de la République, disons : les prothèses du prestige. On a pu visiter et admirer la salle de tradition (fanions, uniformes, diplômes), la maréchalerie (chaque monture a ses fers), la sellerie (toutes les variétés de trousequin, de matelassure et de muserolle), les box, les manèges, humer le crottin, contempler le cheval bai-brun, à haute encolure, du commandant de la place, soigné, étrillé comme un prince dans un box à part.

Les Anglais ont les *horse-guards*, les Danois leurs

hussards avec dolman et sabretache, les Canadiens leur police montée à large chapeau. Nous avons — pour les escortes des visites d'État, les prises d'armes, les défilés en musique — la Garde républicaine. Trois mille trois cents hommes, dont cinq cent cinquante cavaliers. Équilibre, légèreté, impulsion. À quoi ça sert, une cavalerie — aujourd'hui? À pas grand-chose, dit le gestionnaire. On en a distrait une partie pour faire des pelotons de sécurité publique, avec des escouades pour le service d'ordre. Mais c'est essentiellement une arme d'apparat, pour des services protocolaires. Et un cheval doit « cracher son feu » chaque jour pour se sentir libre. Ça coûte cher cet attirail. Giscard d'Estaing le modernisateur a déjà fait passer en 1975 l'unité de quatre à trois escadrons. Les budgets continuent de maigrir. On ne peut plus acheter que trente chevaux par an, au lieu de cinquante. Contrainte de gestion. Question coût/bénéfice, les couverts en plastique, c'est incontestable, font mieux l'affaire que l'argenterie.

Il n'y a pas de bricole pour un médiologue. Pour Napoléon non plus. Il surveillait de près le ferrage des chevaux et réinventa une maréchalerie propre. Pas de ferrure, pas de sabot; pas de sabot, pas de cavalerie; pas de cavalerie, pas d'armée; pas d'armée, pas de victoires; pas de victoires, pas de butin; pas de butin, pas d'Empire.

Le sentiment s'impose qu'on se trouve dans ce haras au cœur des choses, et que ce temple du désuet est un nœud stratégique pour la sauvegarde de l'impalpable, face à l'utilitaire. L'ultime tranchée face aux logiques d'entreprise. Quoi de plus grave que le protocole?

L'argent n'a pas besoin de sabre au clair, le politique, oui. Une esthétique lui est indispensable. Chaque nation la sienne. Son prestige est sa force. En péril.

## Les mots retrouvés

Le branle-bas antillais, en ces mois d'hiver, a ceci de réjouissant qu'il nous donne à lire et entendre des porte-parole — députés, syndicalistes, poètes, hommes de théâtre — parlant français. On avait perdu l'habitude. L'oreille a été anesthésiée, en métropole, par une telle platitude mécanique, morne défilé des « faire en sorte que » (trois par minute, à gauche comme à droite), qu'il faut se réaccoutumer. Diction, vocabulaire, syntaxe se sont réfugiés outre-mer, chez les rejetons d'Aimé Césaire. Les Taubira, Letchimy et Maximin nous rafraîchissent et nous déconcertent à la fois. Ils connaissent manifestement mieux l'histoire de France (1793, 1802, 1848) que les membres du gouvernement, et nous rappellent l'époque déjà moyenâgeuse où nos officiels ne baragouinaient pas un franglais de trois cents mots. Joli chassé-croisé que celui-ci : la princesse de Clèves sauvée par les arrière-petits-fils et filles d'esclaves. Les « assistés » d'Amérique rallument l'âme d'un pays européen, sa langue, que ses maîtres parisiens devenus américains ont laissé s'éteindre sans état d'âme.

## L'esprit d'escalier

« Tant de bras pour transformer le monde et si peu d'yeux pour le regarder. » Oui, mais on a envie de répondre : « Vous savez, moi, quand j'ouvre les yeux, les bras m'en tombent. Et quand les bras se mettent à s'agiter, ma vue se brouille sur-le-champ. » Ce chassé-croisé physiologique n'excuse pas, mais pourrait bien expliquer, la regrettable dissymétrie relevée par Gracq.

## Lecture rapide

« Les *énervements* de ce siècle... » Un peu déconte-nancé, je reviens en arrière. Il fallait lire en fait : « Les *événements* de ce siècle... » J'ai lu trop vite, mais qui sait si ce n'était pas à bon escient. Quand j'avais vingt ans, je prenais les événements, par une bévue de sens contraire, pour des *avènements*. Tels seraient les trois stades, sur un demi-siècle, de l'appréhension des dernières nou-velles. Ce qu'on prenait, adolescent, sous l'effet de l'exci-tant Histoire, pour un avènement inouï ou prometteur tourne, en fin de parcours, à un simple énervement.

\*

Avis aux présomptueux qui misent sur l'œuvre testa-ment pour dissiper malveillances et malentendus : une main à plume ne sait jamais au cul de quel coq elle aura accroché sa plume. Qui peut se voir de dos ?

\*

Le délire, le mythe, la croyance, l'ivresse des hymnes et des drapeaux, les bévues du coude-à-coude : les choses les plus idiotes du point de vue de l'*homo sapiens* sont ce qu'il y a de plus sérieux pour « l'humanité en marche ». « La confusion mentale est pathologique quand on est seul, normale quand on est plusieurs » (Valéry). Ne pas tirer au clair ce redoutable hiatus, c'est ce qu'on est en droit de reprocher aux porte-flambeaux des Lumières, comme au siècle du même nom.

## Terres stériles

La preuve par l'empreinte ? C'est peut-être inattention ou insuffisance, mais les ouvrages savants, critiques, avec notes et biblio, lus avec attention, crayon en main, s'évaporent dès le lendemain sans reste ni revenez-y : ni odeur ni saveur. Est-ce le charabia (c'est souvent galimatias double) qui, malgré ou à cause de l'effort mental qu'il exige, a du mal à bien vieillir ? La complexité des idées, qui déjoue la forme colorée et mémorable ?

D'un ouvrage littéraire, où le sens ne fait qu'un avec le style, en revanche, même si j'en oublie les détails, me reste, outre un parfum singulier, une accointance, une teinture vibratile, avec le sentiment qu'il me faudra y revenir un jour. Comme une dette à moitié remboursée, un don appelant un contre-don, sous la forme, au moins, d'une relecture. Le livre refermé, je me sens en reste. Tout bonnement dit : la partie de ma bibliothèque qui regroupe les philosophes du jour, chercheurs, docteurs et jargonneurs dans le vent, c'est un humus à sec et sans espoir. Tristement infécond, hivernal. Le rayon littérature, lui, reste en jachère : de ce côté-là, rien ne me semble fini, et demeure une vague promesse de printemps.

## Venez donc débattre

Le combat est-il soluble dans le débat ? C'est le pari démocratique. Et l'espoir de l'Occident face à l'islam radical. Trouver enfin l'interlocuteur et transmuer le combattant à cartouchière ou le terroriste à ceinture d'explosifs en contradicteur, de l'autre côté de la table, devant un micro — tel est le casse-tête du diplomate et de l'intellectuel de bonne volonté, égaré à Fès, Kairouan, Islamabad, Kaboul, Mogadiscio, Sanaa... Peine perdue. L'islamiste pur sucre ne débat pas. Faites votre colloque tout seul, entre vous. Votre forum. Votre conférence. Nous, on ne mange pas de ce pain-là. On fulmine et bonsoir.

Ce refus de consentir au « dialogue des cultures », mode sournois d'intégration au consensus, je suis assez vieux pour me souvenir que nous étions encore un certain nombre à le faire nôtre il n'y a pas si longtemps. En 1961, rue d'Ulm, dans le bureau d'Althusser, l'un de nous suggère d'aller écouter Raymond Aron en Sorbonne, pour lui poser, à la fin de son cours, quelques questions dérangeantes. Stupeur, indignation, haussement d'épaules. « On ne parle pas avec ces gens-là. » L'abécé du militant révolutionnaire : on ne répond pas aux attaques, on ne s'abaisse pas à polémiquer. On n'est pas du même monde. « Il n'y a rien de commun entre vous et moi » — lance Saint-Just aux plénipotentiaires autrichiens en quête de pourparlers. Cinquante ans après, les mêmes, j'en suis sûr, parleraient d'organiser un débat.

Paris 1960... Une autre planète. Où l'entre-soi des convictions fortes déconseillait la table ronde, le *talk-show* et le brouhaha *people*. Seul un auteur de science-fiction eût pu alors fantasmer Althusser et Aron en studio, dialoguant courtoisement, affables et maquillés, avec Poivre d'Arvor en Salomon. Le communisme fut le bref islam de l'Occident industriel — un chiisme agnostique et sans turban, avec Sartre, Garaudy et maints autres athées en distributeurs de fatwas. Il s'est dissous dans le bocal-à-images comme un cachet d'aspirine dans un verre d'eau. Directement en France et en Italie, et indirectement en Europe de l'Est. *Quid* de l'original ? Une des questions décisives du siècle qui s'ouvre peut s'énoncer ainsi : l'islam combattant sera-t-il soluble dans le chat, le forum et le symposium ? Et pourquoi pas ? Tout au long de l'histoire, le micro est venu à bout du macro, et le léger, du lourd. Le papier fera craquer le pape, prophétisait Hugo. Et le Net, l'imam ? Cette vague de foi court pour le moment sur tous les toits en tôle ondulé, *via* les paraboles au-dessus des banlieues, mais les mêmes ondes qui mondialisent Allah finiront peut-être par l'affadir. Le tintamarre du tout est dans tout, émascule les croyants. C'est le talon d'Achille des Révélations. Le colloque permanent pourra-t-il émousser le cimeterre du Prophète?

Il y a un temps pour couper les hommes en deux et un temps pour couper les cheveux en quatre. Tout ici-bas est affaire de *tempo*, et malheur aux esprits qui font fi du métronome. 1930-1975 : les années-combat — chacun son ordre de mission, et ne cédez pas un pouce. 1975-2010 : les années-débat — faites-moi une commission, et n'oubliez personne. La planète n'est pas synchrone, et les barbus arrivent pour nous à contre-temps. Ils détonent. Chaque période a son rapport coûts/bénéfices. Quel Dante fera dialoguer aux enfers la liberté des egos discutailleurs avec l'autorité du dogme indéfectible?

Le débat serait-il devenu le nerf des sociétés sans nerf, le credo des incrédules, la religion de l'anti-religion? Elle ajoute des considérants, mais retire de l'allant. Il n'y a pas loin de l'optimisme du « tout se discute » au nihilisme du « tout se vaut ». Le neurophysiologue et philosophe Yeshayahou Leibovitz (1903-1994) : « L'idée de valeur est indissociable d'une certaine idée de lutte. [...] Ce qu'on a obtenu sans luttes n'a pas de valeur. [...] À propos de valeurs, on ne peut pas débattre, on ne peut que se battre. Les valeurs sont affaire de choix, de volonté individuelle, non collective. [...] Que ce soit dans le domaine éthique, politique, religieux ou esthétique, aucun argument ne peut le justifier rationnellement, et c'est pourquoi on ne peut discuter de ces valeurs avec celui qui les récuse. » Cette crudité nous choque mais dit le vrai.

Aux olympiades du bla-bla, notre classe colloquante

est en haut du podium (avec les politiques sur la marche en dessous, médaille d'argent). Car si la diatribe parlementaire est devenue dérisoire (les journaux n'en ont cure), le gazouillis se rattrape sur les observatoires, commissions, conseils et comités (précédés du préfixe « haut », et dont l'annuaire rivalise avec celui des téléphones). Ainsi va le désarmement général et complet.

Le combat d'antan était national, le débat est sociétal. La bataille d'hommes était spirituelle, la table ronde n'est qu'intellectuelle. La transformation de l'infâme à écraser en contradicteur à moucher a demandé plusieurs siècles de *self-control*. Débiner pour ne pas en découdre — n'est-ce pas l'essence même du processus de civilisation, qui remplace la bataille au sang par le ballon de foot? Le seul problème, sur la longue durée, est de savoir si cette rassurante métamorphose d'une culture de combat en une culture de débat ne porte pas en elle-même le germe de sa décrépitude.

## *Panem et circenses*

Tout le monde, et j'en suis, s'indigne des obscènes émoluments des grands patrons. Échappent au pilori les vedettes du foot, de la chanson, du cinéma et de la télé, aux revenus non moins faramineux, mais plus illogiques encore. Parce que le *beautiful people* donne dans l'humanitaire? Cela ne suffit pas. Le volet « pain » nous donne de quoi manger (des miettes, à tout le moins), mais hors micro et hors caméra. Le volet « jeux » nous donne de quoi voir et écouter. Les services de bouche ayant perdu leur caractère crucial, le névralgique s'est reporté sur l'alimentation des yeux et des oreilles, car d'elle dépend la bonne humeur générale. C'est l'abrutissement qui est sacralisé et soustrait à la critique. De ce *mercato* national et mondial, le scientifique et le littéraire semblent exclus. Tant pis pour le porte-monnaie, tant mieux pour les porte-lumière.

## Un coup de grâce

Ce qui vaut le mieux n'est pas ce qui dure le plus. Ainsi de la fraternité. Elle rime à fragilité, et s'oppose à fratrie. Le lien de sens étant infiniment plus précaire que le lien du sang, force est de s'en tenir à un moment de grâce entre deux pesanteurs. Le glas vient vite après l'alléluia. Et c'est mieux ainsi. Grâce d'état, c'est mensonge d'État.

À peine noté cela, je tombe sur cet aphorisme des *Cahiers* de Valéry : « Le monde ne vaut que par les extrêmes et ne dure que par les moyennes. Il ne vaut que par les ultras et ne dure que par les modérés. »

Le poète, ou nos quatre vérités en deux mots.

## Anachronismes

Coïncidence : j'ai pu m'asseoir sur le fauteuil de Monsieur Teste en personne, dans son bureau, laissé en l'état. Qui l'eût dit, qui l'eût cru — sur la promenade des Anglais, face à la mer. Il ne faut désespérer de rien.

Égaré dans la foire du livre de Nice suite à une généreuse invitation de Franz-Olivier Giesbert, maître des cérémonies, l'occasion m'est aimablement donnée par lui de conférencier au CUM, Centre universitaire méditerranéen créé en 1933, face à un amphithéâtre à moitié vide. Sous une fresque monumentale et délavée, style néoclassique (allégorie à l'huile du *mare nostrum*), adossé à une cathèdre de bois ouvragé, je pérore sur la fraternité devant une poignée d'universitaires et de vieux militants qui se demandent, comme moi, ce qu'ils font encore là, mille ans plus tard. J'ai pu visiter, au premier étage de ce joli palais blanc et rose le bureau quiet et ciré du fondateur d'un « lieu privilégié pour manifestations de haute culture », l'anarchiste académicien, dont cet « organe de pensée et de collaboration intellectuelle » aura été le grand œuvre politique. Boiserie gris perle, bibliothèque grillagée, lourd et inconfortable bureau acajou, livre d'or... Le président Albert Lebrun vient de sortir, après avoir salué « l'un des plus riches fleurons de la couronne de Nice, déjà si riche et si brillante » ; Jules Romains émouvait hier son public avec le règlement pacifique des conflits internationaux, devant le préfet général commandant la place, le recteur d'académie et le préfet installés au premier rang avec leurs dames. L'Allemand Ernst Robert Curtius, spécialiste des littératures romanes, chantait avant-hier la Méditerranée, cette « machine à faire de la civilisation ». L'Espagnol Salvador de Madariaga est attendu demain. André Maurois n'est pas loin, ni Jacques de Lacretelle. On a une promesse de Thomas Mann.

Se retrouver dans ce décor douillet, capitonné et suranné, très *Belle du seigneur*, tout à côté et à cent lieues d'un capharnaüm pour vedettes de *Télé 7 Jours*, c'est trouver un numéro de la *Revue des Deux Mondes* dans une collection de *Paris-Match*, ou voir sortir un franc Poincaré d'un distributeur automatique. Sur cette Croisette décibélique et *flashy*, hollywoodisée et disney-landisée, on ne peut plus banlieue américaine (Los Angeles, et non Boston), il est réconfortant que la mairie ait jugé bon de maintenir à feu doux, cocasse contrepoint, ce petit temple vieil-européen de spiritualité laïque, encore tout bruissant d'exordes et de clausules. Peut-être faudrait-il prévenir les autorités municipales que Paul Valéry n'a jamais mis les pieds en Amérique du Nord (Picasso non plus) et que ses *Regards sur le monde actuel* font quasiment abstraction de la métropole (ce qui ne choquait personne à l'époque). Continuent nonobstant de défiler dans ce palais du verbe « conférenciers de renom » et maints « hôtes illustres » pour entretenir l'indémodable kitsch de l'appel à la conscience universelle et au ressaisissement de l'esprit face à la marée noire, rouge ou verte (selon la date) des barbaries montantes. (Il doit exister quelque part un sermon type, un modèle canonique sur lequel j'aimerais bien mettre la main, pour une prochaine fois.) Les *Titanic* passent, les conférenciers restent. Un cliché sous cadre montre côte à côte le député-maire, M. Estrosi, ancien champion de courses motocyclistes, et Bernard-Henri Lévy en pleine apostrophe. Duo d'opérette, version Labiche d'une solennité grand siècle, mais preuve que le rite peut survivre à l'honorable chimère qui eut pour âge d'or l'entre-deux-guerres.

Quand un projet d'alliance entre grandeurs d'établissement et grandeurs d'intelligence pouvait encore se fonder sur des souvenirs de latin-grec partagés entre le képi et le bicorne. Ce pastiche type *Gala* témoigne que notre officialité sportive et chantante n'entend pas se moucher elle non plus avec le coude. Sélectionnés par l'argent et la visibilité sociale, nos sermonnaires en titre ne pratiquent plus la citation latine. Ils ont troqué le col dur et la jaquette contre le *brushing* et la « *Star Academy* », mais les fournisseurs attitrés de grands mots ne sont pas menacés par le chômage technique.

Personne moins dupe des belles phrases vaniteuses que l'auteur de *Charmes*, au style sec et défrisé. L'homme reçut en 1945, à juste titre, des funérailles nationales ; son œuvre mériterait l'enfer des bibliothèques. L'ascète mondain, Cioran et d'Ormesson, orgue et flûte, en un seul être réunis me reste une énigme. Le meilleur ennemi des mots qui chantent plus qu'ils ne parlent mena sa vie en Janus : effroyable misanthrope et convive charmant, il aura été le matin, devant sa page blanche, le Rousseau de la III^e République et son Bossuet l'après-midi. Libertaire emplumé, ami des duchesses et des désespérés, violoncelliste expert en coup de clairon, sardonique contempteur et disert metteur en scène des comédies de l'esprit, il joua à la perfection, sur le théâtre européen, sa propre marionnette. Suprême dispensateur de prix, d'onctions et de médailles, président d'honneur de cent institutions, docteur *honoris causa* d'une douzaine d'universités, intime de tout ce qui compte, ne manquant pas une *tea party* ou un dîner en frac... Son éléphant blanc de prédilection, à lui l'ultra-réaliste, fut la Société des Nations, et il tint pour décisif son Institut international de coopération intellectuelle (auquel il rattacha ce centre niçois). Persuadé de cette idée délirante selon laquelle la Société des Nations a pour condition une société des esprits, il poursuivit vingt années durant le fantasme sénatorial et lénitif d'un cénacle de grands initiés, afin que l'action exercée par ceux qui pensent puisse retentir sur ceux qui gouvernent. Et cela « dans le double but de faciliter le règlement des problèmes internationaux, politiques et économiques, et de jeter les bases d'une morale universelle ». Allergique aux pensées molles et aux proses humides, il a beaucoup misé sur l'« introduction des idéaux dans le cercle des appétits et des souverainetés ». Il lui a fallu 1940 pour découvrir le « néant parlé » de ces réunions chronophages, la vanité des « voix sans force », mais décoratives, ainsi que le besoin de revenir à ses poèmes et ses amours, au lieu de se faire grignoter par des honneurs à n'en plus finir. C'était l'époque où l'on attendait d'un Jean Giraudoux, promu haut-commissaire de l'Information, qu'il galvanisât les foules françaises, face à Goebbels. Les métaphores gréco-latines n'ont pas passé la rampe.

Un beau songe dissipé ? Increvable est l'idée que des esprits émérites venus de tous les horizons sont à même d'éclairer gouvernants et gouvernés « sur un certain nombre de questions dont l'obscurcissement a créé le malaise dont nous souffrons aujourd'hui », et répétitif le fiasco. L'Unesco a pris le relais après-guerre. Puis le Pen-Club international. Puis, tout récemment, à Strasbourg, le Parlement des écrivains. D'autres suivront. Le rêve d'une « aristarchie » d'humanistes venant éclairer et, croient-ils, résoudre les grands problèmes de l'humanité fait trois petits tours et puis revient. On ne saurait tolérer que lesdits problèmes sont pour l'essentiel insolubles, et que, pour autant qu'on puisse en modifier la donne, la cause efficace en revient à des innovations d'ordre technique (électricité, ordinateur, téléphone portable...), que les esprits élevés jugent en général indignes d'eux, et dont ils ne soufflent mot. Allez donc dire aux prêtres de l'*isme* que ce sont les *iques* qui transforment en silence notre monde, et que leur rôle à eux est d'amuser la galerie; que les ingénieurs font la pâte et les penseurs la crème du gâteau humain; que la grande histoire avance par ses petits côtés. Ils vous mettront au piquet.

Compte tenu de l'inefficacité avérée de ces aréopages tournants dont on ne sache pas que les sauve-qui-peut aient depuis deux siècles fait dévier d'un pouce le train du monde, lequel continue impavide sur son erre de boue et de sang, on peut s'interroger sur la raison d'une résurgence présomptueuse et décennale, sourde aux déboires passés. Je n'irais pas la chercher dans le tropisme du raout de congénères, ni dans les assurances bien excusables d'un entre-soi patricien, fût-il international (où les rencontres sans lendemain étourdissent un moment). C'est peut-être cette coupure même avec le monde réel qui nous fait plaisir et périodiquement ressurgir, pour flatter l'angélique, les techniciens de la fumée. C'est le bonheur d'incanter l'Histoire avec des mots, dans des compartiments étanches, où l'ivresse rhétorique n'a pas de compte à rendre. Pas plus que n'avaient le droit d'entrer dans les forums académiques de la SDN l'incendie du Reichstag, Guernica, l'invasion de l'Éthiopie ou les massacres de Nankin, ces couacs dans le concert utopique, je n'ai jamais entendu résonner, dans les enceintes type Unesco du dialogue des cultures, les vulgaires hécatombes des Grands Lacs, de Gaza, du Sri Lanka ou de Tchétchénie. Et si *the show must go on*, si les forums de sentencieux se renouvellent à grands frais, à Paris, Nice, Rome ou ailleurs, ce n'est pas parce que les exhortations des ténors passent outre la sanction des faits, mais parce que le monde effectif n'a pas droit de cité dans l'intimidation morale.

Voilà qui devrait calmer bilieux et quinteux face au *show-biz* triomphant à la cour comme à la ville. Pour ce qui est de faire face aux réalités et de voir comment nos prédécesseurs ont voulu amadouer des gangsters avec des hypallages et des anacoluthes, en projetant leur carte du Tendre sur le IIIe Reich, on se convainc que les grands esprits n'étaient, dans ce domaine, pas mieux armés que nos *crooners*.


## Bande à part

Inauguration à Chalon-sur-Saône, enfin, de la rétrospective Jean-Louis Faure, à cheval sur les deux musées Vivant Denon et Nicéphore Niépce, situés à trois cents mètres l'un de l'autre — que cette jolie petite ville est gâtée! Ces musées sont des bijoux. Ce n'est pas la cohue du vernissage rive gauche. On se serre les coudes autour de notre marginal magnifique, septuagénaire et gamin, qui s'est mis pour l'occasion des lunettes noires de star. Le cinéaste Alain Cavalier, l'écrivain Dominique Noguez, Michel Enrici, de la fondation Maeght, Pierre

Leyris, Clémence de Biéville, quelques collectionneurs fortunés venus de Suisse ou du Canada... Nous faisons contre discrète province bon cœur. Le député socialiste du cru lit un petit discours de bienvenue, auquel j'improvise une réponse balbutiée pour remercier ce maire accueillant, au nom de la famille des sans-famille. Point de ténors de la critique d'art en vue, ni de chroniqueurs ni d'échotiers.

Jean-Louis Faure s'est tenu à l'écart des grands mouvements artistiques du temps présent. Sans école ni label, il n'est pas rattachable : difficile à cadrer. Comment respecter une République des arts qui ose tourner le dos à un pareil inventeur ? Cela ne me réconciliera pas de sitôt avec la Parisianité, la New-Yorkitude, la Venisite, la Bâlourdise. Allons, foin des oligarchies en place, dont notre sculpteur excentrique n'a rien à attendre. Tout est dans l'ordre. Il est subversif de demander à la sculpture de raconter autre chose qu'elle-même. Réintroduire dans les trois dimensions de l'espace, la quatrième, l'oubliée, le temps, cela frise le mauvais goût. Va pour le Salon des refusés.

On peut concevoir l'aveuglement des commissaires de l'art. Depuis *Guernica* (pour prendre un repère pictural, mais commode), ce qu'il y a de plus significatif dans la création plastique a jeté l'événement, le grand comme le petit, par-dessus bord. La sculpture moderne, qu'on peut faire commencer en 1912, avec la guitare de Picasso, avait déjà rompu les amarres et, de l'histoire, ne retenait que celle des formes. L'avant-garde avait alors de bonnes raisons pour fausser compagnie au poilu dans les plis du drapeau, au buste du grand sachem. Depuis l'âge monarchique, la sculpture sur socle, prolongée par le marbre funéraire et le bronze patriotique, s'était par trop humiliée devant l'événement. D'où nous vint un fossile de commande et d'académie, service auxiliaire du redressement moral, qui peuplait les cimetières, jardins, monuments aux morts, places, squares, cours de ministères et palais de la République, d'effigies édifiantes. Les statues de la Victoire, les bustes de Marianne et les grands hommes souillés par les pigeons destinés à l'ornement des vertus et des bâtiments civils suscitèrent par réaction un « plus jamais Rodin ». Repli sur l'Aventin géométrique, minimaliste et conceptuel. Après le porte-bouteilles de Duchamp, le compotier de Laurens, la bouteille de Boccioni, voici les cubes de Donald Judd ou les compressions de César. Soit. C'était là des objets intransitifs, absolus, clos sur eux-mêmes, assez indifférents aux aléas pour se marier avec n'importe quoi et se dresser n'importe où. Nomade et boudeuse, l'œuvre concélébrée dénie toute appartenance et point d'attache. Ces contemporains de rien n'inquiètent personne. D'où est sorti un autre art, officiel et frigide, image inversée du premier, et tout aussi ennuyeux. Dans ces conditions, que faire d'un zigoto pas plus figuratif que formaliste, qui attache autant d'importance aux mots qu'aux formes, pratique un art gai, transitif, éventé, rebondissant sur les faits divers du journal et les stigmates du siècle ?

Ses pieds de nez sont à « l'installation » ce que les je-me-souviens de Perec sont au manuel d'histoire. Le lit en feutre et en graisse de Joseph Beuys était aussi lié à son passé (celui d'un aviateur de la Luftwaffe abattu dans la steppe et sauvé de la mort et du froid par les

Tatars qui l'avaient enrobé de matières organiques). Le pot de fleurs de Jean-Pierre Raynaud nous signale un horticulteur, et ses carreaux blancs de salle de bains, l'aménagement de son chez-lui. Ces objets narcissiques, d'une invention formelle pauvre, comment y retrouver nos marques ?

L'Histoire — avec un grand H, Staline, Hitler et le reste —, Jean-Louis Faure lui donne la fessée. L'art contemporain est prépolitique ; le sien est postpolitique. Cela nous est bien arrivé — l'exode, la défaite, la bêtise coloniale, le flonflon. Cela est sinistre. Mais cela est farce. Le Nouveau Réalisme inventé par Restany se piquait de sociologie. Celui-ci est franchement délirant. Croisement de Raymond Roussel et de Raymond Aron, de Marcel Duchamp et d'Albert Londres, il oppose le cocasse à l'esprit de sérieux et triomphe du cauchemar par le calembour. C'est le réalisme libertaire, qui plaisante pour mieux cicatriser. Comme l'humour est la politesse du désespoir, ses télescopages et carambolages sont les farces et attrapes du désastre. Jean-Louis Faure, devant l'immonde, ne sort pas son mouchoir. Il dégaine son esprit d'enfance.

C'est le petit-fils d'Élie Faure. Drôle de famille. Jean-Louis est passé devant un tribunal militaire à la fin de la guerre d'Algérie, pour avoir préféré faire ses classes chez les Indiens boliviens, dans l'île du Soleil, au milieu du lac Titicaca, au lieu d'aller comme tout le monde à New York. Cette lignée d'anarchistes républicains a une tradition : la rupture. Le grand-père, historien d'art célèbre et oublié, était médecin des cheminots, à la gare d'Austerlitz. Un franc-tireur de l'histoire de l'art, autodidacte et inclassable, qui avait trente ans d'avance sur le Musée imaginaire de Malraux. De souche protestante, mi-anarchiste, mi-communiste, il comptait Céline, autre médecin des pauvres, au nombre de ses amis. Il a pris fait et cause pour la République espagnole, s'est rendu sur le front à Madrid et, au retour, engueula Léon Blum pour sa non-intervention dans la guerre civile, avant de mourir en 1937 (mon ami avait alors six ans). Le dernier livre de l'historien a pour titre *Chroniques catastrophiques*. Il avait lui-même été éduqué par son oncle, Élisée Reclus, né en 1830, mort en 1905, géographe de profession (l'auteur des *Guides Joanne*, l'ancêtre des *Guides bleus*), hostile à Marx et copain de Kropotkine.

Il fut de la Commune et ne dut son salut qu'aux interventions de son ami Nadar. François, le père de Jean-Louis, engagé volontaire en 1918, avant l'âge, capitaine de char en 1940, Compagnon de la Libération, est passé par le Struthof et Dachau, après quelques allers-retours en Lysander entre la France libre et la France occupée. Il y a comme cela des dynasties du non, qui ont le don de l'exil.

Les artistes ne sont pas faits pour le panorama. Leur grande affaire, c'est le détail. Le petit bout de la lorgnette — souvenirs, photos de famille, entrefilets, écume des jours —, mais ici avec le bruit et la fureur en basse continue. Il a fait œuvre comme l'oiseau son nid, de bric et de broc, avec les rebuts de la représentation — une corne de buffle, une carte postale, une vieille photo : le vide-greniers du XX$^e$ siècle. Les objets, témoins de l'histoire, ont un avantage sur les acteurs : ils restent là. Rescapés des gravats, ils font trace. La terre de Sainte-Hélène, le pyjama rayé du père déporté, le pistolet de sa jeunesse, la jarre vernie de la ferme, la 15 CV Citroën de De Gaulle en miniature, ce sont à la fois des pièces à conviction et des éclairs de poésie.

La pièce qui me touche de plus près s'intitule *Bêtise de l'intelligence* (l'ébéniste tient beaucoup à ses titres, partie intégrante de l'œuvre). « Jean-Paul Sartre et Simone de Beauvoir refusant de serrer la main d'Arthur Koestler. » Les trois protagonistes de la rencontre manquée, le visage de l'un masqué et cornu comme un démon africain, les deux autres, face à lui, aux visages blêmes et reconnaissables, se font face, debout. Koestler bras en avant, les deux autres, raides, mains au corps. Sous leurs pieds, un tiroir coulissant, le portrait de Staline. Le clin d'œil est en résine, laiton, bois peint et Plexiglas. Quand va-t-on pardonner à cet implacable facétieux d'avoir montré, en trois dimensions, trente ans durant, une telle intelligence de la bêtise — la nôtre ?

## Ceux qui n'ont jamais péché

Avec la série télévisée « Empreintes », la notoriété s'est mise en autogestion. Mes relations, mes prouesses, ma réputation, etc. Cinquante-deux minutes par *people*. La plupart : fiers d'être ce qu'ils sont, arrivés, justement récompensés. « Quel roman que ma vie ! » Guère de place (mais je n'ai pas tout vu) pour le manque, l'échec, la défaillance, le regret. Cas à part (dans un autre profil télévisé) : Françoise Sagan. Pas plastronnante pour un sou, bredouillis face caméra, n'en faisons pas un plat, hasards, surprises, zigzags (élégante *capitis diminutio* qui n'augure pas mal de son posthume — même si la postérité, on l'a déjà dit, ce sont des cons comme nous).

Un historien des religions ne manquerait pas de voir dans cette procession de confidences avantageuses un peu plus que le souci réflexe auquel nul n'échappe d'offrir son meilleur profil à l'objectif (sans quoi ces « personnalités en vue » ne nous feraient pas plaisir, à nous téléspectateurs, en se faisant plaisir) : un symptôme de déchristianisation avancée. Les protestants se tiennent mieux. Mais la disparition du péché originel en milieu catholique, et son absence en milieu juif, se traduit chez nos titans par la perte du sens le plus élémentaire de l'insatisfaction. Le bombement de torse devient la chose du monde la mieux répandue.

Que plus personne ou presque ne croie ni ne pense à la chute ou à une native et fautive incomplétude a sans doute eu des effets bénéfiques. On peut juger positif le bilan de cette liquidation du *mea culpa*, propice à l'épanouissement personnel, au désir d'entreprendre et à l'allant des populations. Mettons que l'actif l'emporte. Reste que le passif enfle à vue d'œil : l'élévation vertigineuse du seuil de narcissisme autorisé, avec l'agrandissement photographique du nombril. Comme si nous n'étions sortis de l'auto-accusation dépressive que pour des fanfaronnades en méthode Coué. Soit à passer d'une forme de suicide collectif, le renoncement funéraire à la vie, à son pendant : un bonheur d'être auto-immune.

Le déboulonnage de statues suivant de plus en plus près leur érection, raccourci qui va bientôt rendre obsolète le classique « tout grand homme meurt deux fois, une fois comme homme, une fois comme grand », le candidat grande figure prend les devants, sur le mode : faites-vous reluire, il en restera toujours quelque chose. D'où l'avalanche des promos de papier ou de pixel — tels des CV envoyés à une DRH posthume par des éphémères en mal de survie. La toilette du mort, c'est une sage précaution que de l'effectuer de son vivant, sur soi-même. Les cons susmentionnés étant aussi teigneux, prompts à démasquer, démystifier et déconstruire, un déboulonné averti en vaut deux.

(Répondant à un producteur, je lui avais suggéré un film où l'on ne verrait à l'écran que celles et ceux, vus, lus ou entendus, qui m'ont marqué de leur « empreinte », tous mes modèles d'identification, mes « Chateaubriand ou rien », tandis que j'aurais tenté de dire en voix *off* comment j'ai manqué me mettre à leur hauteur, me cassant la figure à chaque essai. Sans jamais apparaître physiquement. Pas de réponse. Aucun intérêt. Le bûcher des vanités visuelles déconseille le chichi. Pas de coquetterie, s'il vous plaît. Du m'as-tu-vu franc et massif. Théologie négative interdite.)

Contretemps

Le monde occidental n'est plus sérieusement contesté de l'intérieur. En marginalisant ses ultras, de gauche et de droite, il a fini par expulser ses démons, après avoir mis ses dieux à la porte. D'où ce tête-à-queue cocasse : sûr de lui comme jamais et de ses valeurs, l'ancien

centre du monde a gagné en certitude ce qu'il a perdu
en centralité. C'est quand il a épuisé son stock de messages d'intérêt général qu'il fait la leçon au genre
humain.


# Remords

« Profession, Monsieur ?
— Heu... Mettez : écrivain. »
C'est le moins compromettant. Qui se définit se
confine et s'ampute par là de sa meilleure part (tout ce
qu'on a rêvé d'être par ailleurs, et qui valait tellement
mieux). Il faut du courage pour s'admettre en l'état,
accepter cette relégation à perpète : notre raison sociale.
Pour endosser son dossard, son matricule, mieux vaut
en laisser le choix aux services compétents (journal,
concierge, Sécu) et continuer sa fofolle de course sans
demander son reste. Il y a souvent « philosophe » sur
mon maillot. On me l'a collé dans le dos sur la foi d'un
très vieux cursus (quoique je n'aie guère enseigné,
condition *sine qua non* pour rentrer dans l'équipe).
N'empêche. À peine je m'entends ou me vois qualifié
d'ami de la sagesse, je rougis et regarde tout alentour.
Port illégal de décoration. Ça ne peut pas durer. Ils vont
finir par me pincer.
Chaque casier a sa question-clé. Le philosophe est
plus qu'un sage, c'est un individu qui se demande :
qu'est-ce qui *est*, au juste, au fond, essentiellement ?
Préoccupation qui m'a toujours semblé oiseuse, la
mienne étant : « Maman, j'sais pas quoi faire, qu'est-ce

que je peux faire ? » À seize ou dix-sept ans, on remplace Maman par Lénine, et en avant la musique. Le tour est joué.

Je dois à la vérité de dire que la lecture du *Capital*, quand j'étais en âge de, m'a toujours fait bâiller (jamais pu dépasser le premier chapitre). Le *Que faire ?* de Vladimir Oulianov me paraissait autrement plus palpitant. Sans ce pli précoce, le mystère de l'efficacité symbolique ne m'eût pas tant inquiété depuis. La question de Lénine n'intéressait pas les vrais et bons marxologues de ma corporation, trop férus de l'importance pour se soucier de l'intendance (les *Cahiers marxistes-léninistes* de la rue d'Ulm, en 1965, avaient pour devise : « Le marxisme est tout-puissant parce qu'il est vrai »).

Il y a encore plus « coup de pied de l'âne » que « philosophe » : c'est « intellectuel ». Là, on frôle l'injurieux. Parler pour ne rien faire est le propre du zigoto, en charge des distractions de la classe cultivée. De l'entretien du pia-pia, en bruit de fond. Un excellent philosophe peut même défendre aujourd'hui « l'idée communiste », comme si ce n'était pas un aveu d'échec pour un idéal que de redevenir une idée, un joujou parmi d'autres, une énième élucubration. Un médiologue ne se hausse pas à ces sommets. Il se demande ce qu'elle déplace en dehors d'elle, cette idée, et comment elle se déplace, sur quelles échasses. Plutôt décevoir que déchoir.

« Les philosophes, disait Marx vers 1840, n'ont fait qu'interpréter le monde de diverses manières ; ce qui importe, c'est de le transformer. » Et comme les pionniers n'y sont pas parvenus, les retardataires reviennent à la case départ. Ils interprètent. Cent cinquante ans pour boucler la boucle : révolution dans la révolution.

## Technique d'abord

Quand on nous parle sentiment, répondons sans vergogne : équipement. Notre compassion pour les « victimes innocentes », par exemple, en lieu et place des combattants naguère admirés (Amnesty International chasse le maquisard de ses listes, où ne sont admis que les prisonniers d'opinion). On aurait tort de vouloir expliquer ce phénomène hautement moral en termes psychologiques par une baisse de tonus chez l'Occidental moyen. L'idée d'avoir à sortir un jour de dessous la paille la mitraille et la grenade relève à nos yeux de l'hôpital psychiatrique. Mais le déplacement des empathies humanitaires et mémorielles, disons du déporté politique vers le racial, pour faire vite, traduit une donnée statistique toute nouvelle, avec effet rétrospectif. Si, au début du XIXe siècle, 10 % des victimes des guerres étaient civiles, les « innocents » représenteraient aujourd'hui, selon les experts, 85 ou 90 % des pertes. Les soldats des pays riches, la technologie aidant, se protègent de mieux en mieux, tandis que le « dommage collatéral » s'accroît de jour en jour. Les Américains donnent l'exemple, avec leurs drones télécommandés et l'assassinat par écran interposé. Chaque frappe, au Pakistan et en Afghanistan, fait des dizaines, voire des centaines, de morts civils autour de la cible visée. Les maîtres de l'extermination à distance, *via* l'engin sans pilote ou le robot à chenille, praticiens de l'hécatombe propre, ont un haut-le-cœur face aux « trompe-la-mort terroristes », qui, faute de moyens adéquats et d'armes idoines, en sont encore à cette arriération samsonnienne : s'enterrer soi-même sous les colonnes du Temple. Les lâches terroristes, ce sont eux, bien sûr. Nous, nous sommes la civilisation même. Rien de nouveau sous le soleil : qui a la force pour lui fait la morale pour tous. Cela au moins, ce n'est pas générationnel ni technologique, mais animal, et donc imparable.

# Parabole

Ken Loach encore. *Looking for Éric*, admirable allégorie qui nous rappelle que l'homme a besoin de maître pour apprendre à se passer de maître, comme le chevalier du temps de Saint Louis d'un aîné déjà dans la place pour s'en faire adouber. Au Moyen Âge, saint François d'Assise téléguidait les bonnes âmes. La star du foot galvanise les corps, et l'intendance spirituelle suit. Le chrétien recrutait ses entraîneurs parmi les êtres de légende disparus, et nous, non plus télépathiques, mais télévisuels, nous préférons demander aide et secours psychologiques à des intercesseurs visibles en chair et en os. Le guide n'a plus le droit d'être mort. L'au-delà ne nous étant plus rien, nous exigeons du comptant. Mais toujours par le truchement d'une image. Dans la fable naturaliste de Ken Loach, ce n'est plus une fresque ou une icône, mais un poster d'Éric Cantona accroché au mur qui s'anime sous les yeux du postier dépressif et le conduit à l'original exemplaire (ce glissement de l'ombre au corps est la plus jolie métaphore du film).

Encore une fois, un film, non un livre, vient s'incruster dans l'esprit comme un air de Brel ou de Brassens. Loach nous livre en douce le goût de l'époque. Je ne vois guère de roman contemporain (peut-être en lis-je trop peu) pour me rendre pareil service : l'intelligence par l'émotion, détour qui donne accès aux choses mêmes.

« Le cinéma bouffe tout », prédisait Céline. « Ce ne sont plus des livres, les romans actuels, ce sont des scénarios. » Alors, qu'est-ce qu'on fait, plumitifs, avec une arbalète au milieu des fusils-mitrailleurs ? On se fait plaisir avec nos petits montages de mots, dans l'espoir de toucher au mieux les dix mille survivants de la confrérie littéraire. Notre homologue derrière une caméra peut espérer toucher aux larmes dix millions de congénères, et dans tous les continents au même moment. Zéro compétitivité.

Si l'on n'avait que cette pensée en tête, ce serait à se flinguer. Heureusement que nous avons d'autres plaisirs moins partageables, plus secrets...


# Génération

Mon ami François Maspero, un contemporain, même s'il me gagne de quelques années, me raconte incidemment son désarroi lors de la rentrée d'automne 1968, quand, alors libraire-éditeur, il découvrit qu'étaient mis en enchères, *via* un agent littéraire, les textes, souvenirs et photos des protagonistes du Mai étudiant. Jusqu'alors, les « révolutionnaires » ne demandaient guère de sous aux éditeurs pour leur production ; tout était bénévole et militant. Puis, le nouveau monde pointa le museau. Chevalier servant des idées, décalé d'un mythe ou d'un temps, Maspero vit s'avancer le tandem fric/image, timidement — figurants anodins et bientôt vaches sacrées. J'apprends que les ayants droit de Guy Debord demandent maintenant des millions d'euros pour ses manuscrits. Telle est la puissance du journalisme et des publicitaires — dont ce plagiaire du Marx de 1844 est l'idole — qu'ils les obtiendront.

Pertinent, quoique parfois urticant, me paraît somme toute le rangement des congénères par classe d'âge (n'en déplaise aux contempteurs de l'excellent Thibaudet, qui découpe ainsi le fil littéraire national). N'aurais-je pas eu tort de voir dans le lien générationnel le degré zéro de l'appartenance ? Le *nous* du pauvre ? Reste que cette misère fait un destin — pire qu'une fiche signalétique. Notre date de naissance a toujours une odeur, et il en est qui puent sans qu'on n'en sache rien. Cela, bien sûr, sans oublier le retard des mentalités sur l'actualité, ce divin esprit de l'escalier qui peut faire grimper haut. Seul un décorateur de téléfilm meublera en style Empire un intérieur parisien du temps de l'Empire, avec psyché, cols-de-cygne et têtes de Sphinx. Bien plus probable la bergère Louis XVI. Une génération se meuble les méninges avec l'attirail de l'époque précédente. La mienne, chacun son mauvais goût, s'est fournie avec *La Bataille du rail, Pour qui sonne le glas, Mourir à Madrid* et *Quand passent les cigognes*. Né en 1940, mon légendaire utile s'étend de la prise du Palais d'hiver, Saint-Pétersbourg, 1917, et s'éteint à la prise de la parole, Paris, 1968, qui a cassé le fi d'or de l'Histoire, à tout jamais, je le crains. Mon nous à moi, si j'ose, est tout de guingois, le cul entre deux chaises. Coincée entre la génération du feu (vingt ans en 1940) et celle du *fun* (vingt ans en 1968), la nôtre n'a pas fait la guerre (sauf, pour certains, la guerre d'Algérie). Cette classe interstitielle a eu ses baptêmes du feu par procuration, mais en gardant encore trop d'images de guerres et de Résistance sous les paupières pour pouvoir s'adapter de bon cœur aux fêtes grasses de la paix. Témoins ou comparses des guerres d'indépendance anticoloniales livrées par les indigènes contre nos aînés, nous fûmes sans doute les derniers, ne serait-ce que par procuration, à fumer le haschich millénariste. D'avoir lu, le cœur serré, les mêmes manchettes de *France-Soir*, d'avoir punaisé au mur des mêmes chambres de bonne les mêmes héros, repris en chœur les mêmes slogans (*US go home*, pour le feu, CRS = SS, pour le *fun*), d'avoir réagi, fût-ce à l'opposé, aux mêmes catastrophes initiatrices (Vichy ou Diên Biên Phu) nous ont rendus, adultes, vaguement complices, poil fraternel, même chair de poule. Nous sommes et resterons d'avant 1968, début de la fin, début d'un âge de Restauration où l'on se sent quelque peu, François, Gilles, Jean-Louis ou Régis, *persona non grata*.

## Time is money

Une microcésure, parmi d'autres : le coup de téléphone pour confirmer, la veille ou l'avant-veille d'un rendez-vous à déjeuner. Au-delà de soixante/soixante-dix ans, si j'en juge par mon expérience, les amis ou contacts ne ressentent pas le besoin d'en avoir le cœur net. Dans la classe des *has been*, un rendez-vous a été pris un mois ou quinze jours plus tôt, inscrit sur l'agenda, pas besoin d'insister. Sauf catastrophe, on y sera. Chose promise, chose due. Aujourd'hui, à Paris, quand on a trente ou quarante ans, il est devenu normal d'appeler son ami ou sa relation *in extremis* pour savoir « si cela tient toujours ». En clair : si l'on n'aurait pas entre-temps trouvé plus juteux ou plus *glamour* sur le marché des agapes utiles, qui ferait nous décommander à la dernière minute. Soupçon jadis injurieux (comment peux-tu croire ?) devenu saine précaution (sait-on jamais ?). Je m'engage, oui, mais sur l'instant et pour l'instant. Toute parole donnée, tout serment prêté s'accompagnent à présent de leur clause suspensive : « À condition, le moment venu, que je n'aie pas trouvé plus rentable ailleurs. » Ainsi l'exige la liberté du consommateur, qui devra être respectée jusqu'au dernier moment.

## De la démocratie à ski, et au-delà

L'aristocrate libéral et normand n'est pas mon cousin, mais quiconque, après une décennie ou deux d'abstention, dévale les autoroutes neigeuses, bien à sa place, en rang, au milieu d'une cohorte d'homologues à vitesse limitée, doit rendre les armes à Tocqueville : il a vu juste avant les autres. Quoi ? La fadeur, rançon de « l'infaillibilité de la masse ». Le skieur par « temps d'égalité », tout comme le lecteur de magazine et le bon citoyen, doit se placer lui-même « à côté du grand corps, en se persuadant de sa propre insignifiance et faiblesse ». Avec la glisse mécanisée, à la portée de tout un chacun, *snowboard* compris, le niveau moyen s'est élevé, le nombre de jambes cassées s'est réduit, en même temps que l'excellence et une certaine grâce du geste. Moins d'effort, mais moins de plaisir. Un béjaune peut brûler les étapes et devenir en trois jours un skieur honorable, sans avoir à faire ses gammes, là où il fallait plusieurs années de « sports d'hiver », de gamelles, d'entorses et de ventre noué pour pouvoir un jour, ô récompense après une longue douleur, faire bonne figure sur une bleue ou une noire. Devenues larges, courtes et légères, les planches paraboliques tournent toutes seules. Pas de cérémonie. Deux temps trois mouvements. Le style ? Un détour inutile.

Le regard ironique, plus dédaigneux qu'apitoyé, du moniteur sur mes skis laborieusement serrés, bâtons plantés, virages dérapés, christianias, godille, poids du corps en avant, etc., bref, sur mes efforts de présentation — restes d'un temps obscur de fixation à lanières, skis longs (à hauteur du bras levé) et peaux de phoque —, m'a mis au pied du mur. Pourquoi faire compliqué quand tout est devenu si simple ? Pour se faire remarquer ? Ridicule, mon vieux. « Restez *cool*, détendez-vous, a-t-il fini par me dire. Ça ne se fait plus, vous savez, toutes ces manières. Même mon grand-père a abandonné ce bazar. »

J'ai senti là le bon conseil. Que ce soit pour écrire, manger, administrer, enseigner ou skier, il faut utiliser la ligne « claire » de Hergé pour *Tintin* : ni ombres ni zébrures, aplats de couleurs nettes, droit et direct. Comment se défaire de cette fâcheuse hérédité : le faire compliqué, la politesse des maladroits ?

## Soyons pragmatiques

Tout ce qui soude une communauté et dynamise nos culs de plomb relève de l'indécidable. Les paroles les plus puissantes sont les infalsifiables. Vous aspirez à l'esprit pratique ? Devenez un peu dingue. Sans son côté zinzin, de Gaulle n'aurait pas sauvé les meubles, à deux reprises. « Je préfère, disait-il, un mensonge qui élève à une vérité qui abaisse. »

## Reculer pour mieux sauter

Laurent Terzieff, soixante-treize ans, redonne, avec quelques autres, sa jeunesse au théâtre, mais quand il déclare à un journaliste « le passéisme m'effraie », mon sang d'admirateur ne fait qu'un tour. Comment peut-il ? C'est le présentisme qui est effrayant. La perte des ana-chronismes. L'instant qui scintille, sans recul pour s'en démarquer, sans l'aune pour le jauger. Si maintenant tout est maintenant, disons adieu aux rébellions de demain, que le jeunisme tuera dans l'œuf. Pas de révolution sans l'insistance, l'assistance du révolu. Que peut-on attendre d'enfants du siècle aussi pleinement de leur siècle, libérés des « diktats de la tradition », des « vérités imposées de l'extérieur »? Une reddition au consensus. Des adultes étourdis de présent, oscillant entre bamboches et cataclysmes, allant et venant entre *gay parades* et paniques sanitaires. Tous les révolutionnaires que j'ai rencontrés avaient un temps de retard sur le leur : le Che voulait refaire San Martín, Marcos, Zapata, Chávez, Bolívar. Comme nos jacobins en 1789, lecteurs de Plutarque et de Tite-Live, les Gracques; et Lénine, la Commune de Paris. Les réfractaires ont la manie d'antidater, en faisant d'un anachronisme leur agenda. Une révolution, c'est un repêchage à l'automne, par des bons élèves convaincus d'avoir raté la session de printemps pour n'être pas arrivés à l'heure. Ce sont les décalés, les recalés de la grande histoire qui font bouger les lignes de la petite, parce qu'ils vivent un « non plus » comme un « pas encore ». Personnellement, si je n'avais pas eu le sentiment, à vingt ans, d'avoir honteusement déserté la guerre d'Espagne et le Vercors, je n'aurais jamais eu l'idée de prendre la tangente, par la petite porte. Pour rattraper en catastrophe une défaillance. Retrouver la sensualité rouge et or qui s'attachait, en toile de fond, aux défenseurs de Madrid assiégée, en 1937, tragédie bizarrement érotique, toujours en souffrance, et à qui il nous revenait, membre d'une génération aussi athée que pieuse, de donner le dénouement mérité. S'engager, c'est se souvenir. Au risque du rabâchage, soit, et des fausses gloires, parce que l'antiquaire à l'esprit d'aventure se dore la pilule avec du mentir-vrai. Ce n'est pas un mauvais choix, pour un adolescent, que d'être vieux une fois pour toutes. Dans notre invincible propension à idéaliser une guerre, une Résistance compliquée et qu'on n'a pas vécue, n'y a-il pas une ruse de la raison lyrique, permettant de creuser l'écart entre ce qui est et ce qui devrait être, et dont on veut croire qu'il a déjà eu lieu, ailleurs ou autrefois? Le « c'était l'âge d'or jadis », cela sert, comme la Terre promise aux exilés, à rendre le bronze encore plus moche qu'il n'est. C'est l'utilité des légendes, ces contributions du passé au futur.

J'admire Terzieff parce qu'il reste, avec Gérard Philipe, mon jeune premier idéal, depuis mes dix-huit ans. J'étais là, à la première de *Tête d'or*, de Claudel, à l'Odéon, en 1959, au paradis (de Gaulle, en frac, dans sa loge), mais, du troisième balcon, on ne voyait que pouic. Barrault, ami de ma mère, m'avait refilé un billet. Il avait eu bien du mérite parce que, quelques jours auparavant, remontant à ses côtés la rue de l'Odéon, après qu'il eut fait part au fier et fougueux membre de l'Union des étudiants communistes que j'étais de ses réticences envers l'« impérialisme soviétique », je lui avais expliqué par a + b en quoi cette dernière expression était un lamentable solécisme, l'impérialisme ne pouvant être que le stade suprême du capitalisme, en quête de matières premières, de superprofits, etc. Je revois son doux sourire silencieux, entre éberlué et navré, et ce n'est pas mon meilleur souvenir. Ma dette de reconnaissance envers ce *Tête d'or* qui faisait sangloter le verset rimbaldien comme personne est aussi ineffaçable que cette petite honte rétrospective.

Du rétroviseur comme propulseur. Que serais-je devenu sans le coup de pied au cul de l'ancien combattant ? Sans mon incurable gérontophilie (perversion plus productive, avis aux égarés, que la pédophilie), me serais-je senti parfois en pleine forme ? J'ai su être jeune tant que j'ai eu des octogénaires à écouter, des nonagénaires à contempler : de ceux qui valent le déplacement, parce qu'ils ont fait histoire (et le grec ancien utilisait le même verbe, *historêsai*, pour « aller voir, questionner, explorer »). Les toucher, leur parler, croiser leur regard, ce fut mon merveilleux. Enrique Lister, à Cuba, en 1961. Dolores Ibárruri, la *Pasionaria* au chignon blanc et tiré, qui passait quelques jours de vacances dans le Midi et auprès de qui je fis pèlerinage naïvement avec Joan Baez, une journée entière de souvenirs rouge et or, grâce à Santiago Carrillo, alors secrétaire du PC espagnol. Le secrétaire et garde du corps de Trotski, qui l'a accompagné de Prinkipo à Coyoacán, Jean van Heijenoort (quelle fête ce fut avec lui : Rivera, Frida Kahlo, Natalia...). Pour la France, les anciens résistants : Lucie Aubrac, Claude Bourdet, Jorge Semprún, Stéphane Hessel, Marcel David, Daniel Cordier... Encore aujourd'hui, ces mécontemporains capitaux me mettent, avec leurs souvenirs, au comble du bonheur. Et si quelque chose devrait désespérer Terzieff, parce que diminuant singulièrement les chances de voir surgir de nouvelles têtes d'or, c'est de découvrir, dans la librairie de Strasbourg, ville universitaire, capitale de l'Europe et siège de l'ENA, où le secrétaire de Jean Moulin est venu présenter *Alias Caracalla* —, une salle sans un seul jeune. Dévorante incuriosité. Chaque tranche d'âge avec les siens, dans son coin. Chassons le

morose, mais, névrose pour névrose, troquer l'engagement par réminiscence des hallucinés d'antan contre la
désinvolture des dégingandés du jour ne me semble pas
faire l'affaire des printemps futurs. Le conservateur a
un signe distinctif entre tous : l'absence totale de nostalgie. Il n'aime que le papier glacé, en lieu et place de
ces papiers cassants et jaunis qui dressent des barricades avec des revenez-y.

Ne nous cachons pas l'envers de la médaille. La
vieillesse du gérontophile est plus amertumée que celle
des gens normaux, qui s'accordent à leur circonstance.
Que les jeunes dames lâchent le barbon, c'est dans
l'ordre des choses ; mais nos anciens aussi, avec les
années, se font la malle, ce qui n'est pas moins dépri-
mant pour qui reste en rade. Les sources d'inspiration
et d'émulation disparaissent par les deux bouts, chair
et verbe. Se voir progressivement contraint, par la page
nécrologie, à ne fréquenter que des gens aussi peu inat-
tendus qu'on l'est pour soi-même, des frangins qui n'ont
rien de spécial à nous raconter que l'on ne sache déjà,
parce qu'ils sont de notre âge et lisent les mêmes journaux, c'est plutôt tristounet. Disons que cela ne donne
plus trop envie de se remuer...


# À la niche, frères humains !

Petite tournée chez les libraires indépendants pour
présenter *Le Moment fraternité*. L'un deux, qui me veut
du bien, me morigène gentiment. Pourquoi le livre n'est
pas en montre ? Pas de poster, pas d'affichette ? Il ne

marche pas trop mal, m'explique-t-il, mais les *best-sellers* ont une règle : l'auteur doit s'adresser à un public, et s'y tenir. J'en ai plusieurs, et qui se chassent l'un l'autre. En me promenant le long des présentoirs, il me fait observer que les fortes ventes correspondent à une « image » personnelle bien définie et que je brouille par trop la mienne. Un tel, la communauté juive ; l'autre, le granit breton ou bien les cathos en recherche ; ici, la gauche anar et radicale ; là, les habitués du *Fig-Mag*. La clientèle, avec eux, sait à quoi s'en tenir. C'est du loyal. Avec moi, c'est du louche. Gauchiste, social-traître, gaulliste, bondieusard et maintenant bouffe-curé (j'ai signé un appel pour la gauche de la gauche). Je passe mon temps à me marcher sur les pieds. Et puis, médiologue, c'est quoi ? Où est-ce que je classe cela ? Un auteur doit avoir sa sociologie. Dès que j'en acquiers une petite, je la sabote par la suivante. Allez, ne vous plaignez pas. Le beurre et l'argent du beurre, laissez cette sotte ambition à d'autres.

Je me le tiendrai pour dit. Belle leçon de marketing. Mercuriale qui assombrit l'écrivain, mais réjouit le médiologue. Notre but n'est-ce pas de mettre en ligne ces trois questions régulièrement disjointes : qu'est-ce que dit cet individu, de quelle manière il le dit, et sur-tout : qui est-ce qui aura *intérêt à le redire* ? Quelle radio, quelle presse communautaire ? Qui sera flatté de faire l'article ? De poser le bouquin sur sa table basse, au salon ? D'en parler aux copains ?

Une valeur sûre se doit à son couvent. L'effritement de la culture générale condamne à une sorte de mi-carême les ouvrages dits d'intérêt général. Ainsi que les SDF de la librairie qui, sauf à passer par l'entonnoir des émissions de variétés, ne peuvent mobiliser aucun amour-propre professionnel, sexuel, confessionnel, régional, etc. Un auteur sans circonscription est une fleur coupée qui ne trouvera pas son vase. Question d'écosystème, et de chronologie aussi. Certains milieux porteurs s'évaporent au fil du temps : celui de la France libre est du nombre, et un livre sur la Résistance qui ne touche pas directement à la Shoah ne fera pas un *best-seller* (gaullistes et communistes disparus de conserve, le sujet n'intéresse plus aucune tranche de population bien définie). Un Cordier, trop patriote pour les gens de gauche, trop à gauche pour les nationaux. D'autres audiences captives montent en ligne (la *gay*, l'indigène, la bouddhiste, la bio). Trop catho pour les francs-maçons, mais trop libre-penseur pour les chrétiens, multicarte en définitive, *Le Moment fraternité* n'accroche nulle fierté communautaire, n'accroît aucune estime de soi, ne renforce la main d'aucun groupe de pression. Tribalisation de la littérature générale ? Oui, et qui reflète, en mineur, celle de nos sociétés. Rédhibitoires, les hybrides. Nous vantons à qui mieux mieux le métissage et le trans-n'importe quoi, mais gare à qui s'écorche l'image et enjambe sa niche.

Non que je prenne plaisir à brouiller les cartes. J'aurais plutôt rêvé de dissocier les jeux et de pouvoir mener plusieurs parties en même temps (les simultanées des joueurs d'échecs), chaque échiquier sa martingale. Le procès du siècle des Lumières est périlleux, et son exaltation souvent aveugle. N'empêche que si le siècle des boudoirs, des bergères, des pendules « baiser d'amour » et des marquises philosophes peut inspirer un regret, c'est bien celui de l'amateurisme (même si son refus de faire sa part au nocturne m'en éloigne par d'autres côtés). En revanche, ses éternels propédeutes, ses gais polygraphes, tous ces diables d'artisans sans enseigne, on ne saurait dire encore aujourd'hui — et ils ne le savaient sans doute pas eux-mêmes — ce qu'ils faisaient au juste dans leur boutique : de la physique expérimentale, des opéras bouffes, des affaires louches, du porno, du roman à thèse, de la théologie, des projets de Constitution ? Comme ce devait être plaisant de cogiter et d'inventer en dilettante, avant les lotissements universitaires, sans les *gated cities* du territoire académique, quand il n'y avait encore ni disciplines, ni filières, ni sections. Non plus que ces examens de conformité précoce qui donnent le droit d'occuper, à vingt-cinq ans, un bout de trottoir bien délimité pour y racoler le client ou le disciple jusqu'à soixante-dix ans. La fête fut productive, ambitieuse et concise. À l'opposé de notre régime doctoral, court dans le propos et longuet dans l'exécution, qui a oublié le conseil pascalien de « sauter les idées intermédiaires » (d'où l'obligation qu'ont les éditeurs les plus bienveillants de tailler parfois jusqu'aux deux tiers dans le *pensum*). L'idiotie dispersive a pointé le museau peu après, avec Napoléon et le grand maître de l'Université. Sont alors arrivés les bons profils, avec, derrière les bons professionnels, et à la fin des fins, les bons diplômes professionnalisant. Comme si tout ce qui passe professionnel ne donnait pas envie de pleurer : le sport, le sexe, la politique, l'art, la philosophie (où ce sont des amateurs, autodidactes autopropulsés, comme Platon, Épictète ou Sénèque qui donnent du grain à moudre aux

217

encartés). Pourquoi m'a-t-il fallu verser mon obole à ce Charon diplômé qui fait passer un jeune vivant, avant l'âge, dans le royaume des morts ? C'est qu'on est captif de l'ornière qui, d'examen en concours, conduit de l'École à la niche.

Je me souviens pourtant, rue d'Ulm, d'avoir consacré à Diderot, vagabond à paradoxes, mon diplôme d'études supérieures (« L'idée de génie chez Diderot ») sous la direction d'un aimable irrégulier, le professeur Henri Gouhier, féru des tréteaux, d'Auguste Comte et de mystique. *Outsider* de l'intérieur, pas vraiment insurgé, l'opposant de Sa Majesté la scolastique, j'y trouvais mon compte. Biaisant avec la fatalité, déjà, cherchant la troisième voie, le troisième homme, le non-aligné — quête par définition malheureuse, vouée à l'impasse par la faute de cet instinct profondément ancré en nous et où puise la religion, qui veut qu'une porte soit ouverte ou fermée, dans un univers clairement boussolé et polarisé (est/ouest, gauche/droite, matérialiste/idéaliste, document/fiction, etc.). Ce tropisme ne se raisonne pas. L'intellect démagnétise, mais l'affectif polarise, et l'affect mène le monde.

Même inconfort pour une médiologie non répertoriée dans l'espace universitaire, trop plan-plan pour les fils du ciel et trop fut'-fut' pour ceux de la terre. Ses chemins buissonniers ont du mal à trouver une case dans les rayonnages (où on la voit parfois s'échouer, à défaut de certificat de bonne vie et mœurs, dans une pauvrette « sociologie des médias »). Aucun syndiqué n'y trouve un miroir embellissant. Savoir de l'entre-deux-cases, elle-même entre deux chaises (l'ésotérisme et l'empirisme), elle mettra du temps à nidifier. À rejoindre son biotope. À s'accrocher son badge. Autant dire qu'elle vaut la peine — du moins pour un adepte du porte-à-faux.


# Bilan final

Rien de plus attendu, en clôture d'exercice, que le *lamento* genre « que de temps perdu », « quel mauvais usage de ses maigres talents », « et tout cela pour une femme qui n'était pas mon genre ». Chacun son Odette. La mienne aura longtemps été la chose politique. Je m'en voudrais de renchérir sur son discrédit et de reprendre le refrain du « si j'avais su je serais pas venu », mais le petit *flash-back*, années Guevara, années Mitterrand, auquel m'incite l'obligeance de France Culture (dont je suis l'« invité de l'été ») n'est pas de nature à m'éviter cette banalité. Le sentiment d'avoir passé sa vie à courir après des papillons n'épargnera pas un papillotant chronique en bout de course. Paperasses déballées, bouquins réexaminés, lettres et documents exhumés pour répondre aux indulgences de la productrice : tant de veilles, de chagrins, de maux de tête et d'estomac, de papiers noircis, de cheveux arrachés, des années durant et pour quoi, finalement ? Des pets de lapin. Sous l'angle du rendement de l'énergie, je ne vois pas d'activité plus contre-indiquée, moins productive que la militante. Le Sisyphe un peu niais se fait les muscles pour un match retour de mémorialiste ou de moraliste, mais il a de quoi faire éclater de rire un esprit sobre, tant la disproportion entre l'*input* et l'*output* recèle de *vis comica*. La pauvreté des résultats ne devrait pas entrer en ligne de compte pour qui s'est engagé (on n'est pas sérieux quand on a dix-sept ans, une injustice vous scandalise) pour des raisons d'ordre moral. Contre la torture en Algérie, mes *starting-blocks*. Je n'ai jamais pensé faire carrière ni rallier un jour la caste des élus. Demeure l'éternelle question : que reste-t-il de ces années où, pour parodier Heredia, « penchés à l'avant des *rouges* caravelles/*on* regardait monter en un ciel ignoré/du *fin* fond *des Sierras* des étoiles nouvelles » ? Les « lendemains épiques » ont fait faux bond, et c'est tant mieux, sans doute, pour le bien-être de tous. Le désappointement est de règle au bout de ces courses exténuantes, depuis qu'il y a des hommes, et qui font des plans. Les capitaines d'espérance qu'on a moins aimés, dans notre génération en manque, pour le peu qu'ils ont fait que pour ce qu'ils nous ont fait rêver, on peut les dénigrer, et s'en vouloir un peu de leur avoir emboîté le pas trop longtemps, encore faut-il se demander pourquoi chaque génération montante se relaie au bas de la montagne accoucheuse de souris, avec application, et parfois enthousiasme. Et cela même quand on se vante, la Cour des comptes aidant, de faire la chasse au gaspi.

Ne noircissons pas le tableau. C'est parfois un plaisir vif, sur le moment, que de ne pas compter sa peine. Surtout si l'on en reste à l'art pour l'art, c'est-à-dire au stade conspiratif. L'excitation de la petite bande combinant à bas bruit de grandes choses — le projet fou, démesuré, une chance sur dix — nourrit honorablement le cœur et l'esprit. Tout se gâte avec le succès, au stade normalisateur, stéréotypé, anesthésiant dit des

« responsabilités du pouvoir ». Là, on passe sous la toise. Accomplissement valant corruption, il faudrait chaque fois savoir jusqu'où ne pas aller trop loin, et donner sa démission à temps. En se gardant de vouloir régulariser (devenir député, secrétaire de section ou d'État, ministre ou administrateur). Pour servir sans s'asservir : luxe réservé aux irréguliers et aux intermittents. Aux apôtres qui ne passent pas évêques. Et goûtent le plaisir un peu lâche du refus d'installation. En dépit de ce qu'enseigne l'Église primitive, inévitable est la dégradation du mystique en politique, du zélé en intronisé parce qu'il faut une hiérarchie, si l'on veut que la trouée fasse histoire. Pas d'inquiétude. Le cours des choses facilitera le décrochage de l'égocentrique qui veut garder une bonne opinion de lui-même. Dans tous les régimes, les premières places sont vite raflées par les ouvriers de la dernière heure. Le rallié a toujours plus d'avenir que le disciple prématuré : pour l'attirer, ou le neutraliser, on lui fera mille gâteries.

Un étudiant des plus politisé, tout feu tout flamme, est venu hier me demander ce qu'il fallait retenir de mes « mésaventures », et quelle leçon en tirer : « Si vous aviez des conseils à me donner... » J'ai éludé toute réponse crue, doutant fort qu'elle aide à la carrière des cadets de Sciences Po. Je trouverais fort sensé qui croirait que je ne suis pas lui, mais la morale que j'en tirerais égoïstement, si c'était à recommencer, serait : terroriste, oui, en tant que de besoin ; plumitif, le moins possible. L'acte, oui ; le commentaire, non. La bataille d'hommes, tant qu'on veut (ajoutons-y le travail d'organisation) ; la guéguerre des opinions, *never more*. On y est d'emblée perdant dès qu'on est assez sot pour dire ce qui est (de Gaulle : « Quand on dit que l'Angleterre est une île, on scandalise »). C'est une saumâtre maladie que de déceler à l'œil nu, physiquement, ce qui relève de l'idéologie dans l'évidence du jour, en détectant ce qui, en elle, fera sourire dans vingt ou trente ans. Je crois l'avoir contractée aux alentours de la trentaine, instruit par mes propres erreurs et une certaine macération cérébrale. Encore n'avais-je jamais donné, pour ne pas croire au paradis, dans les mauvaises blagues maoïstes ou staliniennes (m'étant gardé d'exalter la société, l'État ou le parti cubains, pour ne m'être, et c'est sans doute un tort, jamais intéressé à la situation intérieure de l'île d'utopie). Mes menus agissements n'ont récolté que de justes sanctions. Je ne m'en plains pas. Les « mésaventures » me sont venues exclusivement de mes publications les moins imbéciles.

Un plaidoyer *pro domo*, avec le temps qui fuit, sent toujours mauvais, mais avoir à classer mes vieux papiers, et les insultes qui leur ont répondu, efface les rougeurs. Relisant, en marge de ces émissions, mes vieux textes de circonstance, mes lettres d'amour fanées au fond d'un tiroir, je n'y trouve pas de quoi rougir. Écrire, en 1971, au Chili, au cœur de l'exaltation populaire, qu'il ne faut pas tenir l'armée pour quantité négligeable ; en France, en 1972, face aux gauchistes qui donnaient le ton, que les luttes illégales ou clandestines sont inaptes ou criminelles ; en 1978, lors du dixième anniversaire de 1968, que les héros de Mai deviendront les grands notables de l'Europe libérale ; en 1981, que les soulèvements collectifs ne seront plus à l'avenir d'ordre idéologique, mais religieux ; en 1984, que l'Union soviétique est une chose du passé, le communisme, une affaire finie, et que la seule vraie question est désormais l'Islam ; en 1989, que les socialistes auront à choisir entre l'Europe et le socialisme, voire la République, car l'Europe sera incoerciblement libérale et hostile aux services publics ; en 1990, que la prétendue victoire des coalisés dans le Golfe n'annonce pas un nouvel ordre international, comme le soutenait alors M. Bush père (et la plupart de nos éditorialistes), mais un nouvel ordre unilatéral ; en 1995, que la guerre du Kosovo n'oppose pas les bons aux méchants, que le nettoyage ethnique, vieille coutume, peut se faire dans les deux sens, et que les bombardements de l'Otan ont précipité le pire — c'est simplement se conduire en enfant de sept ans. Si honte il y a, ce n'est pas d'avoir dit beaucoup de bêtises, mais d'avoir gonflé le biceps pour signaler que le roi est nu. Le Kosovo ? Une fois démontée l'intox des *spin doctors* de Tony Blair, et vu ce qu'il est advenu sous l'égide albanaise de la société multiethnique promise par l'Otan, les chiffres et les faits réels ne m'ont pas donné tort, en dépit de l'amalgame avec la Bosnie voisine. L'Irak ? J'ai sous les yeux une coupure du *New York Times* (23 février 2003) qui me tourne patriotiquement en ridicule pour avoir dit que la guerre américaine allait « provoquer le chaos au lieu de l'ordre et la haine au lieu de la reconnaissance », tout en donnant « aux partisans de Ben Laden une formidable deuxième chance » : ce pronostic fut jugé idéologique et lamentablement « *frenchie* » par cet organe phare. Bernard Kouchner, quelques jours plus tard, déclarait le contraire au même journal, et son soutien résolu à l'idiotie de M. Bush. Je suis un zozo. Il est ministre. Personne ne relit rien, par bonheur. D'ailleurs, à quoi bon? À distance, on se demande si cela vaut la peine de se faire injurier pour enfoncer des portes fermées qui se seraient ouvertes toutes seules, à la longue, avec ou sans mouche du coche. Tout ce qui n'est pas fictif est malvenu. Le publiciste perd son temps. Prêcher, sermonner, rectifier, apostropher, pétitionner : service inutile. Avant l'heure, c'est pas l'heure; après, non plus. Et quand sonne l'heure, on agit, point final. Si l'on tient à se rendre utile, ce n'est pas en suivant le cours des choses, et peut-être pas non plus en s'y opposant frontalement. Ce serait plutôt en essayant de le détourner. Sans perdre de vue que l'ineptie à laquelle croit sa tribu sera toujours plus crédible, pour le sorcier aux manettes, qu'une vérité à laquelle personne ne croit.

Continuons donc d'œuvrer pour le pain et les roses, soit, mais sans penser qu'en nous dépensant pour les meilleures causes on va s'agiter en connaissance de cause. Pas de *wishful thinking*. La clairvoyance nous couperait les jambes *illico*. Le père Freud fait sourire avec son après-demain on rase gratis : « Le temps où sera établie la primauté de l'intelligence est sans doute encore immensément éloigné de nous, mais la distance qui nous sépare n'est sans doute pas infinie. » C'était le credo du XIXe siècle : l'humanité est sur la bonne voie, tout près d'accéder à sa majorité, enfin dessillée, instruite au fur et à mesure par les progrès de la science. Allons donc! En politique comme en amour, il n'y a pas de grandes personnes. L'asymptotique course au règne des experts relève d'une superstition de notre cerveau gauche. Tout indique que plus l'intelligence acquiert de micro- et de télescopes pour faire le point, plus elle a besoin de se leurrer pour se remonter le moral, et fuir dans le chimérique un monde dépouillé par la science des sortilèges et providences qui nous le rendaient supportable, en nous évitant la fuite en avant compensatoire, le défoulement onirique dans le tamtam électoral et le projet de société. Il y a des rémissions à la tombée du jour, et l'activisme n'est plus « l'attitude culturellement valorisée » qu'elle fut entre 1945 et 1975 (et qui a fait la renommée d'un Sartre). Cette période où il était important d'avoir une « conscience politique », je la vois s'éloigner, rejoindre la mazurka et la valse balancée. Une courte parenthèse de deux siècles dans l'histoire longue de l'espèce. Notre Christ à nous s'est arrêté en 1968, comme l'autre à Eboli (mais c'était sans doute un sosie). Et nous voilà tous semblables aux paysans lucaniens de Carlo Levi, la tête bourdonnant de soleil, suroccupés, cafardeux, suspendus à nos portables et nos SMS, livrés à une vision balnéaire de la vie. Mais il y aura toujours et encore un sorcier de village — leader ou président — pour accrocher le grelot, stigmatiser le vilain (le communiste, l'impérialiste, l'islamiste, grand ou petit Satan), chasser le faux frère et faire luire à l'horizon un petit royaume de Dieu. Les grands déchaînements de l'imaginaire collectif ressemblent à des phénomènes de lévitation, d'autosuggestion contagieuse, parfaitement compatibles avec les labos, les blouses blanches et les tableaux noirs (c'est dans les pays où le niveau d'éducation est le plus élevé que la mécanique délirante s'emballe le plus). Le moyen de faire autrement ? Le « je ne veux pas le savoir », l'alpha et l'oméga du décideur, relève de l'instinct de conservation. Un réflexe *pro life*. Le journaliste

Viansson-Ponté était le meilleur ami du professeur Léon Schwartzenberg. Ils avaient écrit ensemble, bien portants l'un et l'autre, un livre sur le cancer, les façons de l'annoncer aux malades, leurs réactions psychologiques. Quand, peu d'années plus tard, le premier a appris de la bouche du second qu'il avait le cancer, il l'a mis à la porte en l'injuriant, et a coupé les ponts. Dans les choses de vie et de mort, l'intelligence, point trop n'en faut.

Étonnons-nous après cela que pour ces pays de cocagne où l'on n'arrive jamais, aux pentes glissantes, aux lacets interminables — la société sans classes, la démocratie de bas en haut, la cyber-République transparente, l'harmonie et la paix entre les peuples —, il y ait toujours des candidats au départ, sac à dos, souliers cloutés, piolet à la ceinture, piaffant d'impatience comme au premier jour. Le côté nef des fous de la galère politique, n'est-ce pas ce qui pousse à s'embarquer? Qu'on puisse y repiquer après deux siècles d'espérances trahies et de gueules de bois, que les bonnes gens continuent de se rendre aux urnes (de moins en moins, il est vrai), de faire chorus au meeting du Métropolitain, d'allumer la télé pour une quelconque « Heure de vérité », un esprit froid verra là une récidive déraisonnable. Je me demande si ce n'est pas à mettre au crédit d'un animal doué plus que d'autres pour la déraison vitale et vivifiante.

C'était être fou par un autre tour de folie (nous fûmes, tout au long du siècle écoulé, quelques millions dans ce cas clinique) que de vouloir peigner la girafe, au lieu de la piéger à moindre frais. Autant procéder par a + b dans l'asile psychiatrique, *via* le syllogisme, la courbe statistique ou la carte de géographie. Je prenais l'illusion motrice pour la bévue à rectifier, mais le simple d'esprit, c'était moi, l'avorton des Lumières convaincu qu'avec un livre bien argumenté, une note en trois points, une liste de chiffres et de faits, j'allais pouvoir, avec d'autres, inciter nos délirants à revenir à la réalité. Par exemple, convaincre les communistes français, en 1979, qu'ils allaient droit au suicide à force de sectarisme myope ; ou les conservateurs éclairés, en 2006, à l'aide d'un PowerPoint montrant, sur vingt ans, l'évolution cartographiée de la Cisjordanie, que les négociations de paix totalement irréalistes soutenues par notre diplomatie n'étaient que rideau de fumée. Une seule réponse : pas de réponse. Au mieux un « je sais bien, mais quand même » d'un ou deux intrépides. Ou encore un « vous avez raison, mais on ne peut pas le dire » (sur le Proche-Orient). Le fait ne peut faire foi. La question ne sera pas posée, la carte ne sera pas montrée (le bulletin télévisé l'évitera comme la peste). J'ai appris à Jérusalem qu'en partance pour Camp David (où Clinton dut taper du poing sur la table pour faire venir une carte précise des colonies et de la ligne de démarcation), la délégation palestinienne qui avait demandé aux cartographes de l'OCHA (United Nations Office for the Coordination of Humanitarian Affairs), l'organisme des Nations unies travaillant sur place, de lui fournir une carte montrant le dernier état de la colonisation, s'est finalement abstenue de venir la prendre. C'était sagesse de leur part. Mieux valait pour eux ne pas avoir sous les yeux la vanité intrinsèque de l'exercice diplomatique projeté. S'il avait froidement considéré une carte de la Russie, Napoléon n'y serait pas allé. Mais s'il était resté aux Tuileries, il ne serait pas Napoléon. « On s'engage, et puis on voit » : rien de plus, rien de moins.

*Révolution dans la révolution* fut tiré en Amérique latine, en 1967, à cent mille exemplaires. Depuis, chaque fois que j'ai voulu décrire, analyser ou approcher de près une donne politique ou diplomatique (*Critique des armes*, *Lettre aux communistes français*, *Les Empires contre l'Europe*, *Tous azimuts*, etc.), je suis tombé à plat, avec des retours chez l'éditeur à peu près équivalents à la mise en place. À juste titre : cela disait le fait, mais ne rendait service à personne. Sortant de prison, j'aurais dû être déclaré bon pour le discernement et inapte au service actif. Je feuillette sur mes rayonnages, section « politique étrangère », des ouvrages d'experts intitulés : *Le Monde soviétique, un univers en expansion* (1984), *L'Europe finlandisée*, *Devant la guerre*, etc. M. Minc annonçait que l'Europe occidentale allait succomber aux sortilèges du communisme, M. Fukuyama, de la Rand Corporation, que l'URSS allait gagner la guerre en Afghanistan, etc. J'indiquais au même moment que l'URSS, faute de forces vives, perdrait la guerre froide. Je fus déclaré incompétent, voire agent d'influence, et les délirants d'alors sont devenus les oracles à patente des médias comme des gouvernements. Et c'est justice. Ils ont la crédibilité propre à qui entretient le moral des troupes et l'allant des décideurs. S'en prendre aux bévues du jour, c'est s'attaquer au tigre dans le moteur : une mauvaise action civique.

Ce qui devrait dissuader la main à plume d'en reprendre, ce n'est pas l'aspect « besogneux de l'inutile ». Il n'y a là rien de rédhibitoire pour qui s'est cru un moment « une vocation politique dans la stricte mesure où elle était religieuse » : les œuvres d'art non plus ne servent à rien, et à quoi sert une messe ? C'est plus prosaïquement une incompatibilité entre deux tics, deux tacts de métier. En matière électorale, les vues optimistes sont toujours les meilleures (votez pour moi, et tout ira mieux). En matière artistique, le pessimisme est un excitant (crevons seul dans notre coin, mais dans les formes, et avec style). Le métier politique consistant à refiler au plus grand nombre son petit délire mégalomaniaque, il donne raison à Tocqueville quand il annonçait la reddition des âmes sous l'immense pression de l'esprit de tous sur l'intelligence de chacun. La tristesse des professions racoleuses, en démocratie s'entend, c'est l'obligation de coller à la connerie ambiante, de planter son drapeau sur la dernière baliverne, illusion ou mode (les grands couturiers, eux, prennent de l'avance : en été, ils inventent l'automne). Notre métier à nous, dandys par fonction, c'est la fausse note. Sans nier le bonheur qu'il y a à se fondre et se confondre en entrant dans la danse, celui qu'on prend à rayer le disque et faire grincer lui reste supérieur.

Je n'ignore pas le factice d'une cambrure Montherlant de gauche — la garde meurt et ne se rend pas —, mais, après tout, le somnambulisme n'étant pas fait pour les chiens, j'ai bien le droit de prôner un certain détachement dans l'engagement et de souscrire à l'utopie les yeux ouverts. Notre avenir le plus probable me fichant une trouille bleue, je domine magiquement ma frousse avec un petit baroud d'honneur, à l'économie (une signature) en faveur du dernier en date des joueurs ou joueuses de flûte en lice. C'est quand le puits est à sec que le faiseur de pluie tombe à pic.

## Nous sommes tous une icône planétaire

Il fallait un senior (encore une « césure générationnelle ») pour s'en étonner : le journal de TF1 en révolution, passant de trente à quarante-cinq minutes, s'est entièrement consacré au décès du *king* de la pop. Regroupés devant l'autel, les juniors de la maisonnée haussent les épaules, ne voyant rien là que de légitime et bien venu. Notre senior devenu apoplectique (d'après une enquête de terrain, selon la méthode dite d'observation participante) crie à la chute et décadence, à un emballement loufoque de la machine à crétiniser les masses, à un cul par-dessus tête qui « dépasse l'imagination » — cliché involontairement juste s'agissant d'un être-image consommé par l'image. Convaincu par André Malraux que « la prochaine alphabétisation se fera par l'audiovisuel », l'assomption visuelle de l'analphabète reste en travers de la gorge de notre diplodocus. Quoi, moins d'une minute pour la nécro d'un prix Nobel de physique (français, pour son malheur), quarante secondes pour celle du « dernier de nos écrivains classiques », et maintenant trois quarts d'heure, du jamais-vu, pour un saltimbanque qui n'avait rien à dire ? Parce qu'il était milliardaire ? Pédo quelque chose ? Parce que 100 000 dollars une place au Staples

Center pour assister à l'enterrement ? Les juniors jettent sur le ronchon rose (de colère) un œil compatissant : il ne comprend rien au film, décidément. Ils ont raison, pour sûr. Le volume des temps d'antenne se cale sur la nouvelle hiérarchie des êtres humains, et le fossile ne peut encore se faire au protocole pour lui déconcertant induit par le nouveau magistère global : il ne chante ni ne danse ni ne se maquille.

Pour autant que le médiologue ait qualité pour donner son avis sur « le plus grand événement de l'histoire des médias », il y a bien, me semble-t-il, dans ce *Te Deum* planétaire, cette onde de choc universelle, cette transe transocéanique — enfoncés Lady Di, Jean Paul II, John Lennon —, le signe révélateur d'un classicisme qui a enfin trouvé ses marques, après une période de vacillements (« classique » désignant ce qui s'incruste à l'écran et non plus ce qui s'enseigne en classe). Au-delà d'un changement de canon esthétique, il s'agit d'un nouvel *ethos*. L'homme nouveau est arrivé. L'ancien était *engendré*. Le nouveau se *fabrique* lui-même. Infantile jusqu'à la fin. Tout pourra être reprogrammé, nez, sexe, couleur de peau, famille, destinée. Cette bonne nouvelle, si c'en est une, justifie la pétition déjà lancée pour que le jour anniversaire de sa naissance soit proclamé férié sur toute la planète — enfoncés Jésus-Christ et Confucius, icônes provinciales.

Ce qu'a compris notre tout flambant ministre de la Culture, Frédéric Mitterrand, qui, à peine arrivé sur le pont, a eu le mot le plus sobre et le plus intelligent : « Nous avons tous un Michael Jackson en nous. » Chaque période de l'esprit a ses hommes liges, comme il y a dans les zones résidentielles en construction des appartements témoins. Ceux-là, on les appelle des mecs géniaux parce que, de fait, le génie du temps les habite, en l'occurrence la souveraineté du *light*. Ce n'est pas M. Gorbatchev qui s'inscrira en faux : l'ancien secrétaire général du PCUS, accompagné d'un guitariste, vient d'enregistrer un album de chansons. Ni M. Berlusconi, qui a aussi son ménestrel attitré. Notre première dame se produit encore en *single*, mais le duo élyséen montera bientôt sur les planches. Il suffit d'être un peu honnête avec soi-même, de ne pas « se la jouer », pour assumer ce *nous* évoqué par le ministre et tirer son chapeau à l'incandescent standard qui nous a transformés, vous et moi, en étalon — or et platine — du post-humain. On ne valorise bien que ce qui nous met en valeur. Les courriels d'hommage de millions d'anonymes s'adressent à leur miroir, tout comme la machine audiovisuelle s'idolâtre elle-même en idolâtrant celui qu'elle est seule à pouvoir montrer en *live*, avec le son et en mouvement (le frisson de l'imprimé est à retardement). Et ce n'est pas seulement parce que nous aussi, les *middle men*, nous rêvons de rester enfant ou ado le plus tard possible, de grimper au Top 20 des meilleures ventes, d'être riche à milliards, transracial et anglophone, dandy prothétique et immarcescible, consensuel et rebelle, au centre et en rupture, etc. Allons au-delà de ce conte de fées pour gosse de pauvres, et insistons sur trois points (qui dit « classique » dit unité de lieu, de temps et d'action).

1. Ne sommes-nous pas tous, en rêve comme en fait, suspendus à la même Terre promise ? New York pour l'idée, Los Angeles pour l'image-son remplissent sur le globe la fonction qu'attribuait jadis Victor Hugo à Paris,

« la dispersion de l'idée ». Cette chambre d'écho, la seule qui permette de lancer un *Hello, world*, est la patrie d'adoption de tous ceux et celles dont le cœur de métier tient en un mot : répercuter. Qui ne va pas outre-atlantique ne résonnera pas tous azimuts. Al-Qaida en a eu aussi clairement conscience que les chanteurs, les hommes d'affaires, les peintres et les philosophes : sans l'adoubement impérial, pas de mise sur orbite géo-stationnaire, on reste le régional de l'étape. Ce dont peuvent témoigner tant Ben Laden et Carla que Derrida et Dubuffet.

2. Qui ne cherche, non plus le lieu et la formule, mais le *pitch*, le *hit*, le *buzz* susceptibles d'émouvoir le plus grand nombre, même s'il faut, pour cela, en dire le moins possible ? La propriété des messages qui concernent le plus d'hommes possible est qu'ils contiennent invariablement le moins d'homme possible, comme le *Da Vinci Code* ou *L'Alchimiste* de Paulo Coelho. Avec son « ooohhh » enrobé de cordes, de cuivres et de guitare syncopée, Michael Jackson économisait au maximum sur le message ; d'où une réception optimale, sans besoin de sous-titres, ouverte et lissée... Mohammed Ali, Martin Luther King et Jésus-Christ n'ont pas procédé autrement, fait remarquer *Vanity Fair*.

3. Nous avons la bougeotte et c'était un danseur. L'in-framince cabriolait. Bouge l'Europe, bougeons-nous, ici, enfin, ça bouge. Le message de M. J., c'est le rythme, et son *moonwalk* a esthétisé notre dénominateur commun, le bougisme, jusqu'à l'ascèse. Il a transmué l'énervement en signe de ralliement, et notre allergie physique au silence, à la solitude, à l'immobilité en mine d'or. De la perte du stable, de l'épais et du solide,

il a fait un idéal contagieux et lucratif. L'impossibilité de tenir en place, de se retenir, de rester assis sur une chaise sans se dévisser la tête et tapoter du pied, caractérise ados et pré-ados (comme me l'a fait remarquer un juge pour enfants). Plus je me remue, plus je fais du bruit, plus j'existe. Je ne vais donc au bout de rien, cela me met en colère, je m'en veux, donc je hausse le décibel et passe bientôt aux coups. À l'ère du *mobile home*, du mobile et des mobilités impératives, *jogging*, délocalisation et flexibilité, la pile électronique et musicienne devient monument global en tant que *global movement* personnifié. Autant dire le Bien incarné, puisque dire du bien d'un individu, d'une académie, d'un président, et même d'une Église, se fait d'un seul mot : ils sont « en mouvement ». À quoi s'ajoute le coup de main numérique qui transforme le geste en stèle, plus durable que l'airain. Sous l'elfe, un appareil. Le petit Fred Astaire bionique n'a pas révolutionné la musique, il a mis en musique une révolution technique. *Monere*, avertir, n'a-t-il pas donné à la fois le monstre et le monument ? Tant qu'il n'existait pas de bibliothèque ou de musée du mouvement, la danse aérienne ne pouvait être que le dernier des arts, bon à regarder, mais non à penser. En régime écrit, qui gesticule sur place est un fou ou un saltimbanque : un homme sans œuvre. Le vidéoclip, qui permet d'épouser l'émotion intime et muette du *performer*, construit un mémorial d'instants (la mémoire collective des jeunes est encore plus chansonnière que la nôtre, avec le tube comme romance au carré). On ne pleure pas devant un spot ? Non, mais on s'en souvient. Le dissipé se fixe. Et la danse fait œuvre, enfin.

Un classicisme en a ainsi chassé un autre, et le nouveau met le prédécesseur sens dessus dessous. La fumée devient cristal, et le cristal d'hier, fumée sans importance. Le fugace permute avec l'immortel. « Bambi » est mort d'overdose. Peut-être, mais faisant la bête, le mutant a fait l'ange. Bien joué.

## Méchante oreille

Retour de mon université d'été. Alarmé par mes surdités, l'ami Tabachnik m'a convié dans son chalet haut perché du Valais romand, face à la dent Blanche, pour un petit stage d'initiation personnelle à la musique contemporaine, précédé d'un court passage par la préhistoire, Wagner, Debussy, Honegger. Nous écoutions les CD le matin, puis nous allions gravir les pentes du val d'Hérens l'après-midi, en revenant sur nos impressions. Il était grand temps de me colleter avec le dodéca, le sériel et l'atonal. Je lambinais.

Chef d'orchestre et compositeur lui-même, le *maestro* a à cœur de faire sortir « la musique contemporaine » des souterrains ombrageux où elle semble s'écouter elle-même, quasiment sans public, à l'instar de la poésie et de la plastique d'aujourd'hui (encore que celle-ci surnage par sa matérialité de bien amovible, échangeable et marchand). Réduit au silence par la grande presse, le compositeur n'a pas les mêmes facilités que le plasticien pour intéresser le spéculateur et se composer un personnage de maudit très entouré, privilège réservé aux instrumentistes (la stratégie Glenn Gould). C'est un frère, sous cet angle, par l'ingrat et l'impopulaire, où je ne suis pas loin de voir, en sage et conventionnel romantique, un label d'excellence. Mais rien n'y fait : sa tour d'ivoire me demeure interdite. Après Stravinski et Bartók, je cale. J'ai beau m'appliquer, prendre des notes, me rappeler à l'ordre, le corps regimbe, à la contention, au qui-vive requis pour ne pas prendre la poudre d'escampette. L'écoute est heureuse quand elle peut être passive sans devenir distraite, flotter sans dériver. L'oreille sans cesse aux aguets se lasse vite.

M'ont davantage retenu les complicités peinturemusique, les coïncidences chronologiques, les affinités entre Picasso et Stravinski, Schoenberg et Kandinsky, Webern et Mondrian (qui, eux, ne se sont jamais rencontrés). C'est une évidence qu'il y a un air de famille entre Monet et Debussy, comme il y en a, moins apparent mais irréfutable, entre Webern et Klee. Cette trame sous-jacente de correspondances que me révèle Tabachnik, on peut l'envisager façon Baudelaire : le son répercute en lignes et couleurs, la peinture, comme chez Kandinsky, puise dans les partitions, et *vice versa*. J'y verrais plutôt les empreintes d'un esprit du temps venant imprégner, irradier, irriguer simultanément et en sous-main l'univers musical et l'univers plastique. Peintres et musiciens dévoilent avant l'heure le fond de l'air, qui affleure par la suite et à grand bruit dans les mentalités communes. Les futurologues se tromperaient moins s'ils fréquentaient plus galeries et auditoriums.

Ce qui me frappe dans « l'intercontemporain », ce n'est pas tant la clôture du milieu sur lui-même qu'une ostentatoire complicité avec les discours abstrus, les recherches, le point d'honneur théorique. Ce que Ravel, parlant de Wagner, appelait « la part extra-musicale propre à séduire tous ceux que la seule richesse musicale du matériau sonore ne suffirait pas à séduire ». La valorisation par le commentaire, surtout dans les années 1950 et suivantes, a laissé des traces, et le mot du critique new-yorkais sur l'image — « *the less you have to see, the more you have to say* » — aurait pu se traduire côté acoustique par un facétieux « le moins on vous donne à entendre, le plus vous aurez à lire ». Lulli, je crois, n'appelait pas Descartes à la rescousse ; Berlioz ne citait pas Hugo ; et Wagner se serait bien passé des commentaires de Nietzsche. Mais René Char, Yves Bonnefoy, Gilles Deleuze et Michel Foucault sont fort sollicités par nos compositeurs d'avant-garde. Comment faire la part, dans ces lettres d'accréditation, entre esprit du temps et marketing légitimiste ? Cela fait monter la cote dans l'intelligentsia, mais baisser l'indice de fréquentation des salles de concerts. Disons à la décharge des musiciens, qui fabriquent de l'immatériel, que le marteau du commissaire-priseur leur fait cruellement défaut. L'argent, les enchères et le marché maintiennent à flot, et à la une des journaux, *via* Sotheby's et les biennales, des œuvres plastiques qui moisiraient sinon en silence dans les réserves des musées subventionnés et déserts. La musique savante, ne pouvant se monnayer, ne peut se socialiser ni se médiatiser au même point. Sans doute n'est-elle pas plus tenue de raconter et de représenter que la peinture d'illustrer ou de figurer, et le passage à l'abstrait s'est fait ici et là au même moment, vers 1910. Mais un malin génie veut que l'art le plus immatériel soit aussi le plus physiologique ; le plus abstrait, le plus intime. Par où on ne peut mettre un trait d'égalité entre musique non tonale et peinture abstraite. Un tableau de Mondrian est un *objet*. Une partition de Webern est une *expérience*. Elle m'affecte du dedans, m'attrape au plexus, me déchire les viscères. Une toile du Tintoret peut m'étreindre, mais non me mettre les larmes aux yeux, ce que fait le *Requiem* de Fauré. Malgré moi. Je ne commande pas à mes muscles et mes nerfs. D'où l'irrésistible du transport ou l'instinctif du rejet. L'objet temporel épousant le flux de conscience, l'invasif abolit les distances alors que l'objet visuel nous reste extérieur. On ferme les yeux ou détourne le regard, non ses oreilles. Quand cela devient insupportable, on peut rester dans une salle de cinéma, mais on doit sortir de la salle de concerts. En quoi la musique est plus tenue que les arts visuels à résonner, à susciter, au sens fort, la *sympathie*, auquel cas elle nous rapproche du paradis ; et, dans le cas contraire, de l'enfer, car elle nous met au supplice. Jérôme Bosch a peint *L'Enfer du musicien* pour n'avoir pas supporté, tout est relatif, le tohu-bohu de Josquin Des Prés ! Je ferai donc des efforts pour domestiquer l'étrangeté, après ce stage enrichissant, tout en craignant de ne pouvoir modifier à volonté ce que j'appellerais « l'oreille interne » de ma maison natale.

Michel rédige un livre où il retrace son cheminement. Il m'en montre quelques chapitres en me demandant d'y réagir, soucieux qu'il est de comprendre le persistant non-recevoir qu'oppose à cette musique le béotien de bonne volonté. Question pour médiologue. D'où vient l'écart grandissant entre, d'une part, l'usinage industriel de nos fonds sonores *via* le disque, la radio et maintenant Internet et, d'autre part, l'élaboration de plus en plus savante et appareillée d'« actions sonores » extraterrestres, et pour la plupart des oreilles quasiment inhumaines (aux intitulés de surcroît intimidants, voire dissuasifs, comme *Terretektorh*, *Structures*, *Polytope*, *Figures-doubles-prismes*, etc.)?

Comment répondre? J'ignore tout des archaïsmes immémoriaux qui titillent toujours « l'art de combiner les sons d'après des règles » et qui permettaient, il y a vingt-cinq siècles d'ici, à un platonicien d'en attendre la clé du tout cosmique (l'univers alors chantait et les astres exécutaient au-dessus de l'Acropole le plus magnifique des chœurs). La gnose n'est pas mon fort. L'hermétisme, encore moins. Science des rapports cosmiques et branche des mathématiques, la mélodie dans l'Antiquité débouchait sur la musique des sphères, remontait au divin, ouvrait à l'ordre des choses d'avant Babel, débusquait l'architecture numérisable de l'univers exsudant des régularités vibratoires. Xenakis, au siècle dernier, pensait que la physique gouvernait sa musique.

Ignorant nombre d'or et « modulor », je préfère m'en tenir à mes impressions brutes. Ce sont des sensations, plus que des émotions. Des déflagrations, des stridences, des sauts de registre, une certaine désarticulation par dissonance (je ne parle pas ici de Messiaen, que mon oreille habituée aux vieilles régulations de la mélodie capte bien mieux, avec ses très belles sonorités) : c'est difficile à mémoriser, et même à percevoir. Je peux suivre quelques minutes, mais la fatigue l'emporte vite, faute de repères pour s'orienter, de cadence, d'unité rythmique. Boulez lui-même en a fait l'aveu : « L'écoute a besoin de *fixateurs*. » Ça ne fait pas une ambiance, une organisation, qui me laisserait le temps de m'installer dans un climat, une autosuggestion, comme la *Sonate au clair de lune* dans une nostalgie d'automne (avant le galop final). Cette musique abrupte, abstraite, dérégulée, je veux dire dont je ne saisis pas les règles, je la trouve à la fois *intrusive* et *distante*, violeuse et lointaine. Cette rêche et peu chantante verticalité, je ne peux la rattraper, m'y glisser, m'y fondre. M'unir à elle. Trop de changements de pied font une attente sans cesse frustrée. L'inattendu, la surprise de chaque instant, mon corps les refuse d'instinct, comme s'il avait besoin d'un minimum de scansions pour distribuer l'effort, aménager une continuité. Cela ne condamne pas forcément à une musique minimaliste et répétitive, une rythmique pauvre, un fond envoûtant à la Philip Glass, mais éloigne d'une musique sèche, semée de grumeaux et de récifs, qui a du mal à *couler*. N'a-t-on le choix qu'entre le robinet tiède et le disruptif, le trop prévisible et le trop imprévu ? À vouloir exciter sans satisfaire, ne donne-t-on pas raison à Victor Hugo : la musique, « du bruit qui pense » ? Quand l'essentiel, dans tout art, n'est pas de penser, mais de faire penser. « La musique souvent me prend comme la mer... » Eh bien, la mer n'est ni aléatoire ni programmée. Elle a sa houle, un va-et-vient plein d'inopiné, un métronome de vagues à la fois surprenantes, en elles-mêmes, et au total modélisables. L'océan a ses marées, la lune ses phases, le cœur son pouls, le cerveau ses ondes électriques, et les saisons battent la mesure. Comme tout phénomène de nature. Aussi, à une forme musicale donnée, correspond en général un état de conscience donné. À telle pièce de Schumann, une douce mélancolie ; à tel concerto de Vivaldi, une joie traversée d'ombres. J'entends bien que ce n'est pas aussi mécanique et qu'un même morceau nous donne droit à plus d'un mode affectif, mais je continue de faire mien le mot du pianiste et mélomane André Gide : « L'émotion gêne, et néanmoins tout est perdu dès qu'on l'élude, car elle est la fin dernière et c'est à cause d'elle que l'on joue. » Autant dire que le sonore a son plafond, passé lequel l'inouï tourne à l'inaudible, l'expérimentation aussi. Je le crois naturel. N'y a-t-il pas, déjouant tout constructivisme, un socle physiologique à nos capacités vibratoires, brut, bête, irréfléchi, mais à qui revient le dernier mot ?

Crever le plafond est toujours intellectuellement possible, surtout à l'ère « tecktonik ». Le Stravinski du *Sacre*, je m'y retrouve parce que, en dépit d'une métrique irrégulière, il y a de la cadence, du refrain, comme chez Bartók, avec son fond de folklore. Mais quand un *Doktor Faustus* se met en quête de la synthèse absolue, un « ça ne me parle pas » sanctionne aussitôt la rupture du contrat naturel auquel nous sommes tenus d'obéir sans l'avoir même signé — quelle injustice ! Ansermet, le chef suisse, n'avait-il pas raison de pointer tout ce qu'il y a d'inné, et donc d'indépassable, dans la sensibilité musicale, l'enracinement physiologique et physique des sons par nous audibles, comme si notre finitude rappelait notre tympan à l'ordre ? Après tout, les oiseaux furent, avec Dieu, les premiers maîtres de Messiaen, non ? Tout nous est permis, mais tout n'est pas possible. Peur, désir, colère, faim, soif, la gamme des affects de base propres au mammifère à deux pattes est assez peu extensible, et ce défaut d'élasticité n'épargne sans doute pas les moyens et les matériaux de la composition. L'adagio de la *Symphonie n° 5* de Mahler, c'est peut-être sentimental et complaisant, mais cela ne vieillit pas. On peut saluer un haut degré de complexité dans le mariage des timbres, l'instrumentation, les coulures et les structures, on peut savoir gré à Xenakis de vouloir sublimer une précipitation pluvieuse à l'aide de quatre-vingt-huit musiciens, mais je reste désespérément tributaire de la naïve, involontaire et contraignante simplicité de mon système nerveux et musculaire (ce qui ne m'empêche pas d'avoir vibré à l'*Eridanos* que Tabachnik a dirigé à la Cité de la musique).

Je vais très peu au concert et ne fais rien pour m'exercer l'oreille, rattraper les têtes de file. Mais avance et retard, en ces matières, portent à faux. Un art évolue, mais bien heureusement ne progresse pas. Y aurait-il, dans le domaine musical, de ces « cliquets d'irréversibilité » qui scandent l'histoire des techniques ? On ne revient pas à la télé en noir et blanc quand on a la télé couleur ni à la charrue après le tracteur. On me dira qu'on ne peut plus composer un adagio en *ut* mineur après le *Sacre du printemps*. Stravinski n'existe que parce que Brahms était là avant. Soit. Mais la différence est qu'on peut goûter Brahms après avoir goûté *Les Noces*. Combien d'années ça va demander pour que le tracteur rentre à la ferme ? Pour que Webern et Stockhausen s'installent à Radio classique ? Ce souci me paraît hors propos. Ah, la belle idée du front pionnier, des courageux défricheurs qui vont à leurs risques et périls affronter les Indiens, construire les routes et préparer les baraques pour le gros de la troupe ! Chacun son snobisme. Je n'aurais jamais pour ma part celui de Mme de Cambremer, pour qui Debussy était un sur-Wagner qui déclassait *Parsifal*. La même nous aurait expliqué qu'après Schoenberg Debussy n'était plus dans le coup.

Dusapin, un Boulez plus? Je veux bien faire le progressiste en politique; je m'épargne cette lourde tâche en matière esthétique. On ne me fera pas soumettre mes émotions aux diktats de l'avancement au tour de bête : généralement nocif. Il est bon de se dire que le répertoire est une cave où l'on peut venir choisir et goûter ses crus sans regarder au millésime. Et non un tapis roulant flanqué de bornes routières, où nous serions soumis, nous les écouteurs, à un terrifiant « tu ne baigneras pas deux fois dans le même air ». L'histoire de la musique, je me plais à l'imaginer comme un chemin sinueux, plein de surprises, de lacets, d'aires de repos et où, à tout instant, plusieurs embranchements seraient possibles, et compossibles.

Les contemporains me semblent appartenir, pour beaucoup, à un genre de dépouillement prude qui frôle un rêve d'abstraction et de machine. Le comment y domine le quoi. Cela fait une musique je ne dirais pas artificielle (elles le sont toutes, évidemment), mais grave, sérieuse, trop sérieuse? Intelligente, organisée, philosophante, où l'esthétique parvient rarement à faire oublier le technique. Opposant la musique allemande à l'italienne, j'ai cueilli chez Stendhal cette notation : « Si seulement ces jeunes gens, un peu moins fidèles à la science, aimaient un peu plus le plaisir... » Le nationalisme musical nous fait à présent sourire comme une chose désuète, mais, après tout, Mozart se disait allemand, Moussorgski, russe, et Ravel, français. (« Moi le plus internationaliste qui soit, je suis nationaliste en art. En art seulement. ») Et l'on n'est pas peu surpris de trouver chez l'inventeur du dodécaphonisme des déclarations contre la décadence française et les « fabricants de musique » façon Offenbach. Schoenberg a eu ce mot : « Ou bien ce que nous faisons est de la musique, ou bien ce que font les Français est de la musique. Mais pas les deux à la fois. » L'expressionnisme atonal, noir, visionnaire, tragique contre un esthétisme lumineux, divertissant, superficiel et voluptueux, c'est une guerre quasi héréditaire : la *kultur* contre la civilisation. On en faisait des romans et des essais, au début du siècle dernier, quand, entre Debussy et Wagner, il fallait choisir son camp. La cause « germanique », si j'ose dire, avec son « assez de légèreté, fini de jouer, assez joui comme cela ! », ne se porte pas trop mal dans les hautes sphères, mais poursuivre l'ancestrale guéguerre serait vraiment attristant. Pour ma part, je me refuse de choisir entre le lourd et le léger, le populaire et le savant, le *folk* et le raffiné, qui me semblent étrangement se bouder les uns les autres (même s'il y a des rencontres entre la variété et le conservatoire). Et pour cause si les demi-éduqués, dont je suis, se retrouvent tiraillés entre les Beatles et Boulez, Miles Davis et Stockhausen.

Pour me résumer : à trop jouer le code contre l'affect, ne perd-on pas le message, l'élan et jusqu'à la sensation ? C'est un peu ce qui se passe chaque fois qu'un art se laisse fasciner par sa technique. La musique (et l'on pourrait en dire autant de la peinture, voire du théâtre et de la poésie) nous a fait sentir, tout au long des siècles, le cosmos, puis Dieu, ensuite le cœur humain,

244

et maintenant elle nous parle d'elle-même. Ça se rétrécit, et en même temps ça s'éloigne. « Sans la musique, la vie serait une erreur », c'est entendu. La vie *joue* aux deux sens du mot, et dans *jeu*, il y a du *je*, mais aussi joie et jouissance. Devra-t-on dire quelque jour : sans la vie, c'est la musique qui est une erreur ?

## Le toboggan

Nelson Mandela en fin de course, me dit-on par téléphone. On polit çà et là la nécro. On s'inquiète en haut lieu des invitations. On ressort les photos. Obsèques planétaires pour lui aussi ? C'est probable, et rassurant : il y aurait donc encore du temps d'antenne pour un grand homme en vrai. Quant au culte de la personnalité, justifié ou non, je lui vois un fondement neurophysiologique, qui pourrait en expliquer les bienfaits récurrents. Dans les affaires publiques, comme dans les musicales, nous avons tous besoin d'un *fixateur*, d'un *stabilisateur émotionnel*, dont la fonction est moins de susciter l'enthousiasme que de prévenir le mal de mer. Sans lui, on perdrait l'équilibre, tant l'actualité tangue et se retourne sans crier gare. L'événement nous forçant à changer de pied tous les cinq ou dix ans, face à tel ou tel pays, mouvement ou révolution, on ne saurait plus sur quel pied danser, ni à quoi s'en tenir, si l'attention ne pouvait s'accrocher à une icône stable, mise hors flot (que ce soit de Gaulle, Kennedy, Ben Gourion, le Che, Mao, Staline ou Mandela). Fonction plus sécurisante encore face au monde incertain des extrêmes. Il suffit de passer quelques jours en Afrique du Sud pour comprendre *de visu* que la nation arc-en-ciel a capoté, que le racisme est ostentatoire, que les inégalités sont criantes, et beaucoup d'anciens héros de la guerre de Libération, des profiteurs assez cyniques. On ne va tout de même pas se mettre à observer cela de près. Braquer les projecteurs sur le père de la nation, étranger au dévoiement, au dénouement de cette belle histoire, nous évite d'entrer dans le vif du sujet, au risque de perdre la face. Cela soulage.

L'apothéose Mandela a de quoi réjouir par un autre côté, plus encourageant : les catacombes sont proches du Panthéon. L'histoire est un toboggan, une pièce aux cent rebonds divers, qui ne laisse pas le temps de s'ennuyer, où le retournement de situation se fait parfois dans le bon sens. En 1981, j'en suis témoin, on ne se bousculait pas à Paris pour brandir sa photo. Chez les socialistes, Claude Cheysson et Jean-Pierre Cot prenaient l'affaire à cœur, tenacement, mais les autres ? Seuls les communistes et les cathos de gauche ont répondu « présent » durant les années noires de l'apartheid. Souvenir des années 1980 à Paris : l'enterrement en catimini de la représentante de l'ANC, assassinée par un colis piégé. Belleville, un petit jour blême d'hiver, quelques dizaines de militants. Aucun officiel. C'est quand la communauté noire américaine mobilisée a réveillé les médias de la métropole et poussé dans le dos le parti démocrate (Teddy Kennedy faisant le voyage de Pretoria), après l'écroulement de l'URSS, que la figure de Mandela, de sulfureuse ou douteuse, est devenue chez nous *glamour* et bien portée. Jusqu'à faire la couverture de *Vogue*. Notre condition d'« État libre associé » a parfois du bon. Quel politique français, gauche ou droite, n'a-t-il pas aujourd'hui sa photo aux côtés de Mandela sur sa cheminée ?

Il n'en allait pas exactement ainsi en 1984, si j'en juge par cette lettre à en-tête du très décoré président du Centre national des indépendants et des paysans, en date du 4 avril, adressée au président de TF1, alors chaîne publique, Hervé Bourges, qui m'en a fait tenir copie :

Monsieur le président,

Il est regrettable qu'un reportage consacré à la télévision sud-africaine, dans le cadre de l'émission « 7 sur 7 » du dimanche 25 mars, ait été détourné de son but documentaire par des commentaires politiques orientés, avant d'être totalement dévalué par les propos de M. Régis Debray, membre du cabinet du président de la République.

Qualifiant M. Nelson Mandela de « chef du peuple noir », il a affecté d'ignorer qu'il y a dix peuples noirs en Afrique du Sud, chacun ayant sa langue, ses coutumes et ses ambitions propres et que ces ethnies n'ont jamais reconnu le leadership de M. Mandela.

L'intéressé, il faut le préciser, est un terroriste, chargé en 1962 par l'ANC marxiste et le Parti communiste d'organiser un putsch avec participation de troupes étrangères, motif qui lui a valu d'être condamné pour « haute trahison ».

Il a récemment refusé l'offre de son cousin, le président du Transkei, Kaiser Matanzima, qui lui proposait de résider dans son pays après sa libération. Toutes précisions qui étaient parfaitement connues de M. Debray et ont été soigneusement dissimulées aux téléspectateurs.

Il est inadmissible que Régis Debray, apprenti sorcier du terrorisme international, puisse faire l'apologie de

l'ANC en engageant de ce fait le président Mitterrand
vis-à-vis d'un pays avec lequel nous entretenons des relations diplomatiques, économiques, sociales et culturelles.
Veuillez agréer, Monsieur le président, l'expression de
ma considération distinguée.

Ancien ministre, député, parlementaire européen,
ambassadeur et président de conseil général, le signa-
taire est décédé, mais ses collègues et successeurs
n'auront pas de mots assez émus pour saluer la
mémoire du terroriste sanctifié. La montagne russe a
de ces drôleries.


## Pas de mélo

Un changement d'horizon comme le nôtre, de respiration, de magistère — pensons au passage de l'Antiquité tardive à la Christianité —, n'intervient pas néces-
sairement dans le déchirement, ni même le malaise.
Ce n'est pas une secousse tellurique. La conversion
peut se faire sans drame, comme une greffe, dans une
même coulée de gestes et de lieux, et même en toute
inconscience et sécurité. Le mot-clé ici est *métamorphose*. Elle a des côtés rigolos. J'y pensais hier en écoutant à Montpellier le directeur de l'accueillante et ruti-
lante bibliothèque municipale, Gilles Gudin de Vallerin,
que j'interrogeais sur le devenir de son établissement. Il
n'a rien d'un démagogue ni d'un soûlographe, ce conservateur émérite et austère, mais il m'a le plus tranquillement du monde expliqué que son ancien temple du

248

livre, médiathèque, était appelé à jouer à l'avenir le rôle que jouaient autrefois dans une ville les débits de boisson. « C'est la synthèse du futur, quelque chose entre l'église et le café », ajoute mon interlocuteur. Et pourquoi pas ? La basilique romaine, palais de justice ou marché couvert, s'est bien réveillée un jour église Sainte-Sabine ou de la Multiplication des pains. Et les temples d'Aphrodite sont devenus des oratoires. Ainsi fera Internet avec les basiliques du livre.

Au royaume des écrans, le lecteur est roi, l'auteur découronné, et le livre rétrogradé. C'est le premier qui devient le maître, le souverain capricieux qui coupe et colle, fait et défait, ajoute et retranche dans les documents. Ce transfert de souveraineté, il est logique qu'il conduise à redistribuer l'espace dans les bibliothèques publiques, où le public en aura de plus en plus, pour bavarder, pique-niquer, se rafraîchir, flirter, s'informer sur le marché de l'emploi, se réchauffer l'hiver. Pour ne pas couler elle-même, la vieille institution se coule dans l'évolution des outillages, jusqu'au moment où elle sombrera dans son rôle premier. Si le monde devient lui-même une salle de consultation aux millions d'alvéoles, à quoi bon encore des lieux et des conservateurs spécialisés ? La carcasse n'en survivra pas moins à l'aura des chefs-d'œuvre de la paresse humaine, mais en se convertissant. En quoi ? En patio, en bistro, en abri pour sans-logis, en lieu de prière polyvalent. Les hybrides ont leur merveilleux. Et les murs, leur instinct de conservation. Rien ne se perd, tout se recrée. De ce genre de bâtiments en pleine mue, nous les bons-qu'à-ça, pondre du papier, on sort pensif, avec un optimisme modéré. Plus dans le coup, à d'autres de jouer. « Vienne la nuit/ sonne l'heure/ les jours s'en vont/ *ça* demeure. »


## Pas vu du ciel

Impressionné, comment ne pas l'être par *Home*, qui vient de battre tous les records d'audience, comme l'album de photos *La Terre vue du ciel* avait crevé les plafonds de vente (trois millions et demi d'exemplaires)? Documentaire qui vole haut, intimidant. Il nous ferait admirer une sarabande de tableaux abstraits, fauves, tachistes, *all over*, s'il ne faisait d'abord toucher des yeux le triste destin qui attend le bipède industrieux, décidément sur la mauvaise pente. Le frisson passe. La carte et le territoire ne font plus qu'un. Le merveilleux à l'effrayant se mêle — là est la réussite. Le révérend Al Gore, diplômé de Harvard, portait la toge du professeur. Le prix Nobel américain produisait avec son film *Une vérité qui dérange* un exposé argumenté, un dossier par transparents. Tout anglophone qu'il se veuille, *global village* oblige, l'homéliaste français tutoie la créature et la prend aux tripes par de majestueux *travellings* sur la création dans tous ses états. Bossuet n'eût pas fait mieux dans l'ampleur et la hauteur de vue. L'interpellation image et son du pollueur périme l'éloquence de la chaire, en surplomb du pécheur, elle aussi, mais condamnée à un défilé de mots qui font penser sans faire voir, alors qu'ici « l'explosant fixe » des beautés éclair fait de chaque séquence un verdict. L'image n'est jamais orpheline, comme avec *Google Earth*, qui pointe son doigt numérique sur tel ou tel bourg sans accuser personne. Le zoom ici soutient une prédication — et un réquisitoire.

Quoi qu'il en soit des halos protestant ou catholique, sur le fond, Yann Arthus-Bertrand respecte le schéma invariable, à trois temps, de l'exhortation religieuse : 1° la peur ; 2° le repentir ; 3° la conversion. Premier temps : nous courons tous à la catastrophe, qui est pour demain matin si nous n'y prenons garde (la fin du monde, le Jugement dernier, l'extinction de l'espèce). 2° : dommage, vous méritiez mieux que cela, étant donné ce que vous êtes et la grandeur en vous cachée. 3° : heureusement, il existe une solution à votre problème dont vous pouvez vous rendre digne : l'extinction du désir (Bouddha), l'amour du prochain (Jésus-Christ), la soumission au Très Miséricordieux (le Prophète). Cette solution unique, vous avez de la chance, elle est dans ma besace. S'agissant non plus de la rédemption ou du repos de l'âme, mais de réconcilier nos corps avec la terre, notre mère à tous, la Bonne Nouvelle avancée *in extremis*, c'est l'éolienne, l'usine marémotrice et le panneau photovoltaïque, garants postindustriels d'une conversion des âmes.

Avec sa dégaine de cow-boy Marlboro, traits burinés, moustache blanche, dur à l'œil tendre, Yann Arthus-Bertrand est le type épatant de notre moment éthique, la version planante, cosmique et post-humanitaire d'un *french doctor* encore bas de plafond avec son sac de riz à l'épaule. Les charismes se déplacent avec nos vecteurs, les nôtres ont pris de l'altitude. Chaque palier dans l'ascension de l'atmosphère a ses champions du bien, ses modèles du sympa. Il n'est pas étonnant que tant de multinationales aient tenu à placer leur logo au coin de l'écran, comme les généreux donateurs à genoux devant la Madone ou l'Agneau mystique laissaient voir leur visage de trois quarts au coin des retables flamands. Les commanditaires aiment le prendre de haut. C'est le destin des grands : voir les hommes de loin, en petit. De la loggia à colonnettes et triples arcatures de Van Eyck, le chancelier Rolin apercevait en contrebas la petite ville de Liège, avec ses coteaux boisés et souriants. De l'hélicoptère d'Arthus-Bertrand, Abel prend Caïn en enfilade : une fourmilière œuvrant à sa perte, au pied de montagnes déboisées et de tours babéliques.

*Good planet.* L'enjeu de fond n'est pas moins sérieux que l'angle de vue. Les visions sagittales de la condition humaine — que l'objectif saisissait généralement à hauteur de regard jusqu'aux années 70 du siècle dernier — traduisent l'avènement anxiogène de ce que les historiens des religions nomment une *période axiale.* L'image souche de cette bascule anthropologique, de l'horizontale à la verticale, considérable galipette, fut la photo satellitaire de notre planète telle que l'aperçut Gagarine, le premier cosmonaute en orbite, petite orange bleutée dans son cocon de turbulences, si précaire, si pathétique de fragilité, voire d'insignifiance. C'était, cette bille d'agate perdue dans la Voie lactée, la Terre revêtant son grand t, se découvrant une et toute, sans horizon ni pointillés (hormis la légère cicatrice de la muraille de Chine), *res nullius.* Ni tout à fait la même ni tout à fait une autre. La coque du navire telle qu'aucun passager en cabine ne l'avait jamais vue. L'angoisse du belvédère a fait ricochet jusqu'au niveau de la mer, avec maintes déclinaisons idéologiques, aussi idéales qu'impraticables, comme « la gouvernance mondiale ». Le dispositif hélicoptère nous met le pied à l'étrier. Nous sommes tenus de hausser la mire. Foin des Landerneau et des bisbilles à la mords-moi le nœud.

Une dimension de plus dans le panorama, ce n'est pas un complément d'information, c'est, chaque fois, une crise de conscience, et une remise en cause. Dis-moi le diaphragme de ton objectif, je te dirai ton Panthéon : la morale au 1/1 000 000 n'est pas celle des topoguides. Et le saut de l'une à l'autre échelle, un coup de force, déstabilisant, mais rafraîchissant, comme l'est tout renversement ironique. Prométhée sur son rocher, sommet de la pyramide, mesure de toutes choses, maître et possesseur, au centre de la scène ? Vous plaisantez. Quittez les pâquerettes, exfiltrez-vous, ouvrez le cadre, et dites-moi ce qu'il mérite, ce moustique malfaisant et idiot, qui pompe le sang de la planète sans même se demander ce qu'il adviendra de lui quand il n'aura plus rien à siphonner. L'image souche, en permutant centre et périphérie, en inversant l'homme et ses circonstances, distribue autrement le considérable et le marginal, nos sympathies et nos allergies, nos ridicules et nos colères. Elle délocalise l'insoutenable, rebat les cartes du pire — Dreyfus à l'île du Diable ou bien la marée noire ? Quand on peut embrasser d'un coup d'œil l'énorme corps de la Terre, et passer de notre calendrier lilliputien au milliard d'années, à l'échelle donc de l'histoire du carbone et de l'oxygène, la Shoah et le Rwanda deviennent des boutons de fièvre. Et nos guerres mondiales, un remous au bassin des enfants. Vietnamiens et Chinois, vous vous disputiez le delta du Mékong ? Si j'étais vous, leur dira le funambule de l'espace, je veillerais d'abord à ce qu'il puisse encore demain couler de l'eau dans ses méandres. Se battre pour la ligne Oder-Neisse ? La bande d'Aozou ? L'Ogaden ? La « ligne verte » entre Israéliens et Palestiniens ? Un peu de sérieux, les gamins. Ces courses de sac ne sont plus de votre âge. Comme dit frère Arthus-Bertrand : « L'égoïsme des nations attente à la solidarité des peuples. » Regardez bien : il n'y a pas de frontière dans la nature. Vu de Sirius, cela crève les yeux : pas de ligne d'armistice sur la photo. Mais, en 1914 et en 1944, qui se refusait audit égoïsme était fusillé sans phrases. C'était le monde à l'horizontale, avec ses tranchées, ses pâquerettes et ses casques à pointe, avant que le culterreux ne marche sur la Lune.

Avec les résonances psychiques et poétiques de ce troisième œil d'astronaute, qui déplace le point focal du drame humain change l'ordre de mission de la créature. Le pauvre bougre cherche toujours « la vie bonne », soit ; mais ce qui est bon pour un fils du peuple l'est rarement pour un fils de la Terre. Côté gauche, le type bien, aujourd'hui, ce n'est plus celui qui lance une section syndicale, renonce à une soirée en famille pour questionner tel qualificatif, tel alinéa de la prochaine motion au congrès, et passe une valise d'argent en Suisse pour aider un mouvement de libération nationale ; c'est l'ancien pauvre type qui achète équitable, utilise des ampoules fluocompactes, n'abandonnera son *break* diesel que pour une voiture électrique, place un panneau solaire au-dessus de sa douche et veille à la sauvegarde des insectes pollinisateurs. La compagne du chic type ne se lève plus à l'aube pour apporter son casse-croûte au piquet de grève : elle fait du compost avec les reliefs du repas pour nourrir rosiers et salades. Et l'individu-ressource, que la communauté s'arrache à coups de petites annonces, n'est plus le spécialiste du droit du travail, mais l'expert en microbiologie des sols.

Le hic dans cette grande affaire, c'est le tourniquet des feuilles de route. Chaque cran dans l'élévation morale du point de vue et dans l'élargissement des horizons humains renverse une idée fausse et en produit une autre. Quand une nouvelle machine volante lève un voile sur le niveau du dessus, « bon sang, mais bien sûr », elle en fait malgré lui retomber un sur l'en-dessous. Les rouges et les roses de ce bas monde, à qui la société cachait la nature, furent daltoniens durant deux siècles : ils ne percevaient pas le vert. Les hommes de l'Histoire, tout à leurs courtes vues, n'ont pas vu le palmier à huile dévaster Bornéo ni le soja déplumer l'Amazonie. Ils n'ont pas vu les déserts avancer, les glaciers reculer, la couche d'ozone se trouer, le corail pâlir. L'usine leur cachait la fumée d'usine. Honte à eux. Les Verts, eux, ont tendance à ne pas percevoir le rouge ni le bleu. Leur rétine ne voit pas les langues mourir, les noces villageoises bombardées, les nations étranglées, les terres du voisin confisquées. Le pollueur est leur bête noire, non le dominateur. Il faudrait, pour se jucher en Salomon, emboîter les cartes de géographie, composer le terroir avec la biosphère, imbriquer taux de plus-value et taux de pollution, faire le point sur le four et le moulin. Plus facile à dire qu'à vivre. La vigie panoptique — total respect à tous les étages —, je crains qu'elle ne reste une vue de l'esprit. *Home*, c'est écologiquement lumineux et culturellement obscurantiste. L'espace du vivant amputé du temps des hommes n'est pas celui où nous avons élu domicile. Il enterre le singulier des héritages, les guerres du croire et du vouloir, les allergies du voisinage. Que, de part et d'autre d'une rivière, il y ait des enfants de la Terre qui parlent l'ourdou et mangent de la vache, et d'autres, les mêmes, qui parlent hindi et vénèrent les vaches, semble loufoque au moraliste du balcon. Comme si le plus haut degré du point d'observation mettait à son plus bas notre attention. Comme si le *sapiens sapiens* ne pouvait être, en même temps et d'un même élan, espèce et peuple, poumon et cœur, prédateur et rêveur, fourmi et cigale.

Parce que notre écosystème se moque des territoires et des terroirs, comme Internet des drapeaux et des douaniers, peut-on laisser dans l'ombre le fait que, depuis qu'on a pris en ligne de mire la planète comme un viager et l'humanité entière comme un locataire indélicat, l'être humain, en son inconséquence, a ressenti le besoin de quadrupler les petites patries qui strient la boule terraquée et démaille du mieux qu'il peut l'édredon cosmique? Presque deux cents circonscriptions nationales au lieu d'une quarantaine en 1945... Le cosmopolite peut-il passer outre le diagnostic parce qu'il n'a pas le bon médicament dans sa trousse? Le tout-monde en ballon sans l'écoute des langues qui se parlent au ras du sol supprime la musique de la vie. Le dialecte sans la couche d'ozone, à l'inverse, supprime les instruments de musique. Pour tenir les deux bouts de la chaîne, la biodiversité et l'homovariété, suggérons à la Fnac de mettre en vente, en un seul coffret, *La Terre vue du ciel* et *Le Dictionnaire amoureux des langues* de Claude Hagège, l'hymne à l'unité du globe et l'hymne à la pluralité des mondes. Avec, pour faire baisser les prix, une subvention conjointe du ministère de la Culture et des agences du développement durable.

En attendant, il va nous falloir, à un contre mille, défendre le moins prestigieux du tandem, l'infime, l'invu et l'infâme : le lopin, l'échoppe, le bourg, les angélus vieillots et les remparts moussus. Pour retrouver les volutes et les festons d'un opéra qui ne se réduit pas à ses plateau, portants et toile de fond. Contre le réchauffement climatique, le moins possible d'oxyde de carbone et de méthane dans l'atmosphère, soit, mais sur ce qui nous reste de croûte terrestre, on aimerait pouvoir maintenir au chaud nos resserres et viviers, nos orangeries et jardins d'hiver (temples et bordels, cathédrales et maisons de pays, musées, bibliothèques, cédéthèques, etc.), où s'obstinent à repousser, à bonne température, « les fleurs fragiles de la différence ». Une culture aussi est un effet de serre. Fâcheux. Cornélien. Comment combattre l'un et favoriser l'autre ? *Double bind* ? On essaiera, faisant à chaque serre sa part, de ne pas avoir à choisir entre un tout-à-l'ego, qualifié d'un mot un peu niais qu'on n'ose plus trop écrire, tant il a servi, *l'humanisme*, négligeant le fait que nous ne sommes qu'un maillon de plus dans la chaîne continue des espèces vivantes, et un souci des équilibres naturels, aveugle aux déséquilibrés que nous sommes, oublieux que le mammifère *sapiens* n'est pas tout à fait un vertébré comme les autres (tout animal qu'il soit). Il s'est offert le luxe d'une histoire, même si elle est à dormir debout, pour meubler l'intervalle entre la géographie physique et la géographie humaine. De ces deux exagérations de sens contraire, choisir la moins nocive ?

Les dieux sont arrivés dans notre vallée de larmes par la porte du ciel vu de la Terre, avec pour huissiers les astrologues et les poètes, jusqu'au dernier venu, le dieu de *Booz endormi*, le moissonneur de l'éternel été qui a laissé en s'en allant sa faucille d'or dans le champ des étoiles. On peut craindre que la Terre vue du ciel en fasse un jour gicler les hommes, avec leurs lubies paysannes et leur bouillon de culture, avec tout ce tintouin d'accents, d'étrangetés et de délires probablement contre-indiqués, mais qui donnent envie d'aller y voir de près, en traversant la rivière, parce que chacun le sent bien en fin d'après-midi : la vraie vie est sur l'autre rive. Dans l'état actuel du rapport des bonus et des Légions d'honneur, l'Église universelle des sans-frontières imposant ses vues cavalières à toutes les professions, y compris de foi, c'est le plancher des vaches, des rampants qui demande un peu plus de considération. C'est vers l'olivier arraché, le cerf-volant des petites filles par-dessus le mur et la maison de famille détruite, bref, vers tout ce qui n'intéresse ni le *box-office* ni les multinationales qu'il faut diriger le regard, en allant à pied. Qui eût dit qu'un jour l'humanisme ne consisterait plus à gommer les frontières de langue, de foi, de rites et de manières d'être, à les tenir pour nulles et non avenues, mais à les faire réapparaître en filigrane sur la mappemonde, à saluer ces grandes dames ridées, invisibles du cosmos, et pourquoi pas, leur faire un brin de cour ?

# L'instant éternel

Elle est retrouvée.
Quoi ? — L'éternité.
C'est la mer allée
Avec le soleil.

J'écoute sur France Culture le mantra du poète, en introït à des divagations peu convaincantes sur « l'éternité de l'instant ». Ce mystère ressassé aime à marier le sel et l'azur, à mimer le bain dans la mer à midi, en Méditerranée. L'incantation m'évoque Matisse, qui a peint, dans le cadre d'une fenêtre ouverte sur l'azur et un palmier, la vie éternelle. Ciel céruléen, odalisque sans âge, lignes franches, couleurs denses. La vue de Collioure, de Cassis ou de l'Estaque, c'est un matin du monde qui n'aurait pas de soir. Meurtre pensable, agonie impossible. Le soleil stupéfait et morne qui plane sur ces outremers de rêve inspire une jubilation sèche, un bonheur de vivre, mais sans souvenirs ni pressentiments, clos sur lui-même, sans rien qui frissonne, irise et fait chanter les lointains. La nette idylle des criques et des pins ensoleillés est d'évidence un décor tout en surfaces, et je doute de sa profondeur. Beaux aplats, taches éclatantes et juxtaposées, sans ligne de fuite. Un vitrail. Une immersion dans l'immobile. Ni désordres ni tremblés. Exilé aux îles de Lérins ou à l'île d'Elbe, plutôt qu'à Jersey ou Guernesey, Victor Hugo eût-il pu dialoguer avec les éléments et tutoyer l'infini ? Non que le *spleen* ne puisse naître du ciel bleu. Il peut nous accabler de splendeur, en nous narguant par son beau fixe, en accusant, par contraste, nos rides, nos ombres, notre existence gondolée et rapiécée. Il n'est pas sûr que le climat méditerranéen inspire moins de suicides et de mélancolies que les bruines, crachins et *smogs* nordiques. Nous avons, cela dit, besoin de nous mentir avec des sensations colorées, des scintillements, des féeries visuelles, qui nous sont autant d'échappées vers un perpétuel été, que nous pourrions saisir hors de la durée.

Si je me souviens bien, le seul « instant d'éternité », supposé récapitulatif, qu'il m'ait été donné de goûter face à un peloton d'exécution, dont je ne savais pas qu'il serait un simulacre, ne m'a inspiré, faute d'être doué pour les postures à prendre dans un moment grave, qu'une intense envie de pisser, sans valeur ajoutée. Avec une seule pensée : me retenir, tant y satisfaire un bon coup me semblait inadéquat pour un baisser de rideau. Des humains suffrages, des communs élans, je ne me dégage donc pas. Trop obsédé par le sens des convenances.

## Commis = pilori

Un intellectuel de mes relations, peu philosophe, m'a confié son regret de n'avoir pu entrer au gouvernement. Il y a des précédents dans ce genre de promotions fatidiques, mais la dose de sadomasochisme qu'exige une fonction d'homme de proue ne me semblant pas à la portée de tous, je l'ai félicité d'avoir dû s'abstenir. Victor Hugo, qui s'est toujours refusé au portefeuille, l'a dit mieux que personne : « Un vrai ministre doit dominer et gouverner. Or, dans le moment actuel, le président prend le gouvernement, la presse prend la domination ; il en résulte qu'avec la presse telle qu'elle est et le président que nous avons, les ministres ne sont que des *commis piloriés.* » J'interpole. Le pair de France parlait du roi, non du président, mais quelle différence ? Il fait cet avertissement sous le règne de Louis-Philippe et dit l'essentiel sur le sort actuel des malheureux ministres du jour. Sans l'amour du pilori, l'amour du pouvoir est fadaise. Tout le monde n'a pas les moyens psychologiques et physiques de ses ambitions politiques, et c'est heureux.

## Bonnets carrés

Une séance d'installation à la Cour de cassation, quai de l'Horloge : notre plus haute institution judiciaire dans toute sa hauteur. C'est-à-dire en costume et sur scène. La justice est informatisée, et l'art oratoire réduit aux acquêts par les conclusions écrites des avocats, mais l'ordonnancement d'une audience de rentrée continue d'osciller entre représentation et célébration, théâtre et cathédrale. C'est minuté comme une comédie (quoique sans entracte) et sérieux comme un sacrement. De même que, dans la messe, le pain est transsubstantié en chair et le vin en sang par les seules paroles sacramentelles de l'officiant, le promu est ici réellement transformé en conseiller aulique par la lecture d'un décret de nomination et la formule efficace du premier président : « Je vous invite à rejoindre le siège qui vous est réservé. » Et chacun de gagner son prie-dieu dûment marqué. La tribune surélevée sert d'autel aux concélébrants à robe rouge, et des stalles, de chaque côté du chœur, accueillent les membres de moindre rang, en robe noire, auxquels ne manque qu'un antiphonaire à la main pour faire figure de chanoines à l'office. Après tout, c'est de la simarre en soie noire des clercs que nous vient le costume d'audience de nos magistrats et avocats, la robe noire. Signe de puissance, rouge à mes yeux du sang des innocents, la robe pourpre à larges manches et petite traîne des plus hauts magistrats nous vient de l'époque romaine, en passant par les cardinaux, les juges ecclésiastiques et les parlements d'Ancien Régime. Les caudataires ont disparu, la rayonne a remplacé la soie, et le lapin l'hermine, comme l'acrylique remplace, pour la doublure du manteau, le menu-vair, la fourrure d'écureuil : Brigitte Bardot veille. Ce qu'il entre, par ailleurs, de théâtral dans ce genre de cérémonies s'inscrit dans le décor et nous fait franchir quelques siècles, des fastes liturgiques aux solennités laïques : dorures et boursouflures d'un plafond à caissons second Empire, écusson RF surmonté d'une francisque, cartouches d'allégories IIIe République, et des loges de théâtre à l'italienne en promontoires côté public.

Nos professeurs d'université ont abandonné la toque et l'épitoge, comme nos hommes d'église la soutane. Aussi ces deux institutions ont-elles du plomb dans l'aile. Sans aller jusqu'à la perruque à boucles du juge britannique, l'ordre judiciaire, chez nous, se porte un peu mieux. En témoignent ces habits d'apparat, ceinture et mortier, comme le rabat débordant sur la robe, vestige du jabot en dentelle. Devant tant de pompe, comment ne pas être partagé entre la plus vive suspicion (des notables ainsi déguisés ont fait les cours spéciales de Vichy, qui envoyaient les communistes à l'échafaud) et la plus vive admiration (ces gens-là, tout de même, gardent la tête hors de l'eau). Après les félicitations d'usage à l'ami intronisé, je dévale perplexe le grand escalier du Palais, tiraillé à hue et à dia. Par le dégoût des mascarades et le besoin de cérémonials. D'un côté, la conviction que le ceinturon fait le fantassin, l'habit la moitié du moine, et que, sans col dur, pas de nuque raide ; de l'autre, le souvenir de Pascal daubant les grandeurs d'établissement. « S'ils avaient la véritable justice, ils n'auraient que faire de bonnets carrés... » Mes deux démons ont raison ensemble, mais on doit prendre le pouls de l'époque pour savoir s'il faut pencher d'un côté ou de l'autre. La transparence démocratique ayant un fort déficit de machins en poil de lapin sur l'épaule, indispensables au bon rendement des symboles, l'envie me vient, je l'avoue, de mettre un moment Pascal entre parenthèses.


## Le Syndrome du Titanic

Avec le film ainsi intitulé de Nicolas Hulot, émérite et prestigieux apôtre de la nouvelle religion audiovisuelle, un terrible soupçon m'effleure en sortant du cinéma :

n'y aurait-il pas, dans l'évolution longue des sensibilités d'Occident, quelque rapport entre l'affinement de l'optique et l'affadissement de la langue? Ce changement de portage, du *texto* vers le *video*, pour schématiser, ne serait-il pas inexorable, comme l'est la loi du moindre effort? Nos caméras ultra-perfectionnées perçant de mieux en mieux les secrets du corps et du cosmos, vocabulaire et syntaxe peuvent se mettre en roue libre et travailler à l'économie. C'est outrancier et simpliste comme tout jeu à somme nulle, mais tant pis. Je n'y résiste pas. Ce tohu-bohu d'images sidérantes, sautant de l'infiniment petit à l'infiniment grand, juxtaposant le vent solaire et le globule rouge, le fœtus et la mégapole, l'endoscopique et l'astronomique, dans une décervelante et rhapsodique incohérence, me met sur la piste d'une hypothèse bien fâcheuse. L'auteur nous fait supporter en guise de commentaire une litanie de poncifs et d'à-peu-près apocalyptiques. Comme s'il s'était dit : « Puisque j'en mets plein la vue, je peux dire n'importe quoi, ou presque. »

Nous l'imitons tous : je capte de mieux en mieux, j'en dis de moins en moins. Pourquoi demander encore à la littérature de raconter le monde, et de forcer ses apparences en tentant de rendre au plus près la nature des choses, si mes systèmes optiques à haute définition font le boulot à ma place? La cécité et le don poétique avaient un pacte ancestral. Quelle sagesse ce fut, d'imaginer Homère aveugle. La description du bouclier d'Achille ou le catalogue des vaisseaux dans *L'Iliade* sont des morceaux de bravoure dont il eût été dispensé par Kodak clic-clac. Argos le panoptique n'était bon qu'à garder les vaches ; à Borges l'aveugle de sonder les cœurs et les mémoires. Faudra-t-il se crever les yeux pour retrouver le goût des mots-scalpels? La laborieuse dénomination du monde devient facultative avec les nouveaux pouvoirs de l'œil. Depuis Nadar, il me semble voir baisser la force de pénétration, de discernement des signes. Plus largement, ce sont les puissances d'émerveillement du langage qui se dissipent, tandis que monte le pouvoir de dénonciation et de célébration du visuel, comme si l'assouvissement de la pulsion voyeuriste nous laissait quasiment sans désir ni exigence quant au « gris » du manuel ou du magazine. Pour restituer la beauté crue des choses, il y avait le grain scintillant du texte et la paille du noir et blanc; les rôles semblent décidément permuter.

Cela n'a rien d'une catastrophe. Ce que j'appelle « le passage du sceptre » peut et doit se prendre en bien. Quand on lit, désappointé, un article sur « la baisse du niveau en orthographe » (très précisément attestée dans nos lycées et collèges), il faut se ragaillardir à l'idée d'une hausse concomitante du « niveau en orthoptique ». « En quelques décennies, les élèves ont accumulé deux années de retard dans leur apprentissage de la langue... » Certes, mais deux années d'avance dans l'éducation du nerf optique. Gardons le sourire.

Changer de médiasphère, c'est passer d'une portance élémentaire à une autre : quand sombre un vieux *Titanic*, un autre, tout neuf, sort des chantiers navals. Il faudrait pouvoir sauter d'une embarcation à l'autre, pour arriver à bon port. Pas si facile.

*Time to move*

Une bonne nouvelle : acquérir la nationalité britannique n'est pas un exploit impossible. Cinq années de résidence y donneraient droit (le temps qu'il faut pour s'initier aux mystères du cricket, inaccessibles à un continental). Cela redonne espoir.

*Habeas corpus*, navigation, jardins, concours hippiques, chants chorals, finances, musique pop : en dehors de ces arts et métiers capitaux où la primauté britannique ne se discute pas, mais qui, faute de pèze ou d'entraînement, ne m'intéressent pas au premier chef, je peux énumérer vingt-deux raisons plus triviales d'aspirer sans tarder au statut de sujet de Sa Majesté.

1. Capitale cosmopolite, avec brassage des populations et point trop de ghettos ethniques. Chinoises, Indiennes, Pakistanaises, Africaines de l'Est, Malaises, Arabes, Antillaises, etc., offrent au passant un kaléidoscope sans égal des jolies femmes en circulation sur cette planète.

2. Propreté des rues, toilettes, parcs et lieux publics (comparer entre la gare du Nord et St. Pancras Station).

3. Excellence et variété des sandwichs (en dépit d'un pain au départ handicapant).

4. Policiers sans armes à feu.

5. Stoïcisme modeste dans l'adversité, qui tranche avec une certaine couardise vantarde plus dans nos manières. « Nous vaincrons parce que nous sommes les plus forts », disait notre président du Conseil en 1940 (sous-entendu : « Ne nous demandez pas en

plus de nous battre »). Au même moment Churchill :
« Comme nous sommes les plus faibles, il ne nous reste
qu'à nous battre jusqu'au dernier. » Le flegme, litote du
courage ; le cocardier, un cache-misère, comme souvent
l'hyperbole.

6. Taxis spacieux, quatre personnes, vitre coulissante
entre chauffeur et passagers. Silence ou causette, au
choix.

7. Universités crénelées, écussonnées, à meneaux et
cependant ultramodernes, qui rendent fier d'en être,
qu'on ait vingt ans ou soixante-dix ans.

8. Pelouses, au reste mieux entretenues, sur lesquelles chacun peut marcher.

9. Guinness au col impeccable, dont le cramoisi
des fauteuils Chesterfield et l'acajou lustré des pubs
exaltent l'amertume.

10. Alliance insolite d'excentricité individuelle et de
solidité civique, marque d'un pays farouchement molé-
culaire et merveilleusement atomisé, où l'anti-confor-
misme n'empêche pas le loyalisme.

11. Shakespeare : sac de grains transportable, pouvant nourrir à lui seul toute une vie. Plus compact que
Molière-Racine-Corneille.

12. Gentillesse, courtoisie, civilité à chaque coin de
rue.

13. Effluves d'un Commonwealth tonique, reliant
tous les nœuds stratégiques de la planète (Hong Kong,
Calcutta, Singapour, Aden, Le Caire, etc.). Beaux restes
d'un empire grand teint à côté duquel notre Union française faisait sablonneuse et riquiqui.

14. Des journaux télévisés dignes de ce nom (TF1 à
côté de BBC One : Clochemerle). Une presse écrite plus

nourrissante, avec moins de préjugés. Une information tous azimuts, avec une vue sur l'Orient, proche et extrême, que nous n'avons pas, ou plus.

15. Une langue parlée à la fois vernaculaire et universelle, espéranto en accordéon, du plus pointu au plus accessible, et qui permet de se sentir à l'aise sous toutes les latitudes.

16. Des intellectuels marxistes en état de marche, en prise directe sur le réel (Eric Hobsbawm, Perry Anderson, Robin Blackburn, Tariq Ali, etc.).

17. Grand marché de l'art (Sotheby's, Christie's).

18. Vitalité maintenue du théâtre (auteurs, comédiens, mises en scène).

19. Science et conscience géographiques (foisonnement d'explorateurs, ascensionnistes, missionnaires, ethnologues, etc.).

20. Plain-pied accueillant des cimetières de campagne (la génération spontanée des tombes dans l'herbe).

21. Sens inné du cérémonial — qui réserve les plus beaux jubilés, enterrements, *graduations* et mariages au dernier pays où l'on sache porter l'uniforme (juges, professeurs, *horse-guards*, *lords*, etc.).

22. Prééminence du romancier sur l'essayiste, de l'art du récit sur la jonglerie des idées et de la description exacte sur la creuse envolée.

Je n'ignore pas la monnaie de ma pièce : trains vieillots, métro incommode, esprit de caste et de classe, arrogance de la *City*, grisaille politique pépère, vidéosurveillance, inféodation routinière au cousin d'Amérique, et j'en passe. Soit. Il n'en reste pas moins que cette société-là me semble mieux armée que la nôtre pour qu'une certaine qualité de rapports humains puisse survivre à la débâcle de la chose politique. La France ? « On est bien forcé de passer par là, mais pas question d'y rester. » Je ne suis pas loin de faire mien ce propos, entendu dans la bouche d'un de ces pitoyables immigrés en souffrance à Calais, traqués par la police. Échappés de leur enfer d'origine, en route vers Canaan, en rade dans notre purgatoire. Il y a des degrés dans le civilisé. Pour s'en tenir à ce que nous avons de mieux en magasin, qu'est-ce que la rue d'Ulm à côté de King's College, l'Opéra de Paris à côté de Covent Garden, *Les Échos* à côté du *Financial Times*, la Marine nationale à côté de la Royal Navy, la PJ à côté de Scotland Yard, l'Élysée à côté de Buckingham, Lyautey à côté de Lawrence ? La fatuité à côté de l'orgueil ? L'ironie à côté de l'humour ? Ne jetons pas le manche après la cognée. Disons que notre beau pays n'est pas la marche suprême de l'escalier. Peut-être la pénultième. Et rions de bon cœur au souvenir des clichés maison, œillères à nous tendues par nos familles bourgeoises pour éviter la comparaison et le salut un peu vexant qu'on se doit d'adresser, si l'on est *fair-play*, au gagnant du loto des civilisations : cuisine mortifiante, climat insupportable, et le bibi de la reine, parfaitement ridicule. Quoique épargné dans ma jeunesse par les refrains sur la perfide Albion (Jeanne d'Arc, Sainte-Hélène, Mers el-Kébir), j'eus droit comme d'autres, dès l'enfance, aux arguments d'autodéfense nationale, la pluie, la gelée de groseille et le chapeau à fleurs.

Daniel Cordier me donne acte de mes vingt-deux raisons toutes pragmatiques de sauter le *Channel*, tout en s'y refusant pour lui-même. Conscient ô combien que le moment français est passé, il trouve encore du charme à notre pays de naissance. Chacun ses faiblesses. Un peu moins avancé en âge et en sagesse que lui, j'entamerai sans délai, pour ma part, les démarches requises. La fraternité républicaine n'étant plus qu'un mot vide, pas de temps à perdre.

## Philoctète, suite et fin ?

Au théâtre de l'Odéon, dialogue avec Laurent Terzieff, Philoctète émacié, et Jean-Pierre Siméon, qui a remodelé la pièce de Sophocle (mise en scène par Christian Schiaretti, le directeur du Théâtre national populaire). Blessé au pied, purulent et incurable, abandonné par ses camarades sur l'île de Lemnos, le héros grec détient l'arc et les flèches sans lesquels, selon l'oracle, Troie ne peut être prise. Le malin, l'opportuniste Ulysse arrive sur ce caillou pour les récupérer et charge le jeune Néoptolème, fils d'Achille, du sale boulot : gruger l'infirme, l'attirer hors de sa tanière, et lui fausser compagnie avec l'arme stratégique. Question de Gérald Garutti, le dramaturge : En quoi cette fable nous concerne ? Fin des héros ou métamorphose de l'héroïsme ?

Question à contretemps. C'est tout son intérêt : dessiner à contre-jour le profil d'une époque, qui met depuis belle lurette l'antihéros sur piédestal. En substituant à « l'appel du héros », fort démodé, l'appel de Bardamu, le lucide tire-au-flanc de *Voyage au bout de la nuit*, perdu parmi des millions de fous héroïques et déchaînés, et jugeant que la Première Guerre mondiale, cette « imbécillité infernale » pouvait fort bien continuer sans lui. Ce n'est pas notre faute si l'Europe, en paix avec elle-même depuis soixante-dix ans, préfère le saint, homme de paix et de parole, au héros, l'arme au poing. C'est le prix de la prospérité. On ânonne la tautologie de Brecht : « Malheur aux peuples qui ont besoin de héros. » En clair : malheur aux peuples qui sont dans le malheur. La Suisse ni la Suède n'ont plus besoin de héros, grand bien leur fasse. Le roulement à billes et la *cuckoo-clock* peuvent se passer de ce luxe coûteux (Guillaume Tell et Charles XII ayant fait en leur temps la trouée). Coûteux, mais pas vraiment superflu, et psychologiquement utile. En l'espace de deux mille ans, le héros est descendu en vol plané de l'Olympe à l'Olympia, de la plaine de Troie au Stade de France. Mais, Achille ou Zidane, Bayard ou Trotski, Jeanne d'Arc ou Lucie Aubrac, nous avons toujours besoin de ces incarnations-alibis pour nous dédouaner de notre propre médiocrité.

Nous tombons d'accord entre nous, le poète et le grand acteur, sur les propriétés récurrentes de l'emmerdeur patenté, sans grand changement depuis Sophocle et les tragiques. Le mauvais coucheur a un caractère de cochon. Pas du tout dents blanches, haleine fraîche. Autoritaire, imbuvable, asocial. Il se moque de séduire et pue, comme Philoctète, ce dandy en guenilles. Mauvais caractère qui sert de carapace à l'individualité rétive, l'empêchant de se laisser boire par le milieu, buvard démocratique. Marek Edelman, un des organisateurs de l'insurrection du ghetto de Varsovie, avait une tête de lard. De Gaulle aussi puait la grandeur, et ses proches eux-mêmes, à Londres, le jugeaient gothique et assez antipathique. Comme l'a dit l'un d'eux en 1944 : « S'il l'avait eu bon, le caractère, il aurait disparu depuis longtemps. » Et le Che, l'anticommuniquant-né, ne souriait que sur les photos. Autre caractéristique : c'est en général, et dans le meilleur des cas, un perdant. Naît et meurt dans la solitude. À l'écart des siens. Plus ou moins paria. Edelman refuse le sionisme après-guerre ; De Gaulle, le jeu des partis. Sa mort seule lui rend toutes ses vertus. Qui perd gagne est la devise de cet archétype immémorial. Autre trait moyenâgeux, presque une chanson de geste : l'abnégation. Il obéit à des valeurs plus grandes que lui. Ni casse-cou ni baroudeur, l'hurluberlu n'est pas maître de son jeu et se soumet à une règle qui le contraint, la France, la Révolution, l'honneur. Comme le dit Cordier, s'engager, c'est obéir. Et Philoctète, le boudeur, finit par abdiquer son orgueil en ralliant, petit soldat, la cause commune de sa patrie.

On voit trop l'état de société qui transforme en Martien ce type anthropologique : l'orthodoxie du sympa et la quête de popularité immédiate et maximale (« dites *cheese* ») ; la subordination de l'intérêt général au particulier ; le culte de la réussite et de la *sucess-story* ; et une excessive vitesse de sédimentation héroïque, avec le quart d'heure de célébrité assuré à tout un chacun par les *mass media* et le fait divers dont il sera un jour ou l'autre le héros. Le « qui-perd-gagne » requiert un temps qui prend son temps, afin de laisser à la grande figure celui de cristalliser en légende. D'où, à la tête de l'État comme de la société civile, toutes ces énergies pressées, à compte d'auteur, et qui exigent d'être payées *cash*, sans nulle ombre éblouissante au-dessus de leur tête, sans point de fuite au-delà de leur propre carrière.

Les héros sont des créations collectives de longue durée. Nos gagneurs, des productions ombilicales à vie courte. Un peuple dure, le *people* passe.

Le prix Nobel de la Paix couronne le saint de l'année. À quand un prix Nobel de la guerre ? Il aurait à cœur de récompenser ceux qui font la guerre sans l'aimer, en respectant au mieux ses lois, avec le moins de crimes de guerre possible, ceux qu'on créditait naguère d'avoir fait « une belle guerre ». Ou bien ceux et celles qui mènent une Résistance populaire en réduisant au strict minimum la part de « terrorisme » que tout mouvement de résistance nationale exige, où que ce soit. Ce prix Nobel peu démagogique ne serait pas décerné par des journalistes luthériens prenant leurs désirs pour des réalités, conformément à la devise libérale « toute la notoriété à ceux qui l'ont déjà ». Il serait décerné à des hommes et des femmes sans renom, par des écrivains, des artistes et des enquêteurs de plusieurs continents — et qui n'auraient pas froid aux yeux. Après tout, depuis l'aube des temps, ce sont les poètes qui font les héros. Homère, Achille ; Sophocle, Antigone ; le trouvère normand, Roland sonnant le cor à Roncevaux. Que serait pour nous Jeanne d'Arc sans Michelet et Péguy ? *L'Affiche rouge*, d'Aragon et Léo Ferré, transfigure Manouchian ; l'ode de Malraux, Jean Moulin ; Mahmoud Darwich, le Palestinien du coin (qui lui rend la monnaie en faisant du poète son héros malgré lui) ; et les aèdes *latinos*, avec leurs cantilènes et leur *Hasta siempre, Comandante*, le Che.

Le preux et le troubadour ont intérêt à ne pas se perdre de vue : ils s'avancent vers le parterre, et sortent de scène, main dans la main.

# Le radeau de la mémoire

Londres, soixante-dix ans après. Déjeuner au *Rules*, restaurant ouvert en 1798, le plus vieux de cette métropole fourmillante de vie. Tout frais officier de la France libre, l'ex-secrétaire de Jean Moulin venait ici dépenser sa paie en permission, avant de se faire parachuter en France comme radio, sa capsule de cyanure en poche (un radio, en 1942, avait entre deux jours et deux mois d'espérance de vie, avec la promesse d'une fin on ne peut plus déplaisante). Nous sommes trois à table, Olivier Salvatori, l'éditeur d'*Alias Caracalla*, son auteur, allure dandy et toujours sémillant, et moi en preneur de notes. « Cadre inchangé », nous dit le vieil Ulysse retrouvant son Ithaque. Fauteuils de cuir à têtières, cuivres astiqués, boiseries acajou, gravures anciennes, andouillers : le salon cabine d'un trois-mâts ; le club *old-fashioned* ; une chope d'argent Tudor pour la Guinness mousseuse. Nous feuilletons des vieux papiers en attendant le saumon d'Écosse. Cordier nous montre une feuille grisâtre imprimée. Pau, 17 juin 1940 : « Les jeunes font appel à tous ceux qui aiment la France et veulent *sauver son âme*. Groupons-nous. La France ne doit pas mourir... » Le regroupement fut interdit par les autorités préfectorales, et le rédacteur du tract s'embarqua le surlendemain pour des cieux plus accueillants.

L'âme de la France va-t-elle vivre ou mourir ? C'est le leitmotiv des documents écornés que nous passons en revue : *Bulletin d'information des volontaires*, *Jour-*

*nal du camp*, *Nouvelles de France et du monde*, qui circulaient à Londres, dans les années noires. « La nation française a une âme », affirmait François Mauriac, en 1943. C'est le premier titre de son *Cahier noir*, qui orna la une des *Lettres françaises* communisantes à l'été de 1944.

« C'était quoi pour vous, à cette époque, l'âme de la France ? demandé-je au mémorialiste entrant gaiement dans sa quatre-vingt-dixième année.

— C'est simple : c'était ce qui avait permis de gagner la guerre de 14. Une cohésion secrète, une histoire épurée.

— Bravo, pari gagné. Vous nous avez remis sur pied. »

Cordier m'interrompt : « Non. *La France est morte le 17 juin 1940*, le jour où Pétain a chevroté à la radio la capitulation. On ne s'en est pas relevé. Mais cela, je ne l'ai compris qu'après coup, à la Libération.

— Et pourquoi donc ?

— La Résistance était trop faible pour s'imposer à l'*establishment*. En 1945, le train-train a repris comme avant. J'ai quitté les services secrets et tourné la page : le chapitre était clos. Parlons d'Europe, parlons du monde, mais la France... »

Geste évasif de la main, sourire de regret, n'y revenons plus. Je reste pensif. La politique a pris congé de l'Histoire. Tournons la page. Me trotte dans la tête *L'Étrange Défaite* : « Quel que puisse être le succès final, l'ombre du grand désastre de 1940 n'est pas près de s'effacer. » Prémonitoire Marc Bloch. L'ombre du mancenillier... Combien sommes-nous à la sentir encore planer ? À ne pas nous remettre de la grande déculottée? À garder en tête l'image des agents de la paix parisiens saluant, main au képi, Hitler et sa suite glissant en voiture dans la Ville-Lumière déserte de juin 1940? À nous demander s'il reste vraiment quelqu'un, derrière les frontons et les parades, les praticables de la pièce toujours en place dans les palais. Se serait-elle éclipsée en douce, la France, mine de rien? Et si la coquille était vide?

« Nous autres civilisations... » : elle nous fait une belle jambe, cette scie. La seule question intéressante et d'intérêt public serait celle-ci : Avons-nous les moyens de savoir quand nous rendons l'âme? Et suite à quelles saignées, fatigues, ou rafales d'à-quoi-bon? À quelle érosion du sol mental? Ajoutons-en d'autres, d'ordre pratique : Devant quelle bouche placer le miroir? Sur quel crâne poser les électrodes pour lire *de visu* l'électroencéphalogramme plat? Qui sera habilité à signer le certificat de décès? L'historien? Le linguiste? Le sociologue? Assurément pas ce dernier. Comme les pays survivent aux nations, et les paysages aux paysans qui les ont façonnés, les sociétés survivent aux civilisations qui les ont mises debout. Même à l'île de Pâques, chez les employés de l'aéroport et dans l'hôtellerie, il se produit de nouveaux mouvements sociaux tout à fait dignes d'un sociologue en recherche. L'historien, lui, est comme le gendarme : il arrive quand les carottes sont cuites. Le chapitre Rome se clôt en 476, quand Odoacre dépose le dernier empereur, le chapitre Byzance en 1453, le chapitre Vienne en 1918, etc. Et nous, où en sommes-nous? Le linguiste ne s'alarme pas trop. L'histoire de France commence avec celle du français, traité de Verdun, 843, soit. La langue, en 2010, est florissante, en perpétuelle recréation (les Viennois aussi continuent de s'exprimer avec les mots et la syntaxe de François-Joseph, Freud, Musil et Klimt). Conclusion : tout va bien, la vie continue. En temps réel, pendant la durée de la représentation, il y a un tel art du faux-semblant chez les doublures que le coup d'œil du clinicien n'est pas de trop pour distinguer l'original de son sosie. Contrairement aux personnes physiques, les personnes morales bougent encore après décès. Elles gigotent même, plus volubiles que jamais, pour se donner le change, tant il est vrai que le retour à l'état végétatif, dans l'histoire des volontés humaines, s'accompagne souvent d'une incomparable excitation corticale. Quand la Grèce est morte, le flambeau passe à Alexandrie (bibliothèques, musées, phares, patrimoine, exégètes). Les médecins ne s'accordent pas sur le critère irréfutable, l'instant irréversible à partir duquel il serait séant de rédiger sa propre nécro et de prendre collectivement le deuil. L'éloge funèbre donnant de l'inspiration aux fruits secs et la cravate noire de la distinction au plouc, un avis de décès en bonne et due forme aurait maints avantages, notamment pour les professions qui carburent à la mélancolie (littérateurs, révolutionnaires, mémorialistes, etc.). Pour ce qui est des signes cliniques, je me range sans hésitation à l'avis de Vialatte : « Quand M. Gibus (qui était un boutiquier) ferme sa porte, l'homme est en deuil d'une civilisation, car du gibus, on tombe dans le melon et du melon dans le chapeau mou, tant la décadence est rapide. » L'âme d'un peuple est affaire de gibus. Tant qu'on croit au crucial du huit-reflets, tous les espoirs de survie sont autorisés. Une civilisation, comme une nation, tient à des choses fragiles comme un papillon, des couvre-chefs, des snobismes idiots, qui apparaîtront tragiquement dérisoires aux embarqués du *Titanic* suivant, un ou deux siècles plus tard : le tabouret, la particule, la vie éternelle, le teint blanc des dames bien, l'imparfait du subjonctif, la butte 108, l'honneur du drapeau, l'Alsace-Lorraine, la petite fille Espérance, etc. « Mais comment donc ont-ils pu, ces gogos », demandent les songe-creux en activité, quand ils s'interrogent sur les faits et gestes du diplodocus qui a eu le malheur de naître cent ans plus tôt. Chacun son claque. Pour nous, Européens démocrates de 2010, qui rêvons de gouvernance mondiale et vivons dans l'ubiquité numérique, le « mourir pour la patrie » du volontaire de 1940, seul contre tous, relève incontestablement du gibus.

*Âme* fait sourire les incrédules que nous sommes. Ce n'est pas une idée claire, ni d'ailleurs très raisonnable. Une facilité de plume. Une invention romantique. Nos théologiens eux-mêmes se l'interdisent. Les psys et les philosophes s'en voudraient. Il faut être sérieux. L'expression convenable, c'est « l'identité culturelle d'une formation sociale ». Tout le vocabulaire utilisé par les résistants, qu'ils soient communistes ou maurrassiens, nous est devenu imprononçable. Affaire de génération, là encore. Adieu fariboles, mensonges, supercheries. Pures figures de rhétorique. Parlons bonus, points de retraite, taux d'intérêt. Mais si la France est une personne, comme le sont, autrement, les cités italiennes ou les États-Unis d'Amérique, n'est-il pas normal qu'on lui prête une âme ? Voilà bien des mots figurés, répondra l'agrégé, donc impropres, donc faux. De ces métaphores qui nous ont fait tant de mal. Eh bien, plaidons pour la métaphore. Mesurons bien ce que peut libérer d'énergie vitale cette notion de nécromant ; ce que recèle d'avenir, d'arrachement et de puissance de feu ce fantasme faussement fumeux.

L'âme de la France n'est pas l'esprit français, « cet esprit moyen, moins étendu que judicieux, critique et moqueur, qui se forma d'abord de bonne humeur gauloise et d'amertume parlementaire, entre le parvis de Notre-Dame et les degrés de la Sainte-Chapelle ». La vieille sève bourgeoise n'a pas beaucoup changé, depuis Michelet. La *french touch* survit fort bien à l'âme. Comme le beaujolais nouveau, qui ne saurait mourir. Ou le théâtre de boulevard, qui a prospéré sous l'Occupation. L'âme n'est pas la culture. C'est d'un autre ordre, plus souterrain, plus naïf, et assez bête. C'est l'*anima*. Le souffle vital. La force de caractère, le savoir-encaisser, le *self-control*, la tenue. « Le calme antique dans les agitations modernes. » L'*Eton spirit*. Pantalon rayé, veste noire, cravate siglée. Ces manières intransmissibles, cela s'inculque sur les terrains de cricket, à coups de badine sur les fesses et de porridge au lever. L'âme tient au ventre. Le plus impalpable est le plus opérationnel. Cordier raconte sa surprise, déambulant dans Londres en pleine bataille d'Angleterre, devant le buste droit des cavaliers, montures à l'amble, dans Hyde Park, tranquilles comme Baptiste, la bonne coupe des vareuses, le *stick* vissé sous le bras, les chaussures miroitantes, les portiers à boutons dorés, et un air, sur les trottoirs, de normalité avenante plutôt souriante. On fait bloc, sobrement et sans roulement d'yeux. « Nous nous sauverons ou nous coulerons ensemble. » Rien à voir avec notre déguenillade, fantassins romanichels le long des routes, le débraillé des officiers défaits, les carrioles de matelas et d'oreillers de l'exode. L'âme serait-elle une faculté d'insulaires ? En tout cas, c'est ce qui cambre intérieurement une population, dès lors qu'elle ne rougit pas d'être différente. C'est la petite flamme qui assure l'indivisibilité d'un alliage bizarre, par-dessus ou en deçà des factions, des à-vau-l'eau, du chacun-pour-soi. L'âme ? Ce qui fait corps. Sans l'âme russe, pas de Stalingrad. « Je me méfie d'une image, mais je vous supplie d'attacher votre esprit à la réalité qu'elle recouvre », disait Mauriac en 1944. Il en appelait, lui aussi, à l'unité de Résistance « pour confondre et amalgamer dans une passion unique des Français de tout bord et de toute condition ». Pour transformer un bric-à-brac en un corps d'armée. Est-on ou non capable de faire la guerre ? D'endurer, dans un conflit mortel, un an de totale solitude, comme le fit alors l'Angleterre ? Tenir tête au plus fort ? *That is the question.* L'âme est une question spirituelle dans la mesure où c'est une question militaire, à quoi les hommes d'esprit, les Jean Cocteau, les Sacha Guitry et même les Jean-Paul Sartre sont par nature assez fermés (tout hommes de cœur qu'ils puissent être, par ailleurs, dans leur privé). Il y eut Marc Bloch, Jean Cavaillès et Gabriel Péri, admirables exceptions. Mais ce n'est pas à la Sorbonne, ni sous la Coupole, ni rue d'Ulm, qu'on trouve l'âme du canon. Plutôt à l'île de Sein et dans la péninsule bretonne, qui fournit les premiers effectifs des *Free French*. Une vertu d'insulaires est une vertu minoritaire, et plutôt ridicule. Il n'y avait que deux mille compatriotes, à Londres, le 14 juillet 1940, pour croire que l'âme n'est pas un mot creux. Des garçons simples, à l'air jean-jean et peu instruits (d'où un manque dramatique de cadres et d'officiers, que de Gaulle dut former à toute vitesse). Les Polonais, au même moment au même endroit, étaient au nombre de quatorze mille. La France avait de l'esprit, la Pologne une âme. C'est un gros inconvénient : le préfet polonais ne collabore pas, le gouvernement entier s'exile, et ceux qui restent, de bas en haut, se retroussent les manches.

L'âme rapporte peu et coûte cher. Du sang, des larmes et des nèfles. La Pologne a été détruite, Varsovie rasée, six millions de morts, dont plus de la moitié de Juifs — tous malheurs dont une certaine veulerie a préservé la doulce France, qui a, en 1940, déclaré sa capitale « ville ouverte » à l'approche de la Wehrmacht. Ce qu'ont manqué de faire les Polonais : dix mille ont péri pendant le siège et le bombardement de Varsovie en septembre 1939, environ deux cent mille dans le soulèvement de 1944. Autant dire qu'un peuple gagne beaucoup à redevenir une population, en perdant son âme. Rien n'est plus nuisible aux vacances, à la vie de famille, au bon beurre, à la balance commerciale, au bonheur en un mot que ce raidissement d'aristocrate, ce poil rétif à la bassesse, cette irritabilité des fibres. La névrose pousse à surréagir pour un rien, à monter sur ses grands chevaux avec armes et bagages — tel le *Cavalier polonais* de Rembrandt quittant sa ville, arc et carquois à la ceinture, sourire brillant dans les ténèbres. Et tout ce gaspi pour quoi ? Des foucades d'amour-propre, de petite souveraineté, de libre arbitre, d'attachement à sa langue ou à sa religion, de dettes imaginaires envers ses ancêtres — fariboles et peines de cœur. Voilà bien des manières. Nous, nous respirons mieux sans. Nous ne nous faisons pas remarquer. Nous restons dans la bonne moyenne. Nous revenons sous commandement intégré. Le plus curieux, et ce qu'enseigne l'histoire de notre Résistance ultraminoritaire (un pour mille), n'est pas tant le fait que cette noblesse intempestive se logeait plutôt en bas qu'en haut de l'échelle, que dans les corps constitués — seulement *un* diplomate, *un* magistrat, *un* préfet donnèrent leur démission après l'armistice, et aucun grand nom. C'est que le souci du « bien se tenir » fut le fait de solitaires, de farfelus, de bohèmes peu doués pour les convenances — des frêles indifférents au comme-il-faut, prenant sur eux de faire le gros dos contre vents et marées.

Notre pays, dans lequel la poésie est devenue lettre morte, a « suspendu » la conscription en 1997 au profit du volontariat — et d'un loufoque « parcours de citoyen-neté » en lieu et place de l'appel sous les drapeaux. Ce fut une sage décision. Il ne faut pas pousser trop loin l'imagination. Quand une nation devient un corps sans âme, il est irréaliste d'entretenir une armée de soldats citoyens, qui ne peut être que le reflet de la première, comme cela s'est vu en 1940, et mieux encore en 1942, avec le sabordage de la flotte, à Toulon, la Royale ayant préféré la discipline à l'aventure. Parmi les causes de la mort en pleine vie, n'oublions pas la boue sanglante des tranchées de 14-18, le carnage industriel, la grande boucherie patriotique, sans quoi le Bardamu de Céline n'aurait pas pris le dessus. Nous voilà donc, en 2010, avec des professionnels, une gendarmerie sans rayon-nement, mais adaptée à ses missions : opérations Cas-ques bleus de maintien de la paix, au coude-à-coude avec Fidjiens et Finlandais, expéditions irakiennes ou afghanes de l'Empire, toujours en manque de supplétifs. Le hara-kiri économique et rationnel de l'idéal républicain d'indépendance est passé comme une lettre à la poste, au soulagement de tous. Ce ne fut qu'une mise au net, qui n'eût pas étonné Hérodote. Les Grecs se battent entre eux, mais face à un ennemi, ils ne forment plus qu'un monde « uni par la langue et par le sang, les sanctuaires et les sacrifices qui nous sont communs, nos mœurs qui sont les mêmes[1] ». Les quatre invariants de l'âme : peuplement, croyance, langue et menace extérieure. Notre natalité se porte bien, mais la sève paysanne est à sec, depuis l'exode rural ; notre classe ouvrière a perdu son jus, après un demi-siècle de soviétisation mentale ; notre petite-bourgeoisie républicaine, ses amarres, avec le renoncement de l'État ; la grande bourgeoisie, son surmoi, avec l'effondrement des bastions catholiques ; et le sentiment européen ne prend pas le relais, hélas, du sentiment national. C'est le passage à vide du collectif. Nous regardons la télé quatre heures par jour, et cette machine impropre à montrer l'invisible nous débite les communautés de destin en têtes de pipe. Nous ne jurons que par la transparence, quand l'hypocrisie est la mère des civilisations. Nos figures de proue, dans quasiment toutes les institutions, appartiennent au beau sexe, dont les valeurs sont d'un autre ordre que guerrier. Cinq soldats tués au front font faire huit mille kilomètres en avion à notre P-DG. Dix mille soldats tués par jour ne faisaient pas sortir Poincaré ni Clemenceau de leur bureau, et c'était à cent kilomètres de Paris.

1. HÉRODOTE, *L'Enquête*, VIII, 143-144.

Le niveau esprit a monté, le niveau âme a baissé ; l'Hexagone a pléthore de diplômés, et carence de convaincus. Quand le hit-parade fait loi, le dernier de la liste fait pitié. Sur les dix-neuf mille militaires réfugiés en Angleterre après l'armistice, écrit Daniel Cordier dans son livre, il n'y eut que neuf cents « légionnaires » de De Gaulle : moins de cinq pour cent. Quant à la langue française, elle n'ose plus trop se montrer. Un scientifique québécois de mes amis, de passage en France, invité à déposer une demande de subvention auprès de l'Agence nationale pour la recherche, vient de se la voir retournée parce qu'elle n'était pas rédigée en *pidgin english*. Chez lui, au Québec, tous les projets de recherche se rédigent en français, comme les Russes et les Chinois en russe et en chinois auprès de leurs instances respectives. Gommons la différence, et revenons vite dans l'Otan. L'Europe s'exprime et écrit en anglais, à Bruxelles comme à Strasbourg ? Nos ministres s'y garderont d'y parler en patois, question de *standing*. Le Québec a une âme, et il a du mérite : une langue est un dialecte qui a des canons, et il n'a pas de canons. Nous lui prêtions jadis les nôtres, par procuration ; voilà que nous clouons notre porte-avions au port et cachons dans les coins notre langue, qui est aussi la leur. C'est maintenant nous, la « belle province ». Et notre pré carré, en récompense, devient la première destination touristique du monde. À la place de l'armée, un musée de l'Armée. À la place des Nobel, un musée des Sciences. Nous ne produisons plus d'histoire, mais de l'historiographie : magnifique sera le futur musée de l'Histoire de France (l'Europe aussi a déjà le sien, à Bruxelles, c'est du défaitisme). Nous voilà passés au deuxième degré, décrochage qui vaut promotion. L'âme abîme, la mort embellit les cités. Voyez Venise, sans doute plus coquette, mieux astiquée et plus avenante aujourd'hui qu'au temps des doges et des galères. C'est le moment de mettre en vitrine l'esprit français, et sur l'âme, son mouchoir.

Le Compagnon de la Libération en a fait son deuil. Après avoir songé à devenir prêtre, mystique oblige, Cordier a opté après-guerre pour la peinture et fini par ouvrir une galerie d'art. Il se dit mondialiste, mais assiste aux cérémonies du 18 juin, au mont Valérien, pour l'honneur. En souvenir du Grand Charles, du connétable qui vit la patrie « en danger de mort » et convoqua à « l'action, dans le sacrifice et dans l'espérance ». Qu'aura-t-il été, finalement, le chef, le père spirituel des orphelins de Londres ? Un réanimateur d'exception, pratiquant sur une carcasse rétive et fatiguée une greffe de rêves épiques et le don d'organes sous forme d'ailes de secours. Bouche-à-bouche méritoire, mais impuissant. « Poussée remontante d'une sève déjà vaincue par l'histoire. » Ses successeurs élyséens ressembleraient en ce cas aux praticiens du suicide assisté, adeptes d'*efficient standardized euthanatics*, à savoir la festive métamorphose, aujourd'hui parachevée, d'une nation en entreprise (tourisme, luxe, musées, restauration), d'un électorat en marché d'opinions à sonder et du chef de l'État en dircom' de *holding*.

Retour à Paris, dignement assoupi, Lausanne en plus grand, où errent par bonheur dans les jardins publics des bandes de jeunes Blacks, de Beurs et Beurettes, qui font encore passer un frisson de vitalité sur notre lagune. Quand un lieudit n'est plus un faiseur de destins ; quand une fatigue d'être s'oublie dans une fureur d'avoir ; quand on a peur de faire cavalier seul et honte de ne pas être aux normes ; quand ce n'est plus à lui de choisir ses amis et ses ennemis ; quand ses culturels sont d'avis qu'en baissant le drapeau Landerneau va pouvoir accueillir toutes les cultures du monde (Londres et Berlin, bien plus cosmopolites, attirent à meilleur escient le monde entier en arborant l'*Union Jack* et le *made in Germany*), l'avis de décès peut être raisonnablement souscrit. Ce qui n'enlève rien aux bonheurs de ce qui surnage, et qui est notre âme végétative : engendrer, bouffer, aller au cinoche, prendre le soleil et attendre la retraite. Subsiste Londres, Maiden Lane et son *Rules Restaurant*, Carlton Gardens. Tous ces endroits où quelque chose a repoussé, un début de résurrection, des têtes qui se relèvent après l'effondrement. Aussi préférerais-je, le moelleux de la Guinness aidant, laisser la question entrouverte. En suspens, comme dit le décret de dissolution. Tous les comas ne sont pas irréversibles. La Chine en est sortie. Il y a des renaissances. J'aimerais me persuader — au cas où je ne parviendrais pas à changer de résidence sur la terre — que le canon, que le canton France n'était pas à un coup, et que son âme n'est pas pour toujours à court d'obus. Cela ne ferait pas l'affaire de l'Europe, qui n'a, elle, ni âme ni corps, ceci parce que cela. Rien de tel en tout cas qu'un pèlerinage aux sources, aux lieux de la mémoire d'une France rebelle, en compagnie d'un survivant, pour retrouver comme une envie de gibus.

# Métamorphoses

Le malentendu sied aux apothéoses. Le passeport pour la gloire s'obtient à coups de simplifications grossières, avec les retouches qu'exige l'air du temps et qui frisent souvent l'escroquerie. Mais c'est le maître de l'heure, veuf abusif, qui truque l'état civil du défunt qu'il embaume, lequel n'en peut mais. Chaque époque choisit d'immortaliser tel ou tel disparu pour se conforter dans ses convictions du moment ou se réconforter de ne plus en avoir. Quand l'heure est au cynisme, l'idéaliste a toutes ses chances. Question d'équilibre. La haute figure morale de Camus s'enveloppait dans un flou suggestif auquel n'ont pas peu contribué son amour des généralités et une certaine maigreur littéraire. D'où une aura assez élastique, qui laissait du battant pour un changement de majorité posthume. Détournement classique. Voilà donc une grande conscience de gauche destinée au Panthéon par la droite politique. Au moment où une grande intelligence qui pourrait se dire de droite, Lévi-Strauss, gagne l'Olympe sur les épaules de la gauche intellectuelle. Les catafalques se croisent en sens inverse. Tout essai de mise au point nuirait aux cérémonies.

Dans le cas de Lévi-Strauss, les consensuels contresens opérés sur la personne et l'œuvre, et qui aident puissamment à la béatification, ne manquent pas de sel. Notre quiproquo unanimiste a d'autant plus de mérite que, contrairement à Camus, il n'a cessé de son vivant de mettre les points sur les i de l'arrogance occidentale. C'est nous qui ne voulons rien entendre et en prenons à notre aise avec l'imperturbable démoralisateur du milieu ambiant. On croit rêver quand on entend vanter par nos officiels le « grand humaniste » qui mit en pièces les postulats de l'humanisme judéo-chrétien ; « l'homme de dialogue et d'ouverture » qui nous a rappelé « les obstacles indispensables entre les individus comme entre les groupes », à défaut desquels les échanges devenus trop faciles « égalisent et confondent leur diversité » ; « le défenseur des droits de l'homme » qui moquait les prétentions de l'Occident à distribuer, au nom d'un universel postiche, les bons et les mauvais points au reste du monde ; « le champion incontesté de nos sciences humaines » — le pyrrhonien revenu de ses enthousiasmes linguistiques et qui leur déniait à la fin de sa vie le titre et la dignité de « science », cette « flatteuse imposture ». Poser sur un penseur aussi incorrect le masque d'un grand sachem repeint aux couleurs de notre tribu qu'il n'a cessé de récuser — cette façon de piper les dés fait d'un dérangeur maximal un monument national. Collectionneur de masques et de mythes, notre dissident en habit vert eût sans doute goûté cet ultime déguisement.

Il en va de même du fameux « Je hais les voyages et les explorateurs », répété en antienne sur toutes les antennes. Fatal *incipit*, dont le brio incite à la paresse. Rendons plutôt grâce à l'auteur de *Tristes Tropiques* d'avoir fait à grand-peine le tour de la terre, du Brésil au Pakistan, de Manhattan à Calcutta, et, tout homme de cabinet qu'il ait été, d'avoir beaucoup voyagé et beaucoup exploré. Rares deviennent les voyageurs, à l'heure où il n'y a plus que des voyagés, et précieux restent les explorateurs, à l'âge des tour-opérateurs.

N'eût-il eu le goût du grand air et des écarts de conduite, de la Colombie-Britannique au Japon, que notre exilé de l'intérieur serait resté un philosophe parmi cent autres, voué à des exercices de sudation cérébrale en vase clos ; il aurait du même coup manqué à son maître Rousseau : « Pour étudier l'homme, il faut apprendre à porter la vue au loin ; il faut d'abord observer les différences pour découvrir les propriétés. » Grâce à quoi nous avons pu bénéficier d'un regard décalé des plus féconds. L'invariant des conduites humaines ne se dégage qu'à force de dépaysements, à la vue et à l'écoute des variations du terrain. Un peu d'intelligence éloigne de l'aventure géographique, beaucoup y ramène.

La culture étant le culte des grands morts, on doit accepter d'en payer le prix, qui est le trafic de cadavres. De même que le transport d'une œuvre à travers le temps la transforme, le transfert des cendres ne va jamais sans quelque subterfuge. La gloire est le deuil éclatant de l'exactitude. Prenons-en notre parti, avec l'humour et la gentillesse qui conviennent. Le culte des ancêtres a ses arlequinades, comme l'histoire ses ironies.

Il faut être hypocrite avec les morts. Cela leur fait du bien, et à nous, du même coup, qui respirons encore mieux en admirant qu'en vérifiant.

*Anniversaire*, 11 — *Rue du Grenier-à-Sel*, 13 — *Un divorce et après*, 17 — *Entrée des artistes*, 19 — *Le vert par le voir*, 22 — *Mais où seront les neiges de maintenant?* 24 — *Qui parraine qui?* 27 — *Actualités proustiennes*, 34 — *Molière à l'Odéon*, 46 — *Le temps retrouvé*, 47 — *Écrivain, écrivant*, 47 — *Self-défense*, 51 — *Le temps du deuil*, 53 — *Matériaux pour une oraison funèbre*, 56 — *Un médium en vie*, 59 — *Protestation*, 61 — *Un médiologue nommé Voltaire*, 61 — *La colonisation heureuse*, 62 — *Comédie de la grandeur*, 63 — *Désarroi*, 65 — *Variations sur un invariant*, 67 — *Des signes extérieurs*, 70 — *Joies et douleurs*, 72 — *Pauvres riches*, 76 — *Handicap*, 79 — *Cul par-dessus tête*, 81 — *Mauvaises pensées et autres*, 83 — *Le grain de sable*, 85 — *Une curieuse absence*, 87 — Social sciences, 90 — *Latinitude*, 95 — *Facétieuse postérité*, 98 — *Contagion tous azimuts*, 99 — *L'âge d'or*, 101 — *La raison du plus faible*, 104 — *Sacrilège Agfacolor*, 106 — *Bibliophilie*, 107 — *Pékin, J.O.*, 109 — *Et après, quoi?* 110 — *L'antirides*, 111 — *Ça-a-été, vraiment?* 112 — *Les copains d'abord*, 115 — *Fine mouche*, 117 — *Tourisme et culture*, 119 — *Prospective*, 120 — *Animaux*, 120 — *Zones frontières*, 121 — *Un antivert nommé*

*Malraux*, 123 — *Absurdistan*, 128 — *Successions*, 129 — *Chacun sa caste*, 133 — Commediante, 136 — *Reprises*, 139 — *Rien sans rien*, 141 — *Révolution dans l'exposition*, 143 — *Pas touche, la musique*, 146 — Fashion-victims, 149 — *Le passage du sceptre*, 151 — *Belmondo, le retour*, 153 — Ave Caesar, 156 — *La Résistance : comme un roman*, 159 — *La chute*, 167 — *Du gendelettre en saltimbanque*, 170 — *La prime à l'amoral*, 173 — *Du panache*, 178 — *Les mots retrouvés*, 180 — *L'esprit d'escalier*, 181 — *Lecture rapide*, 181 — *Terres stériles*, 182 — *Venez donc débattre*, 183 — Panem et circenses, 186 — *Un coup de grâce*, 187 — *Anachronismes*, 187 — *Bande à part*, 193 — *Ceux qui n'ont jamais péché*, 198 — *Contretemps*, 200 — *Remords*, 201 — *Technique d'abord*, 203 — *Parabole*, 204 — *Génération*, 205 — Time is money, 208 — *De la démocratie à ski, et au-delà*, 208 — *Soyons pragmatiques*, 210 — *Reculer pour mieux sauter*, 210 — *À la niche, frères humains!* 214 — *Bilan final*, 219 — *Nous sommes tous une icône planétaire*, 230 — *Méchante oreille*, 235 — *Le toboggan*, 245 — *Pas de mélo*, 248 — *Pas vu du ciel*, 250 — *L'instant éternel*, 259 — *Commis = pilori*, 260 — *Bonnets carrés*, 261 — Le Syndrome du *Titanic*, 263 — Time to move, 266 — *Philoctète, suite et fin ?* 270 — *Le radeau de la mémoire*, 274 — *Métamorphoses*, 287.

*Œuvres de Régis Debray (suite)*

VIE ET MORT DE L'IMAGE, UNE HISTOIRE DU REGARD EN OCCI-DENT, *Gallimard, « Bibliothèque des Idées »,* 1992 *(« Folio Essais », n° 261, 1994).*

DIEU, UN ITINÉRAIRE, MATÉRIAUX POUR L'HISTOIRE DE L'ÉTERNEL EN OCCIDENT, *Odile Jacob,* 2002.

LE FEU SACRÉ, FONCTIONS DU RELIGIEUX, *Fayard,* 2003.

LES COMMUNIONS HUMAINES. Pour en finir avec « la religion », *Fayard,* 2005.

LE MOMENT FRATERNITÉ, *Gallimard,* 2009.

*Œuvres médiologiques*

LE POUVOIR INTELLECTUEL EN FRANCE, *Ramsay,* 1979 *(« Folio », n° 43, 1989).*

COURS DE MÉDIOLOGIE GÉNÉRALE, *Gallimard, « Bibliothèque des Idées »,* 1991.

L'ÉTAT SÉDUCTEUR. Les révolutions médiologiques du pouvoir, *Gallimard,* 1993.

MANIFESTES MÉDIOLOGIQUES, *Gallimard, « hors série »,* 1994.

TRANSMETTRE, *Odile Jacob,* 1997.

INTRODUCTION À LA MÉDIOLOGIE. Premier cycle, *PUF,* 1999.

CROIRE, VOIR, FAIRE, *recueil d'articles, Odile Jacob,* 1999.

L'EMPRISE, *Gallimard, « Le Débat »,* 2000.

I.F. Suite et fin, *Gallimard,* 2000.

*Écrits sur l'art*

ÉLOGES, *Gallimard,* 1986.

L'ŒIL NAÏF, *Le Seuil,* 1994.

L'HONNEUR DES FUNAMBULES. Réponse à Jean Clair sur le surréalisme, *L'Échoppe,* 2003.

SUR LE PONT D'AVIGNON, *Flammarion, « Café Voltaire »,* 2005.

*Œuvres politiques*

RÉVOLUTION DANS LA RÉVOLUTION, *Maspero, « Cahiers libres », n° 98,* 1967 *(« Petite collection Maspero », n° 38, 1969).*

LA CRITIQUE DES ARMES, I, et LES ÉPREUVES DU FEU, II, *Le Seuil*, 1974.

LA GUÉRILLA DU CHE, *Le Seuil*, 1974.

MODESTE CONTRIBUTION AUX DISCOURS ET CÉRÉMONIES OFFICIELLES DU DIXIÈME ANNIVERSAIRE, *Maspero*, 1978.

LETTRE AUX COMMUNISTES FRANÇAIS ET À QUELQUES AUTRES, *Le Seuil*, 1978.

LA PUISSANCE ET LES RÊVES, *Gallimard*, 1984.

LES EMPIRES CONTRE L'EUROPE, *Gallimard*, 1985.

QUE VIVE LA RÉPUBLIQUE, *Odile Jacob*, 1989.

À DEMAIN DE GAULLE, *Gallimard*, 1990 *(« Folio », n° 48, 1996)*.

CONTRETEMPS. Éloges des idéaux perdus, *recueil d'articles, Gallimard, « Folio actuel », n° 31, 1992.*

LA RÉPUBLIQUE EXPLIQUÉE À MA FILLE, *Le Seuil*, 1998.

L'ÉDIT DE CARACALLA OU PLAIDOYER POUR DES ÉTATS-UNIS D'OCCIDENT, par Xavier de C***, *Fayard*, 2002.

CE QUE NOUS VOILE LE VOILE. La République et le sacré, *Gallimard*, 2004 *(« Folio », n° 4330, 2006)*.

CHRONIQUES DE L'IDIOTIE TRIOMPHANTE, 1990-2003. Terrorisme, guerres, diplomatie, *recueil d'articles, Fayard*, 2004.

SUPPLIQUE AUX NOUVEAUX PROGRESSISTES DU XXIᵉ SIÈCLE, *Gallimard*, 2006.

L'OBSCÉNITÉ DÉMOCRATIQUE, *Flammarion, « Café Voltaire »*, 2007.

*Cet ouvrage a été composé par* CMB Graphic
*44800 Saint-Herblain*
*Achevé d'imprimer*
*par Normandie Roto Impression s.a.s.*
*61250 Lonrai en février 2010*
*Dépôt légal : février 2010*
*Numéro d'imprimeur : 100538*

ISBN 978-2-07-012840-2 / Imprimé en France.

172795